杨天石评说近代史

外患内忧

中国发展出版社
CHINA DEVELOPMENT PRESS

图书在版编目（CIP）数据

外患内忧 / 杨天石著. —北京：中国发展出版社，2015.9
（杨天石评说近代史）
ISBN 978-7-5177-0310-5

Ⅰ.①外… Ⅱ.①杨… Ⅲ.①中国历史－近代史－研究 Ⅳ.①K250.7

中国版本图书馆 CIP 数据核字（2015）第 069600 号

书　　名：外患内忧
著作责任者：杨天石
出 版 发 行：中国发展出版社
（北京市西城区百万庄大街 16 号 8 层　100037）
标 准 书 号：ISBN 978-7-5177-0310-5
经　销　者：各地新华书店
印　刷　者：三河市东方印刷有限公司
开　　本：700mm × 1000mm　1/16
印　　张：21
字　　数：310 千字
版　　次：2015 年 9 月第 1 版
印　　次：2015 年 9 月第 1 次印刷
定　　价：38.00 元

联 系 电 话：（010）88919581　68990692
购 书 热 线：（010）68990682　68990686
网 络 订 购：http：//zgfzcbs. tmall. com//
网 购 电 话：（010）88333349　68990639
本 社 网 址：http：//www. develpress. com. cn
电 子 邮 件：370118561@ qq. com

新　序

毛泽东1935年10月所作《念奴娇》词云：

横空出世，莽昆仑，阅尽人间春色。飞起玉龙三百万，搅得周天寒彻。夏日消溶，江河横溢，人或为鱼鳖。千秋功罪，谁人曾与评说？

毛泽东此词写的是亚洲中部的大山系，也是中国西部山系的主干昆仑山。它西起帕米尔高原东部，横贯新疆、西藏之间，蜿蜒伸展至青海境内，全长2500公里，平均海拔5500～6000米，宽130～200公里，总面积达50多万平方公里。在中华民族的文化史上，它被称为"万山之祖"，又被视为中华"龙祖之脉"。毛泽东在词中描写了它的雄伟阔大的气势和悠远绵长的历史，叙述了它对中华大地、中华民族的"功罪"，慨叹于"谁人曾与评说"。

昆仑山可以"评说"，历史、中国历史、中国近现代的历史何尝不可以"评说"？

世界上大概没有一个民族像我们的老祖宗一样重视历史。历史被认为是正衣冠、知美丑的镜子，是辨善恶、考得失、增经验、长智慧的教科书，因此，它应该被人"评说"，任人"评说"，特别是自由"评说"。

首先是"说"。历史已逝，看不见，摸不着，只有靠历史学家"说"，用嘴、用文字或用图像，它才能广为人知，传之久远。历史学家要充分掌握资料，精细考辨，力争说得真实、准确、全面，尽最大可能符合历史本来面目，不能"胡说"。"胡说"的结果必然谬种流传，贻误读者。其次是

“评”。“评”能表现历史学家的理解、议论和价值判断。在“说”与“评”之间，“说”最重要。“说”是基础，只要“说”得真实、准确，广大读者都可以根据你所“说”的史实，做出自己的判断和评论。这一方面，我们要高度相信读者。多年来，我是主张先“说”后“评”、多“说”少“评”，甚至可以只“说”不“评”的。最不应该的是，不把史实说清楚、道明白，就急于将自己的评论强塞给读者。至于为了某种功利的需要或某种目的，有意掩盖、“虚无”、扭曲、夸大部分史实，甚至无中生有地制造“史实”，那就更等而下之，应该坚决反对了。

世无超人，现实中的每个人都有自己的局限和不足。任何人都不可能一次就认识全部真理，同样，历史学家也不可能一次就认识全部历史真相。历史学家所“说”、所“评”，都可能不当、不妥、不全，甚至大谬不然。怎么办？百家争鸣呗！毛泽东所提倡的“百花齐放、百家争鸣”是繁荣艺术和学术的唯一办法，是清除谬误、探索真理的正确途径。利用行政权力，强制推行一花、一派、一种观点的做法是错误的、有害的。

如果从1958年选注《近代诗选》开始计算，笔者从事近代史研究已经57年。如果从弃文从史，进入中国社会科学院近代史研究所起计算，也已经37年。笔者所写论文、札记曾选编为“杨天石近代史文存”五卷本出版。出版后此套书一再加印，甚至被盗版。由于这套书部头大，读者捧起书像捧起一块大砖头，颇多不便，因此，台湾地区风云时代出版公司曾以“揭开民国史真相”为总题，改出七卷本。现在中国发展出版社以“风云版”所分为据，稍作调整，仍为七卷。应该说明的是，笔者2009年以后所作，因另有《找寻真实的蒋介石》第二辑、第三辑等专书，本套书暂未收入。

书中“评说”难免谬误或不当之处，欢迎批评指教。

杨天石

2015年8月于北京东城之书满为患斋

原 序

人们生活在今天，规划并创造明天，自然希望了解昨天。昨天就是历史，一切过去了的都是历史。

了解历史的最重要的办法是阅读历史著作。自然，这样的历史著作必须是真实的、客观的、公正的。假的或掺了假的历史著作，人们不会愿意看；讳饰或有所讳饰的历史著作，人们也不会乐意看。但是，历史著作要达到真实、客观、公正，并不容易。这是由于：其一，历史创造者的活动常常具有诡秘性，许多事件，策划于密室，进行于幕后，公开者、示人者往往一鳞半爪，半真半假，甚至全假。其二，历史本质的显露需要一段过程，在这一过程尚未终结之前，人们一时还难以全面认识其本质。其三，历史创造者分为不同的派别，各有不同的立场、观点，即使对同一事件，也常常会有不同的陈述和评价。其四，历史的记录者大都有自己的倾向、爱憎，其记录自然也难免反映这种倾向和爱憎，有某种偏见、局限、谬误、片面性在所难免。其五，许多事件没有记载，或挂一漏万，或众说纷纭，莫衷一是。所以，研究历史难，写出真实的、客观的、公正的历史更难。历史学家的可贵就在于能克服上述种种困难，尽最大可能为世人记录、再现、还原真实的历史本相。达到了这一境界，就达到了历史科学的基本要求。

然而，在现实中，人们常常并不将历史学看作科学，而是将之视为工具——一种政治斗争的工具，或者是一种宣传工具。例如政治家常常从自己的需要出发，利用历史来宣扬本派主张的正确，批评对立派别的谬误，或者用来宣扬某种于己有利的观点，以期影响社会，塑造舆情，争取群众，为己服务。权力机构会为史家规定这样、那样的禁律：什么可以写，什么不可写；必须如何写，不能如何写之类。其结果是：有利于某派或某种需要者，张扬之，放大之，变造之，奖掖之；不利于某派或某种需要者，隐匿之，缩小之，扭曲之，禁绝之。在这种情况下写出来的历史，往往妍媸随意，美丑随时，真正成了任人打扮的小姑娘。哪里有真实可言，哪里有科学可言！

当然，历史学必须为人类社会的进步和发展服务。中国古代讲究经世致用，于史学，则特别强调其“资治”功能，这都是不错的。历史学如果不能为人类社会的发展和进步服务，要它何用！因此，本书著者赞成史家关注现实，“经世”“资治”，从这个意义上，著者肯定“工具”说的合理内涵，但是千万要注意，史学的这种功能必须建立在严格的科学基础上，符合历史的真实和本质，无论如何不能也不应该违背历史，不能故意扭曲、剪裁历史以为己用。有些人常常不懂得，人们可以被蒙蔽于一时，但却不会被蒙蔽于永远。扭曲者有时会取得某种效果，但有时则反，其效果等于零，甚至是负数。林则徐有诗云：“青史凭谁定是非?”从人类发展的长河来看，历史的真相会大白，是非也会有公论。

本书著者年轻时志在文学，但造化弄人，最终走上了研究历史的道路。一转眼已经三十余年。面对历史学的汪洋大海，常生“去日苦多，所成无几”之叹。不过，有一点可以告慰读者的是，本书著者一贯以揭示历史奥秘、追求历史真实为鹄的，决不做讳饰历史、扭曲历史的勾当。当然，由于本书著者的局限，书中各文又成于多年中，自然也难免存在这样、那样的缺点、问题甚至谬误，诚恳地希望专家、读者指正。民国史充满着政治斗争，治民国史有其特殊的困难。在这个领域内，政治的干扰和影响最多，未经厘清的史实最多，观点的对立和分歧也最多，本书著者的希望是：在宽松、自由的学术环境下，海内外学界切磋讨论，问难攻防，经过长期的不懈努力，使民国史著作的科学水平日渐提高，逐渐臻于真实、客观、公正。

著　者

2009 年 8 月 3 日于北京九华山庄

目 录

济案交涉与蒋介石对日妥协的开端

——读黄郛档案之一

黄郛档藏于美国斯坦福大学胡佛研究所档案馆及哥伦比亚大学珍本和手稿图书馆。其中不少资料，沈云龙的《黄膺白先生年谱长编》和沈亦云的《亦云回忆》已加利用。但是，还有不少资料，尚未为人们所见。本文将根据这批资料，参考上述二书，讨论 1928 年的济案交涉。

在很长时期内，以蒋介石为代表的南京国民政府实行对日妥协政策，其开端即是济案交涉。

一面抗议，一面斡旋

蒋介石在南京建立国民政府后，中国北方仍为奉系军阀所统治。1928 年 4 月 5 日，蒋介石在徐州誓师北伐，进展顺利，但不久即遭到日本侵略者的阻挠。

4 月 16 日，日本驻济南陆军武官酒井隆少佐向参谋总长铃木庄六建议，再次出兵山东。同时，青岛总领事藤田荣介及代理济南总领事西田畊一也向本国陈述：出兵时期，业已到来。4 月 17 日，日本内阁会议讨论山东形势，决定以鲁军自济宁撤退及北伐军中断胶济路为由，断行出兵，由横须贺派陆战队赴青岛。4 月 18 日，日本外务省发表声明，声称山东形势急转，内乱将波及日侨，出兵纯属自卫。19 日，日本首相田中义一、参谋总长铃木庄六奏请天皇出兵山东。当日，内阁召集临时会议，通过第二次出兵山东决议。铃木旋即颁布命令，加派第六师团长福田彦助率所部5000人从门司出发，向山东进兵；另以驻津之三个中队增援。

日本侵略者一向把山东看成自己的势力范围。南京国民政府对日本政府的军事干预早有估计，力求避免冲突。4月18日，时任外交部部长的黄郛致电蒋介石，请于军事进行时，注意胶济路沿线日本侨民利益。日本政府出兵山东后，南京国民政府采取一面抗议，一面斡旋的方针。

4月20日，黄郛与谭延闿、吴稚晖、张静江、叶楚伧等会商，决定向日方提出抗议。21日，黄郛通过日本驻南京领事照会日本政府称："不独公法条约蹂躏殆尽，更恐因此酿成意外，责将谁归?"要求日本政府"迅将所拟派赴山东之军队一律停止出发"①。23日，国民党中央党部召开临时会议，讨论对付日本出兵山东问题，通过《为日本出兵山东事致全体党员训令》。同日，国民政府委任蔡公时为战地外交处主任。蔡随即分函驻沪各国领事，声明国民革命军对战地各友邦侨民将尽力保护。24日，国民党中常会就日本出兵山东，通过《告世界民众书》及《告日本国民书》，呼吁世界民众援助中国，要求日本民众遏止田中内阁的侵略政策。26日，黄郛训令江苏特派交涉员照会日本驻沪总领事，驳斥日方的"保侨"诡辩，要求迅将拟派山东之军队，一律停止出动。

在提出抗议的同时，蒋介石和南京国民政府都力图通过外交途径进行斡旋。当时，南京国民政府尚未与日本建交，在东京只有特派员殷汝耕一人，处理两国间的必要交涉，黄郛遂指令殷汝耕与日方洽谈。4月25日，殷汝耕会见日本参谋本部第二部部长松井石根。松井称：日侨集中济南城西商埠区，遇有紧急情况，当撤至保护区内。松井并称：如张宗昌、孙传芳死守济南，拟劝其开城；如负隅青岛，拟劝其下野。他要求北伐军注意"勿与日军冲突，免计划成泡影"。殷汝耕随即将与松井会谈情况电告黄郛，

① 沈云龙：《黄膺白先生年谱长编》，台湾联经出版事业公司1976年版，第332~333页。

电称："所议成否不敢必，惟力避冲突，杜彼借口，似属可能。"① 27日，黄郛随即将殷电内容转告在兖州的蒋介石。

殷汝耕资历尚浅，蒋介石意欲派张群以他的个人代表的名义赴日，同时命黄郛到前方会商。4月27日，黄郛到上海，与张群商量，认为张群时任上海兵工厂厂长，日本之行可能被外界误认为与购械或订约有关，影响内政外交。同日，二人电邀松井石根来华洽谈，但松井复电称：待北伐军占领济南后直接赴当地与蒋介石会见。松井表示，希望张群随往，并称：日本与山东关系密切，占领济南后，何人当局，望密示，最好由张群出任，否则亦盼由与蒋有密切关系的人出任。② 其间，黄郛还在上海与日本驻沪总领事矢田七太郎谈话，矢田称：根据他所得训令及情报，在济南的日兵决不袒奉。又称：此次出兵，陆军与外务省之间有严重约束，倘在鲁日军有挑战或偏袒情形，请以事实见告，以便纠正云云。③

由于蒋介石坚持要张群赴日，张群遂于4月30日东行。

蒋介石军前交涉的失败

5月1日，国民革命军克复济南。次日，蒋介石、黄郛先后抵达济南。日军第六师团长福田彦助也于同日率兵600名抵达。

蒋介石抵达济南后，委任方振武为济南卫戍司令。方振武旋即会晤日军旅团长斋藤，声明负责保护外侨生命财产。5月3日，日军制造了骇人听闻的济南惨案，残杀国民政府驻山东外交特派员蔡公时等17人，烧毁黄郛办公处，并用大炮轰击北伐军。当日，日本陆军参谋本部决定向山东增兵。

济南惨案发生的当日，蒋介石即严令部队不得还击，同时令城外的中

---

① 《黄郛致蒋介石电》，1928年4月27日。黄郛档，美国哥伦比亚大学珍本和手稿图书馆藏，以下凡未注出处者，均同。

② 《黄郛致蒋介石电》，载于沈云龙《黄膺白先生年谱长编》，台湾联经出版事业公司1976年版，第336页。

③ 《黄郛致蒋介石电》，1928年4月27日。黄郛档，美国哥伦比亚大学珍本和手稿图书馆藏。

国军队于下午5时以前撤离济南，并将此事通知福田彦助，请其约束部下。4日，蒋介石应福田要求，派高级参谋熊式辉与日军参谋长黑田周一举行谈判。据熊式辉后来回忆，“对方一种骄横无人性的态度，并不是真心约来会商和解，似为故意对我加以激怒，求能扩大事态，阻碍我军之渡河北进”[①]。黑田提出：①济南商埠街道，不许中国官兵通过；②胶济路与津浦路不许中国运兵；③中国军队一律退至济南20里外。黑田并称：“你是蒋总司令代表，请予签字。”熊式辉当答以须返后请示。同日，蒋介石将济南惨案经过电告南京国民政府。当夜，蒋介石与第一集团军前敌总指挥朱培德、总参谋长杨杰及熊式辉等会商，决定分兵渡过黄河，绕道北伐。5日，蒋介石仅留少数部队维持治安，本人偕黄郛退驻济南城外党家庄，同时函告福田彦助，盼其停止特殊行动，维持两国睦谊。6日，蒋介石电饬北伐军各部：“举凡有碍邦交之标语与宣传，尤应随时取缔，勿以一朝之愤而乱大谋。”[②]

日本侵略者并不因蒋介石的退让而稍戢凶锋。5月7日，福田彦助提出五项条件，要求蒋介石在12小时内答复。条件为：①有关骚扰及暴行之高级军官，须严厉处刑；②对抗日军之军队，须在日军阵前解除武装；③在南军治下严禁一切反日之宣传；④南军撤至离济南及胶济路两侧沿线20华里外；⑤为监视右项执行起见，在24小时以内，开放辛庄、张庄兵营。同日，蒋介石派熊式辉、罗家伦赴济南，与福田彦助谈判，接受了福田所提部分条件：①蒋介石同意，在“调查明确”后，按律处分“不服从本总司令命令，不能避免中日双方误会之本军”。②本革命军治下地方，早有明令禁止反日宣传，且已切实取缔。③胶济路两侧20华里以内各军，已令其一律出发北伐，暂不驻兵。④辛庄、张庄兵营，暂不驻兵。同日，蒋介石下令免去贺耀祖的第三军团总指挥兼第四十军军长职务，算是在履行福田所提要求。

蒋介石只在几个问题上表达了和福田的不同意见。例如，蒋介石要求

---

① 《熊式辉回忆录》，打字本，美国哥伦比亚大学珍本和手稿图书馆藏。
② “济南日中军事冲突面面观”，载于《国闻周报》第5卷18期，第5页。

同样“按律处分”日本军队；济南及津浦路不得不驻扎相当军队，维持秩序等。此外，蒋介石要求交还前为日军阻留的部队及所缴的枪械。8 日，熊式辉、罗家伦到达济南日军司令部。福田和熊式辉虽是日本陆军大学时的同学，但其态度傲慢，言语横蛮，“完全暴露出一种更无商量余地之狰狞面貌”[①]，声称已经逾期，拒不讨论蒋介石所提对案。福田并提出最后通牒，声称“认定贵总司令并无解决事件之诚意，为军事之威信计，不得不采取断然之处置，以贯彻要求”[②]。事实上，此前福田已下令轰击济南，破坏黄河铁桥，攻占辛庄营房。

福田的蛮横态度打碎了蒋介石以忍让求妥协的幻想。5 月 8 日，蒋介石致电谭延闿及黄郛称：“中正至此，虽欲对福田继续谈判，亦恐无从着手。应请钧府立即向日本政府提出严重抗议，并以此事实宣告全世界。”[③] 此电表明，蒋介石准备改变单一的军前交涉方式，企图开辟新的途径了

争取英、美出面干预

蒋介石企图开辟的新途径是以出让“优先经济利益”为条件，争取英、美出面干预。5 月 9 日，蒋介石致电李济深，告以和福田谈判情况。电云：“国尚未亡，已受亡国待遇。弟必与诸武装同志服从中央训令，含泪忍辱，节节退让，并恐小不忍而乱大谋。但彼步步进逼，自江日起炮击不辍，济南一带，死伤遍地。虞（7 日）占辛庄、张庄，庚（8 日）逼党家庄，大有继续侵迫之势。万一退无可退，其将奈何！”蒋介石称：“能决此事，枢纽已不在军事，而在外交；不在前方军事，而在转移能力之英国。”他要求李济深派遣曾任广东省政府委员的朱兆莘赴港，与港督密谈，考察英、日两国是否协调，中国在不得已与日方破裂时，英国取何态度？有何法补救？

---

① 《熊式辉回忆录》，打字本，美国哥伦比亚大学珍本和手稿图书馆藏。

② 沈云龙：《黄膺白先生年谱长编》，台湾联经出版事业公司 1976 年版，第 342 页。

③ “蒋介石致谭延闿黄郛”，载于沈云龙《黄膺白先生年谱长编》，台湾联经出版事业公司 1976 年版，第 343 页。

同时和英方共筹监阻、制止日本行动的策略。电称："如能，则我方可与优先经济利益。沪英领职微，不如港督之易转移英内阁政策。总之，绝俄之后，必有与国。吾兄聘港，实具先见。如北伐成功，则对外自能次第解除缚束。"[①] 该电注明："百万急，限即刻到"，可见当时蒋介石惶急万分的状况。

其后，蒋介石又曾要求黄郛将福田条件交美国驻沪领事，请美领事从中调解。与此同时，谭延闿也致电日内瓦国际联盟秘书长德兰孟及美国总统柯立芝，要求他们调查公断，并以王宠惠、李石曾、伍朝枢为驻英、法、美代表，报告济案真相，争取国际支持。但是，这个时候，蒋介石还没有放弃和福田谈判的念头。5月9日，蒋介石听取熊式辉汇报后，再派何成浚与福田交涉，告以第四十军军长贺耀祖"因不听我令，未能避免冲突，业经免职"；同意济南城内不驻兵，由武装警察维持秩序。当日，蒋介石致电谭延闿、黄郛，要他们立电张群，转请松井石根注意："倘福田仍进逼，则中已至无可再让之地。"[②] 其间，张群致电蒋介石，报告与田中义一会谈情况。田中称：不袒奉，至北伐将完成时，彼当助统一中国；不妨害北伐之进行，但他又表示，护侨、护路问题属于军事，由福田负责。[③] 蒋介石得到张群传递的信息后，极为高兴，于10日致电黄郛表示，如果日方能"不妨碍我津浦路交通，予以自由运输，则对于反日运动，中正可以极严厉手段阻止之。如此，则向来关系依然继续，且亦加厚。中正为增进睦谊计，亦可以向日军道歉，表示真诚也"[④]。随后，蒋介石又致黄郛一电，要黄以自己的名义将上述意思转告矢田或电告殷汝耕，不要用他的名义。[⑤] 在外敌面前是孱头，在人民面前是恶煞，却又不敢挺身负责。黄郛夫人在帮助译电

---

① 《蒋介石致李济深电》，1928年6月9日。

② "蒋介石致谭延闿、黄郛电"，载于沈云龙《黄膺白先生年谱长编》，台湾联经出版事业公司1976年版，第345页。

③ "张群致蒋介石、黄郛电"，载于沈云龙《黄膺白先生年谱长编》，台湾联经出版事业公司1976年版，第345页。

④⑤ "蒋介石致黄郛电"，载于沈云龙《黄膺白先生年谱长编》，台湾联经出版事业公司1976年版，第346页。

员翻译这些电报时，曾怀疑文句错了，“翻密本至再，此较外传膺白所承允者为甚也”[①]。胡汉民曾批评蒋介石“勇于对内，怯于对外”[②]，诚然。

何成浚与福田会面后，福田坚持蒋介石必须完全接受他提出的五项条件，并须于日军之前，将曾抵抗日军的方振武、贺耀祖、陈调元三军团全体解除武装，并将肇事军官处以严刑。这是极具挑战性和羞辱性的条件。何成浚询问济南城内情形，福田称：“此非尔等所应问！”何成浚只能返回兖州，向蒋介石复命。5 月 11 日，福田电蒋介石云：“对本司令官之要求，不知是否全然承诺。请赐复，赐复以后再派遣贵代表。”[③] 蒋介石接电后，于 13 日致电谭延闿，要求“示以方针”。谭与何应钦商量，认为“迁延愈久，牺牲更愈大”，但不敢决定，又致电黄郛、蔡元培、张静江，要求 3 人速商密复。但蔡等也不敢决定，商量后，复电要蒋介石“斟酌前方情形，全力主持”，将皮球踢了回去。[④]

蒋介石寄希望于英、美。5 月 11 日，参事李锦纶自纽约致电黄郛，告以“目下美国国会殊无助华之希望”[⑤]。5 月 14 日，李济深复电蒋介石，告以英国驻广州领事的意见：“宜继续守镇定态度，经济绝交，足制日本死命。中日若决裂，英必守中立。”李济深并称：“美领意见略同。初战美必不参加。宜宣布日兵横暴证据，以博世界舆论之同情，最为上策。”[⑥] 至此，英、美明确表示了不介入的态度，蒋介石的希望落空了。后来，朱兆莘曾以私交关系致电英外长，请制止日本侵占山东，以维持远东和平。不久，得复电称，英不便明白表示，但表同情并赋期望云云。[⑦]

在一筹莫展之际，蒋介石遂决意甩开福田彦助和军前交涉的方式，将这一棘手的问题踢回南京国民政府，完全通过外交途径去处理。

---

① 沈亦云：《亦云回忆》，台北传记文学出版社 1971 年版，第 393 页。
② “胡汉民谈话”，载于香港《远东日报》，1932 年 3 月 4 日。
③④ 谭延闿：《致黄郛、蔡元培、张静江电及电末注文》，1928 年 5 月 13 日，黄郛档。
⑤ 见黄郛档。
⑥ 《电蒋总司令》，1928 年 5 月 14 日，黄郛档。
⑦ 《李济深电南京蒋总司令》，1928 年 5 月 22 日，黄郛档。

东京交涉

还在5月12日，黄郛就曾致电殷汝耕，要他告诉日本政府，要求将济案移归后方办理。14日，蒋介石致电谭延闿称："日方利于以武力扩大，不利于以外交解决，故日政府避与我政府交涉，而阴使福田与军事当局威逼。"因此，蒋介石要求南京政府正式通告日本政府，表示"愿与日政府以外交方式解决之，总司令责专北伐之军事，未便兼顾外交"[①]。同日，蒋介石又致电黄郛，除重申致谭延闿电所提主张外，又提出与田中义一进行非正式谈判，如惩办高级长官，以贺耀祖为限，解散军队亦以贺部为度，"则解散军队亦可允许，甚至中正道歉亦所不辞"[②]。电末，蒋介石针对前此谭延闿等人的推宕，特别强调说："此事当以军事移归外交为主，不可再以'斟酌前方情形'了之也。"此后，济案交涉遂转入与田中义一的磋商为主。

济南惨案发生后的第二天，殷汝耕曾会见田中，田中要殷转告蒋介石，"极力消弭，勿使扩大"。殷称："既双方初无敌对意，将来自可和平了结。目下以扑救为主，不宜争执是非。"据殷汝耕致黄郛电，田中对此"拍掌赞同"[③]。5月13日，殷汝耕再次会见田中义一，田中称：①对中国革命完成，抱负多年，惜不在位，且时未至，亦未发现中心人物。②认蒋为收拾时局的唯一人物，且时机已至。③内阁已安定，本人较其他首相更能支配陆、海军，举国一致。④决心帮助蒋座完成中国革命并巩固之。⑤济案已明了，乃共党操纵一部分军队所计划，使蒋濒于困难，至为遗憾。⑥已电命前方收束，且派人往授意旨，今后日军决无别项行动。⑦为促进北伐计，已嘱前方速使中国军队利用津浦线，但须预先关照日军，以免误会。⑧已命将济案归外交交涉，将来双方形式上之解决自不可少，但决无苛求。田

---

① 沈云龙：《黄膺白先生年谱长编》，台湾联经出版事业公司1976年版，第350～351页。
② 沈云龙：《黄膺白先生年谱长编》，台湾联经出版事业公司1976年版，第351页。
③ 《殷特派员自东京来电》，1928年5月5日，黄郛档。

中并称：内阁解决济案的方针为：决不以利权为交换条件；决不偏袒北方，妨碍革命；对中国决不采取武力压迫政策等。田中还表示：张作霖不久必处决，请注意勿使满洲化为战区；请猛进，勿踌躇，革军下北京，不过统一初步，望蒋早定收拾时局，裁兵、建设之计划，日本当协力贯彻。田中建议蒋介石派张群赴济南，他同时派腹心前往，洽谈使南军迅速利用津浦路问题。田中还表示，他将另派心腹驻南京、上海，以为联络。殷汝耕当即将蒋介石的态度，特别是“抑制民众激昂之苦心”详细告诉了田中，同时提出：①除恢复津浦路交通外，希望速将“兴奋部队”调防。②暂时协定须顾双方面子，如放还官兵，交还枪械。③种种声明，须有具体表示，如劝张作霖下野，撤回顾问等，以释中国民众疑虑，缓和反感。田中表示：今后日军决不致兴奋；照顾面子云云，不难照办；至于具体表示，不便明言，请拭目以俟。田中并答应殷汝耕，以后互相联络，嘱咐他不必经外务省及军部，可以随时直接会晤。[①]

田中的上述甜言蜜语使黄郛有如释重负之感。他立即将殷汝耕与田中会谈情况电告蒋介石，并于 15 日复电殷汝耕云：“两国当局能如此苦心，吾人多年努力或不致全归泡影。”[②] 他指示殷向田中交涉：①电令停止福田向蒋直接交涉；②另由田中派定人员与中国政府办理。电称：“至统一后裁兵、建设，具有用心，互助共荣之真精神，非此不足以实现也。”

为了保证交涉的成功，黄郛小心翼翼，避免一切可能刺激日方的举动。15 日，南京国民政府会议决定彻底扫除奉军，通令全军迅速前进。黄郛得知后立即致电南京，要求“万不可宣布”，“如已见报，应宣传至山海关止。值此形势紧张之际，弟因国际上有所闻，关系太大，不敢不言”[③]。

田中对殷汝耕的一席话说得似乎颇为圆融动听，然而，当时日本陆军系统势力膨胀，骄狂不可一世，日本政府并不能完全支配强硬派军人。16

---

① 《殷汝耕致蒋介石电》，1928 年 5 月 14 日，黄郛档。

② 《黄郛电殷特派员》，1928 年 5 月 15 日，黄郛档。

③ 《黄郛致谭延闿电》，1928 年 5 月 15 日，黄郛档。

日，殷汝耕将蒋介石的密电转给田中义一，随后会见松井石根，松井答称：“全案固应归外交办理，然两军间必须有临时协定”，其要点为：蒋介石表示歉意；处罚肇事军干部。松井并称：“此事早了一日，北伐早进展一日，勿过拘泥。”① 同日，矢田会见黄郛，称得日外交部电：①严惩贺、方、陈之条件，可不再提，但须蒋道歉；②惩罚肇事军队之直接负责者；③已令福田，对津浦运输速予南军以便利。黄答“以无论条件如何，第一先当移归后方交涉”②。

南京国民政府成立后，蒋介石的权势如日中天，炙手可热，日本军方则企图给蒋一点颜色看，煞煞他的威风。17 日，黄郛电殷汝耕称：日本当局既对蒋个人及对中国统一抱有极大希望，“既责望其将来，宜先爱护于今日。在前方订一临时协定，对于希望蒋收拾时局一层不无影响”③。他要求殷前往磋商，“通归后方交涉”。同日，再电殷汝耕云：田中如果希望蒋成为“收拾时局之中心人物”，则应免除蒋“现处地位之困难”，应不伤蒋“对国内之威严”④。18 日，殷汝耕再次会见田中，田中称：“日决定防止满洲战乱，已于本日正式向南北提出觉书，并于昨召集英、美、法、意各使，宣示内容，奉张如不放弃政权，与南军抗战，则战败后思回满而不能；肯和平接受，仍可退保关外。”殷根据黄郛 17 日电的要求与田中商量，田中正踌躇间，佐藤在旁言道：内阁不能一一抹杀福田主张。现军事协定已电令缩小范围，总须顾及福田面子，乃能圆满。据此，殷汝耕电复黄郛，认为“济案症结，在我方欲避开福田，另觅交涉，而日方则碍于福田，故有先订临协之说”。殷建议：“敷衍福田，使之软化，我以表示遗憾形式代道歉。”⑤ 18 日，殷汝耕再访松井石根，松井仍不同意移交后方交涉，但表示道歉并不含十分严重意味。同日，殷汝耕又得到外务省方面消息，对道歉

① 《殷特派员来电》，1928 年 5 月 16 日，黄郛档。
② 《黄郛致蒋介石电》，1928 年 5 月 16 日，黄郛档。
③ 《黄郛电殷特派员》，1928 年 5 月 17 日，黄郛档。
④ 《黄郛电殷特派员》（二），1928 年 5 月 17 日，黄郛档。
⑤ 《殷特派员来电》，1928 年 5 月 18 日，黄郛档。

一点，愿减轻程度，以期速了，但一笔抹杀，则难办到。[①] 黄郛要顾全蒋介石的面子，日本政府则要维护以福田为代表的强硬派军方的面子，双方意见坚持不下。同日，福田催促蒋介石派代表到军前商量，蒋介石死活不同意，他要求黄郛和福田商量，声称“济南交涉已奉国民政府命令，移归外交部办理”，建议黄郛催松井石根速往青岛，张群也去青岛；如松井不来，则派张群赴东京谈判。[②]

从4月下旬起，黄郛等就邀请松井石根来华，但松井迟迟不肯动身。18日，蒋介石致电黄郛称：“请注意，弟已认为绝望也。”[③] 黄郛与蒋介石有同感，19日电复蒋介石称：“绝望一说，我早见及，恐增烦恼，不忍言耳！”[④]

日方图穷匕首现与黄郛下台

日本长期垂涎我国东北。1927年田中义一上台后，认为从蒋介石“扑灭共产党并树立与各国之关系”方面，“渐渐可以看清他的真正面目”[⑤]，决定以支持蒋统一“中国本土”为代价，换取他承认日本在东北的特殊权益。日本出兵山东，主要目的就在于想对蒋介石施加压力，以同意北伐军通过为条件，换取蒋对日本在东北特殊权益的承认。果然，在对蒋介石的压力施加到一定程度后，日方就图穷匕首现了。

5月18日，日本驻华使节分别向南京国民政府及北京安国军政府递送觉书。其致南京国民政府觉书称：“满洲治安之维持，在我国极为重要。如淆乱该地方治安，或者造成淆乱原因之事情发生，我国政府应须极力阻止之，故战事进展至京、津地方，其祸乱或及满洲之时，我国政府为维持满

---

① 《殷特派员来电》，1928年5月19日，黄郛档。
② 沈云龙：《黄膺白先生年谱长编》，台湾联经出版社事业公司1976年版，第353页。
③ 《殷特派员来电》，1928年5月19日。
④ 《黄郛致蒋介石电》，1928年5月19日，黄郛档。
⑤ 《帝国の对南方态度》，日本外务省档案微卷，SP53，第247页。

洲治安起见，或将不得已有采取适当而且有效之处置。”[①] 同时，矢田并将日本政府对觉书的说明书出示黄郛，询问南北和平谈判有无可能，如不能，则对奉系采取两种办法：①不战而退，准予出关，但不许南〔军〕追；②战败而退，须先向日军缴械，始能出关，然仍不许南追；③张（作霖）出，不准再进。总之，日本侵略者准备动用武力，阻止北伐军和南京国民政府的力量进入东北。出兵山东，不过是牛刀小试，做一点样子给蒋介石和南京国民政府看。黄郛致蒋介石电称：“昨送觉书，彼欲乘机解决满蒙之心毕露。”[②] 这是正确的。

济南惨案初起时，日人头山满等即出面调停，主张“双方各自认其曲于理法之下”[③]。5 月 20 日，头山满又致电蒋介石称：“（日本）当局曾谓，不必由阁下直接，只须由适当之人表示歉意”，又称：“在救国救民大神〔伸〕之下，些微面子有何问题！只要于将来目的无大障碍，希望从速解决。”[④] 同日，张群电告蒋介石：松井石根的答复为：①因满蒙问题发生，难以来华，如必待其来居间调停，恐旷日过久，徒失事机，且近来日方论调，渐趋强硬，政府颇难处理，华方恐亦有同等困难，望速了结，免滋枝节。②交涉统移后方，难以照办。③道歉一层，不含十分严重意味。松井石根建议：蒋介石直接与福田彦助一晤，口头酌量表示。至于惩罚肇事长官一层，张群的意见是，贺耀祖已免职，仅处罚其下直接负责长官即可，但须写进正式公文。张群借头山满来电劝蒋介石说：“可见日方主张不能再有让步。”张群同时表示，自己赴日与事无济，应请蒋本人酌量办法。[⑤]

头山满、张群、蒋介石之间函电磋商的同一天，谭延闿、张静江、李烈钧、于右任、蔡元培、何应钦、黄郛等召集外交委员会会议，会议决定：①前方临时协定既经多次接洽，日方坚持不允免除，唯有由前方速派代表

---

① 沈云龙：《黄膺白先生年谱长编》，台湾联经出版事业公司 1976 年版，第 353 页。
② 《黄郛致蒋介石电》，1928 年 5 月 19 日，黄郛档。
③ 沈云龙：《黄膺白先生年谱长编》，台湾联经出版事业公司 1976 年版，第 342 页。
④ 《张群致蒋介石转头山满来电》，1928 年 5 月 21 日，黄郛档。
⑤ 沈云龙：《黄膺白先生年谱长编》，台湾联经出版事业公司 1976 年版，第 355 页。

前往办理，以便结束。②道歉以我方虽曾有令保护侨民，仍不能避免冲突，引以为歉为辞。③觉书因含有确定日本在满特殊地位之关系，拟简单答复，大意为连年用兵，为求统一，东省日侨，自当保护，同时以口头表示，张作霖能下野，退出北京，自无用兵必要。[①] 这一决定，在缔结前方临时协定问题上接受了日方条件；在道歉问题上，有保留地接受了日方条件；在东北问题上，则以回避法婉转地拒绝了日方的要求。会后，黄郛拟偕张静江赴前线与蒋介石商量。

然而，就在此刻，形势却发生了戏剧性的变化。

自济案交涉，黄郛就备受各方，包括国民党内部的指责。5 月 16 日，黄郛致电谭延闿、李烈钧、何应钦，抱怨说："寒日（14 日）《国民革命军日报》与真日（11 日）《京报》论调，备致讥讪，横施责难。查该两报均系政府或总部关系创办，对外已困难万分，若内部再不我谅，将何以振作勇气?"[②] 日本提出觉书后，舆论指责更甚。5 月 19 日，蒋介石到郑州，与冯玉祥会晤。蒋介石称："膺白外交办失败了，一般老先生均不满意。"[③] 冯建议任命王正廷为外长。

1926 年，冯玉祥出潼关参加北伐，王正廷应聘参加冯幕。次年，又经冯推荐，出任陇海路督办。因此，王正廷和冯关系较密。蒋介石同意冯的意见。5 月 20 日，蒋介石致电黄郛称："昨去郑州，与各方详商大局，谓近日外交紧急，请兄暂行辞职，并望从速，否则，各国外交亦受影响，我军到达京津，更难办理也。"[④] 蒋介石要求黄郛"暂辞"外交部部长，专任外交委员会委员职务。同时，蒋介石致电谭延闿、张静江，说明变更理由："日本外交业已绝望，必须接近欧美。王正廷与欧美素洽，与日本亦接近。"[⑤] 5 月 22 日，黄郛致电南京国民政府，要求辞去本兼各职，电称：

---

① 沈云龙：《黄膺白先生年谱长编》，台湾联经出版事业公司 1976 年版，第 354 页。
② 《黄郛致谭延电》，1928 年 5 月 6 日，黄郛档。
③ 沈亦云：《亦云回忆》，台湾传统文学社 1968 年版，第 425 页。
④ 《蒋介石致黄郛电》，1928 年 5 月 20 日，黄郛档。
⑤ 《张家璈日记》，1928 年 6 月 28 日，未刊稿。

"受命三月，无补时艰，乃外交正切进行，而情志终难曲达"，要求"谨避贤路"①。24 日，蒋介石致电黄郛称："兄辞外长本职，对内对外，皆足表示态度，不可再辞兼职，以免外人猜测，如政府慰留，则观察形势，不必坚辞。"② 25 日，谭延闿致电黄郛慰留。同日，黄郛致电谭延闿："事理人情，余勇已两无可鼓；且去职既系应前线意旨之求，再来又何能收内外相维之效！"他要求"迅选贤能，立予接替"③。6 月 10 日王正廷致电黄郛，引用黄过去所说"我辈视同一体，应为互助"，要求黄担任外交委员会主席，为黄拒绝。④ 同月 27 日，王正廷再次致电黄郛，要求他出任驻德大使，黄郛干脆连信都不回了。⑤

此后，黄郛长期隐居于浙江莫干山，尽量疏远当局，决心不再从政，多次辞却南京政府的征召。这种情况，一直保持到 1933 年华北危急时止。

1928 年 12 月，黄郛致张群函称："济案所受刺激，公私两项皆为生平未有之伤心事。"又称："此一段内外交迫之伤心史，实令我没齿不能忘。"⑥ 次年，蒋介石组织导淮委员会，自任委员长，意欲以黄郛为副委员长，黄郛仍然不就。蒋介石致黄电有"为三十年友谊勿却"之语，黄郛复电则称："欲保三十年友谊于不敝，故不必共事也。"⑦ 字里行间，显然蕴含着对蒋介石的怨意。

结束语

1919 年，王正廷参加巴黎和会期间，拒绝在和约上签字，获得舆论好评。1921 年，被北洋政府任命为鲁案善后督办，在与日本谈判收回青岛及

---

① 《黄郛致南京国民政府电》，1928 年 5 月 22 日，黄郛档。
② 《蒋介石致黄郛电》，1928 年 5 月 25 日，黄郛档。
③ 《黄郛致谭延闿电》，1928 年 5 月 25 日，黄郛档。
④ 《王正廷致黄郛电》，1928 年 6 月 10 日，黄郛档。
⑤ 《王正廷快邮代电》，1928 年 6 月 27 日，黄郛档。
⑥ 沈亦云：《亦云回忆》，台湾传统文学社 1968 年版，第 445 页。
⑦ 沈亦云：《亦云回忆》，台湾传统文学社 1968 年版，第 444 页。

胶济路方面，也做过一些有益的工作。他接任外交部部长后，对福田彦助的各项无理要求置之不理，拟订了一份《济案交涉要点》，提出“原则上日本须首先撤兵，然后正式开始交涉”。其撤兵具体步骤为，“日本先不妨碍中国行政官吏到济执行职务”；“由交通部计划津浦路通车，日本不加阻挠”；“（日军）由济至青之间，分期撤兵，自开始日起，一个月以内，为终了之期限”等。[①] 这就较黄郛任外交部部长时期强硬了。

尽管蒋介石在关键时刻撤换了黄郛，但是，济案交涉的主角是蒋介石，基本方针是他确定的。黄郛夫人说：“这次蒋先生自己在前哨，凡对方的要求，都先到蒋先生手，亦只有蒋先生能作决定。”[②] 在这一过程中，蒋介石的对日、对外妥协性格已经须眉毕现，后来南京国民政府的外交路线正是由此继续发展的。

附记：1990 年，我访问美国时，在哥伦比亚大学珍本和手稿图书馆读到黄郛档，很感兴趣。当时曾确定以《二次世界大战前中国政府的对日外交》为研究课题，本文为第一部分。现值本文发表之际，谨向支持该项研究的美国国际教育协会（Institute of International Education）和哥伦比亚大学东亚研究所的黎安友（Andrew J. Nathan）、曾小萍（Madeleine Zelin）教授致谢。

---

① 黄郛档。

② 沈亦云：《亦云回忆》，台湾传统文学社 1968 年版，第 392 页。

黄郛与塘沽协定善后交涉
——读黄郛档案之二

日军于1933年初攻占山海关与临榆县城后，迅速占领了河北省大片土地。同年5月31日，由蒋介石、汪精卫授权，国民党政府华北当局负责人何应钦、黄郛与日本侵略者签订了屈辱的《塘沽停战协定》。其后，国民党当局又接着和日方进行了接收战区以及与之相关的关内外通车、通邮等谈判，史称"塘沽协定善后谈判"。

对于塘沽协定，学术界研究已多，但是，对长达一年半之久的塘沽协定善后交涉，学术界迄今研究尚少。本文将根据美国哥伦比亚大学珍本和手稿图书馆所藏黄郛档及其他有关资料，阐述并讨论这一问题。

国民党中央确定"委曲求全"方针与强硬派的反对

塘沽协定签字之后，舆论大哗。6月2日，南京国民政府国防会议讨论停战协定，"啧有烦言"，决定次日开政治会议再决。当日，汪精卫致电何应钦、黄郛，告以"明晨政治会议如加否认，则弟个人负责，听候处分"，"如监察院弹劾，弟亦准备接受"①。6月3日，国民党中央政治会议讨论，以协定未经中央核准，即行签字，提议惩戒前方军事当局。汪精卫即称，请先惩戒他本人，同时出示蒋介石6月1日的电报，其中有"中正身为军

① 《致何应钦、黄郛电》，黄郛档，美国哥伦比亚大学珍本和手稿图书馆藏。

事最高长官，既授权处置，尤愿自受处分，独负其责”之语。① 会议决议“应无庸议”②。立法院方面，经过孙科解释，得以通过。

在南京政府外交人员中，不少人反对黄郛、何应钦签订塘沽协定。事前，外交部部长罗文干、常务次长刘崇杰对谈判情况所知甚少。5月25日，何应钦派徐燕谋在密云与日方草签了一份备忘录（觉书），内容与几天后签订的塘沽协定大致相同。外交部曾将该备忘录电告出席国联代表顾维钧、郭泰棋、施肇基等。施复电直率地表示，“政府目前政策，基未能表示同情”；顾表示，日方所开一切条件、内容与字面，“均片面口气，令我难堪”；郭表示，日方条件“未免过虐”③。6月5日，罗文干呈请辞职，蒋介石以外交紧急，要罗勉为其难。罗随即请病假。不久，罗被派往新疆视察。8月18日，汪精卫以行政院院长身份自兼外交部部长。22日，以唐有壬任常务次长。唐是留日学生，日本通，汪精卫的挚友。汪、唐二人共同执掌外交，南京政府的对日妥协政策就完全处于支配地位。

当时，蒋介石一心一意在江西剿共，急于以对日妥协换取华北安定，以便保证剿共军事。9月6日，蒋介石、汪精卫、孙科、宋子文、吴稚晖、李石曾、张静江、吴铁城、孔祥熙、唐有壬、蒋作宾、杨永泰等在牯岭召开谈话会。此前，宋子文在国外曾和顾维钧、郭泰祺、颜惠庆等拟订了一份旨在长期抗日的计划，其内容包括：经济上抵制日货，政治上激励东北义勇军，外交上推动国际一致行动，国内努力实现政治团结、政治缓和、实行宪政，以及制订国防计划、建立基础工业、发展全国战略运输网等。顾、郭等并推宋子文回国向政府首脑面陈。④ 然而，庐山谈话会没有采纳宋子文等人的意见，会议作出的结论是：“现在国势阽危，兴亡之机，间不容发，对外对内，皆应委曲求全。”会议确定的对日方针为：“除割让东省、

---

① 何应钦将军九五纪事长编编委会：《何应钦将军九五纪事长编》，黎明文化出版事业公司1984年版，第344页。

② 《汪精卫致何应钦、黄郛电》，1933年6月3日，黄郛档。

③ “罗文干致刘崇杰等电”，载于沈云龙《黄膺白先生年谱长编》，台湾联经出版事业公司1976年版，第570~571页。

④ 《顾维钧回忆录》(2)，中华书局1983年版，第248~249页。

热河，承认伪国，为绝对不可能外，对其他次要问题如税则等仍应与之作相当之周旋，谋适宜之处置，并极力避免一切刺激日方情感之行动及言论。对华北当局，并赋以相当自由之权限，以期应付圆滑。”[①] 这就是说，完全批准华北当局在签订塘沽协定中的作为，准备赋予更大的处置权；除割让东北、承认伪满洲国外，在其他“次要问题”上准备向日本侵略者作进一步的妥协，同时严禁国内的抗日运动。所谓“对内对外，皆应委曲求全”云云，实际上专指对外。尽管南京国民政府标榜安内攘外，但正如当时美国外交官员所分析的，事实上是“安外攘内”[②]。

还在长城抗战期间，汪精卫就曾公开表示：“在最低限度以内，我们不惜委屈求全。”[③] 塘沽协定签订前夕，蒋介石也指示说：“事已至此，委屈求全，原非得已。”[④] 庐山谈话会的决议将“委屈求全”改为“委曲求全”，除了文字上较为冠冕外，实质并无不同。将之载入决议，标志着蒋介石、汪精卫对日妥协政策的进一步明确，并且形成为国策。

对庐山谈话会确定的方针，黄郛非常满意。9 月 11 日，黄郛致电其亲信殷同称：“此次牯会，蒋极负责，故其议决案于弟适合，而程度且出弟希望之上。”[⑤] 庐山谈话会前，黄郛曾应召南下，向蒋介石汇报华北情况，陈述对日外交意见，显然，庐山谈话会的议决案有黄郛的作用在内。

尽管庐山谈话会确立了蒋、汪的对日妥协政策，但是，国民党内部已经形成了声势颇盛的强硬派。

“九一八”事变之后，国民党内部要求抗日的呼声渐盛。塘沽协定签订前后，逐渐形成了几个集团。西南方面，以胡汉民为首，包括邹鲁、邓泽如、萧佛成、李宗仁、白崇禧等；香港和福建方面，以李济深为首，包括陈铭枢、蒋光、蔡廷锴等；华北方面以冯玉祥为首，包括方振武、吉鸿昌

---

① 《9 月 6 日谈话会商定之结果》，黄郛档。

② Foreign Relation of the United States，1933，Vol. 3，P. 127.

③ 《大公报》，1933 年 4 月 28 日。

④ “致何应钦、黄郛电”，载于沈亦云：《亦云回忆》，台湾传记文学出版社 1971 年版，第 483 页。

⑤ 《致殷同电》，1933 年 9 月 11 日，黄郛档。

等；其他方面以程潜、李烈钧为首，包括王法勤、朱霁青、邓家彦、傅汝霖等。他们以各种不同方式反对蒋介石和汪精卫的对日妥协政策。其中，胡汉民、冯玉祥、陈铭枢等并曾积极计划，准备南北合作，反蒋抗日，以军事行动推翻南京政府。① 1933 年 5 月底，冯玉祥在察哈尔组织抗日同盟军，11 月，李济深、陈铭枢等在福建成立人民革命政府，都是这一计划的部分体现。因此，南京政府在贯彻对日妥协政策方面不能不有所顾忌。

塘沽协定签订之后，日本侵略者即逼迫南京国民政府解决和伪满洲国的通车、通邮等问题。11 月 2 日，汪精卫致电黄郛，告以国防会议讨论情况："邮政、通车、关税诸问题，关系重大，而邮政尤为各国所注视。稍一不慎，即蹈承认伪国之嫌，日本且将执以塞国联及美国之口，故邮政问题以不谈为宜。"② 同日，再致黄郛一电云："近来因财长更迭，乘风作浪者以为不止财政问题，实以外交转变为主因。"③ 10 月下旬，宋子文因与蒋介石意见不合，辞去行政院副院长及财政部部长职务，电中所称"财长更迭"，指此。11 月 3 日，唐有壬致电黄郛称："道君愤尧峰不为牧仲之助，借口外交政策，作推倒尧峰，以期牧仲复职之运动，道子亦加入。并闻联合华北将领，以联治为名，发电攻击中央。此事南沙已有预防，望公严密注意。对东军交涉，尤乞千万谨慎从事，完全以中央意旨为标准，应使彼等无借口为祷！"④ 次日，再电云："道君鼓煽政潮甚力。今日立法院开会，指摘通邮、通车，并要求尧峰出席说明，此为彼辈破坏计划之第一步。"唐告诫黄郛在对日交涉时小心："数星期内，须极端警戒，以免为彼辈所乘也。"⑤ 两电所称"道君"，指李烈钧；"尧峰"，指汪精卫；"牧仲"，指宋子文；"南沙"，指蒋介石；"东军"，指关东军。电中所称"推倒尧峰，以期牧仲复职"，指当时一部分国民党人的反汪拥宋倾向。两电充分反映出，以对日政策为核心，国民党和南京政府内部正在展开着一场政治斗争。

---

① 参阅拙作"胡汉民的军事倒蒋密谋及胡蒋和解"，载于《抗日战争研究》，1991 年第 1 期。
②③ 《致黄郛》，黄郛档。
④⑤ 沈云龙：《黄膺白先生年谱长编》，台湾联经出版事业公司 1976 年版，第 636 页。

长春—大连—北平会谈

塘沽协定签字后首先进行的是接收战区谈判。

根据塘沽协定：中国军队撤至延庆、昌平、高丽营、顺义、通州、香河、宝坻、林亭口、宁河、芦台所连之线以西、以南地区，尔后不得越过该线，不得有对日军的“挑战扰乱”行为；日军可用飞机或其他方法视察，在确认中国军队已遵守上项规定时，不再越过该线追击，“且自动概归于长城之线”①。上述停战线与长城线之间的地区（即所谓战区）由中国警察机关维持治安。

6月22日，黄郛命殷同及军事委员会北平分会代表雷寿荣赴长春，与关东军参谋长小矶谷昭、副参谋长冈村宁次等会谈。讨论中没有发生大的争论。日本方面给了中国方面一些小的满足，但在关键之处则不肯让步。例如：①中国方面要求停止平津上空日机飞行，以安人心，达成的协议是：日本方面禁止无意义之飞行。这就是说，只要日军认为有意义，仍然可以自由飞行。②中国方面要求从速接收战区各县政，以便遣送难民回籍，达成的协议是：关于中国军队不进入地域难民之遣归，日本方面以好意听中国方面自由处理。③关于撤兵区域内李际春等非法部队的处理，达成的协议是：就李部选择3000～4000人改编为中国警察队，配置于中国军不进入地区内，由李任保安司令。其余作为暂编旅，移驻他所。这样，这支由日本人豢养的非法部队仍然得以保存。④中国方面要求从速接收北宁路，协议是委任北宁路局与奉山路局交涉，等等。②

7月2日，雷寿荣、殷同、薛之珩赴大连与日方进一步会谈。日方参加者为冈村宁次、喜多诚一、伪军李际春、伪满奉山铁路局长阙铎等。日方曾企图令伪满洲国代表参加，因中方反对作罢。4日，黄郛致电蒋介石报

---

① 沈云龙：《黄膺白先生年谱长编》，台湾联经出版事业公司1976年版，第569页。

② 沈云龙：《黄膺白先生年谱长编》，台湾联经出版事业公司1976年版，第581页。

告："此次交涉，严令赴连人员遵守下列二条办理：①无文字交换及签订；②认定关东军为对手方，不得涉及伪国人员。"① 其间，唐有壬致电黄郛，告以报纸对大连会议"多肆臆测，致有第二协定之谣"。关于北宁路通车问题，唐提出，"因易惹起与伪国交涉之嫌，万乞注意"，"以榆关为限，即可避嫌也"②。6 日，大连会议结束。双方商定：①所有战区以内伪军，三分之二遣散，三分之一收编为河北省保安队；②在日军撤走后，北宁路由中国方面管理。最初，日方曾要求芦台至山海关一段由中、日、"满"三方组织委员会共管理，因中方反对作罢；③自 10 日起，中方依次接收滦东、平北地区。③

11 月 6 日，日本关东军副参谋长冈村宁次等抵平，向黄郛、何应钦提出《关于北支善后交涉之商定案》草案一件，其内容为：第一，日方同意"北支政权"从速接收"不含长城线之长城以南及以西地区"，为此，"北支政权"应达成下列"谅解"：一是长城线各关门之警备权属于日满侧；二是凡有日本军驻屯之住民地，概不配置武装团体。第二，"北支政权"在其接收区域内容忍满洲侧设置必要之各种机关。第三，"北支政权"在接收地域内对于日军提供必要之土地、房屋，以备暂时驻屯。第四，为设定与"满洲国"相互之通商、贸易、交通、通信、航空联络等起见，从速指定委员开始交涉。④ 这一草案实际上要求中国政府放弃长城以北和以东的大片国土，承认伪满洲国，同意日军在华北地区驻屯，相反，中国军队则必须退避。

这是较之塘沽协定更严酷的侵略条件。11 月 7 日，双方开始会谈。冈村宁次表示：满洲国已经日本天皇诏策承认，有日本一日，即有满洲国一日。黄郛则表示：无论何种方案，内容如带有承认满洲国之意味者，在我方立场上决办不到。冈村随即表示：贵方苦衷，我方甚为谅解。草案中于

---

① 沈云龙：《黄膺白先生年谱长编》，台湾联经出版事业公司 1976 年版，第 589 页。
② 《致黄郛》，1933 年 7 月 5 日，黄郛档。
③ 沈云龙：《黄膺白先生年谱长编》，台湾联经出版事业公司 1976 年版，第 590 ~ 591 页。
④ 沈云龙：《黄膺白先生年谱长编》，台湾联经出版事业公司 1976 年版，第 638 ~ 639 页。

满洲国境字样，均避而不用。但有一二处，为求文义显明，不能不用，如有好文句，不妨酌改。[①] 这样，冈村就明确无误地摆出了架势：文字可以修订，而实质则绝不能变动。当日下午，由双方指定人员会谈。中国方面为殷同、殷汝耕、陶尚铭，日本方面为喜多诚一、根本博、花轮义敬。当晚，黄郛、何应钦致电蒋介石、汪精卫报告说："修改条项要点在酌量容忍其骨子，而将伪国关系字句彻底删除。"这就是说，只要不出现满洲国字样，准备接受冈村所提草案的"骨子"。黄、何二人保证："在未定议之前，双方绝对不发表；即令定议，亦不换文，不签字。"[②]

谈判中，日方态度蛮横。11 月 8 日，黄郛、何应钦向蒋介石、汪精卫报告说："在磋商时，遇我主张歧异之处，彼方屡次表示坚决态度，谓我方如不愿接受，宁可一事不谈，一任事态迁移。"[③] 当日，双方曾经达成协议，商定了一份"会谈式之记录"，共四项。黄郛、何应钦认为第一项于我有利，第二、第三两项系目前实际，第四项尚有待于将来商量，准备定案了。但是，二人又担心强硬派反对并掀起政潮，向蒋、汪报告说："默察近日中枢政情，势有不容正式请示核准再为定议之处，冈村等又不愿久留……不得已拟先与商定，但仍声明，具体协商仍须请示中央办理，本件统照大连会谈办法，不签字，不换文，不发表，以免形成外交文书。"二人并提出："对中枢，应否暂缓提出正式报告，免启无谓纠纷，谨候电示。"[④]

11 月 9 日，再电蒋、汪说："此次商谈，得将伪国字句尽情删除，煞非容易；北支政权，亦改为华北当局。所有谈话，不签字，不换文，亦均做到。惟各自记录，以免遗忘一层，势难避免。此次到此程度，在彼方确已万分迁就。此外，并以须俟政局稍安，方能呈报中央，指派专员，逐次协商细目，求其谅解。"[⑤] 然而，黄、何二人并没有高兴多久，9 日上午讨论时，日方声称接到关东军司令官的训电，提出了一份新的修正稿，强迫

① 沈云龙：《黄膺白先生年谱长编》，台湾联经出版事业公司 1976 年版，第 640 页。
② 《致蒋、汪虞二电》，黄郛档。
③④ 《致汪精卫、蒋介石》，1933 年 11 月 8 日，黄郛档。
⑤ 《致汪精卫、蒋介石佳一电》，1933 年 11 月 9 日，黄郛档。

中方接受。黄、何二人又不得不立即向蒋、汪报告，电称："谈话时且不容我方争持，表示此为关东军最后让步，我应认清自己地位，了解此项谈话为塘沽协定之军事善后，非同对等交涉。压力之高，几使我不能忍受。"①

面对日方高压，黄郛等"茹痛强颜，仍与周旋"②，殷同甚至哀哀乞怜："此次会谈，吾人以弱者地位应付强者，既不能以力争，又不能以理争，只好强颜以好意奉求耳！"③ 当夜，双方达成协议，形成了一份《关于停战协定善后处理会谈》及《关于本会谈之谅解事项》的非正式文件。除了没有出现"满洲国"的字样，"北支政权"改为"华北当局"外，和冈村宁次最初提出的草案并无多大不同。10日，蒋介石指示黄郛从东京方面设法缓和，汪精卫指示"最要两点"：①至多只用记录；②记录中声明此为塘沽协定未了事件之一部分，毫无承认伪国之意。④ 但是，这已经是马后炮了。

汪精卫、黄郛、何应钦等希望悄悄地谈判，尽量不留痕迹，不露风声，不受到舆论抨击。但是，东北已失，人们不能不关心华北的命运，担心再出现先签字后报告的第二个塘沽协定。11月9日，国民党中政会召开谈话会，焦易堂、石瑛、居正、陈肇英、苗培成、洪陵东等纷纷发言，认为在与日方谈判时绝对不得议及与伪满洲国通车、通邮、设关等问题。次日，立法院会议，意见大体相同，有人并提出"即下决心，在华北开始军事行动"⑤。这一切，使汪精卫极为恼怒，他致电黄郛、何应钦说："中国人专尚虚骄，〔好〕为大言，弟不觉可气，转觉可悲。"他要求二人"当此纷纭众议之际"，"坚守吾人已决定之原则，沉着进行"⑥。

黄郛、何应钦与冈村宁次等人的会谈虽然只形成了一份会谈记录，没有履行签字、换文等手续，但它事实上是塘沽协定之后的又一个丧权辱国的协定，黄郛于事后既痛苦，又担心。11月10日，他致电唐有壬说："外

①② 《致汪精卫、蒋介石佳二电》，1933年11月9日，黄郛档。
③ 沈云龙：《黄膺白先生年谱长编》，台湾联经出版事业公司1976年版，第655页。
④ 沈云龙：《黄膺白先生年谱长编》，台湾联经出版事业公司1976年版，第660页。
⑤⑥ 《汪精卫致何应钦、黄郛电》，1933年11月10日，黄郛档。

有强邻，内多猜疑，吾辈身入重围，处于迎拒两非之穷境。痛苦之深，异地同感也。”[①] 但是，他仍然认为在当时的条件下，只能妥协。11 日，他又致电蒋介石说：“我既无实力以取消伪国之存在，我又何能凭口舌以阻止伪国之进行！深盼能使各方了解此实际环境，外瞻内审，共济艰危。”[②]

黄郛非常关心中政会谈话会的情况和社会舆论。他很快就发现，舆论对他既不谅解，更不支持。11 月 14 日，他致电汪精卫，要求辞职，电称：“吾人犹在此忍辱含垢，勉支危局者，无非希望各方忏悔既往，奋发将来，因急公而捐私，为求伸而受屈，如此而已矣。乃连日消息传来，事实昭告吾人，并此而亦不易得。长此以往，恐庸愚终无裨于国家，迁延将益增罪戾。”[③] 15 日，汪精卫电复黄郛，鼓励他坚持到底。电称：“环境之艰，横逆之来，固已夙料，亦所不避也。”[④]

关内外通车问题

北宁路为自北平通沈阳的铁路，以山海关为界，分关外段与关内段。1933 年初，日军攻占山海关后，关外段完全落入敌手，被改名为奉山路；其后，日军继续南侵，关内段也部分失陷或被破坏。8 月 13 日，中国方面根据大连会议约定，收回了失陷路段，关内段全线通车。

还在大连会议期间，日方就提出，恢复长城内外贸易、交通、邮政诸问题。由于这些问题的解决可能意味承认伪满洲国，因此，中方拒绝讨论。北平会谈期间，冈村宁次等又向黄郛、何应钦等提出，关内外通车为交还北宁路时业已承允的事实，原约 10 月份开始商量，一拖再拖，已不容再延。随后，黄郛等致电蒋介石、汪精卫请示，是否应由政府决定方针，允其开始商谈，以缓和空气。11 月 10 日，南京国民政府国防会议议决，由主

① 《致唐有壬电》，1933 年 11 月 10 日，黄郛档。
② 《致蒋介石电》，1933 年 11 月 11 日，黄郛档。
③ 《致汪精卫》，1933 年 11 月 14 日，黄郛档。
④ 《致黄郛》，1933 年 11 月 15 日，黄郛档。

管部门迅拟具体方针，提交14日的国防会议，再提交15日的中政会议决。

这一切表明，南京政府准备就通车问题和日方谈判了。但是，几天之后，李济深、陈铭枢、蔡廷锴等在福建成立人民革命政府，揭起反蒋抗日旗帜。20日，蒋介石致电汪精卫，嘱将通车案暂缓进行。同日，汪精卫致电黄郛与何应钦称："闽事已爆发。十九路军内部不一致，两广不赞同，其势甚孤。但影响剿匪前途，至可痛恨！彼等口号，全袭第三党，本不易得国人同情。惟借口抗日，反对中央与日谈判，颇足引起盲目者之附和。"[①]他要求二人善为说辞，向日方说明困难情形："于对方仅属便利及面子问题，于我方则为致命伤。对方如诚意为两国前途计，当能鉴谅。"黄、何将汪精卫的信息传递过去后，日方心领神会。25日，驻日大使蒋作宾电告唐有壬说，参谋本部的少壮派中坚桥本少将和影佐中佐告诉他，通车事，已令冈本返关东，暂时缓办了。[②]

12月2日，日驻榆关特务机关长仪我诚也到平，会见黄郛，商谈交还榆关问题。日方企图与通车问题同时解决。5日，黄郛、何应钦与仪我诚也商定大致办法报南京政府核示。7日，南京政府命黄郛继续办理，由殷同草拟通车办法。但是，在福建事变影响下，国内反对妥协的呼声很高，这就不能不使南京政府有所顾忌。于是，又出面否认。12月10日，汪精卫在上海与宋子文、孔祥熙、李石曾等会商时局，发表谈话说，华北通车问题尚未进行。

1934年1月底，福建事变被镇压。2月16日，日武官根本博会晤黄郛，声称：前因闽变骤起，关东军方面"不乘中国之危，同时并盼闽变速平，希望增长中央之力"，因此，训令通车谈判暂缓进行；现在，闽变已平，应开始谈判。[③] 黄郛答称："本人原拟闽变平后，不待贵方催促，自动的定期派员与贵方商谈，不料枝节横生，满洲忽发生帝制问题，我国民实

① 《致黄郛电》，1933年11月20日，黄郛档。
② 《唐有壬致黄郛电》，1933年11月25日，黄郛档。
③ 《黄郛致汪精卫、蒋介石电》，1934年2月16日，黄郛档。

怀有极大之疑惧与极大之冲动，故原拟办法未便遂行。依余观察，此种谈判，必须待国民之疑惧与冲动稍稍解除后进行，方可圆满，故最早当在四五月间，或有开始之望。”① 同月 21 日，日本有吉明公使直接会见汪精卫，再次要求解决“华北与满洲之通车、通邮问题”。二人之间有下列对话：

有吉：华北与满洲国之通邮、通车问题若不早日解决，非但中满关系未能完满，在满洲国之三十万“汉人”及华北人民之交通上所受困苦，诚非浅少。

汪精卫：通邮、通车系技术问题，已授权与华北当局。如能筹得较好办法，而认为时机已到，即可办理。本人则认为尚非其时。

有吉：院长曾屡言授权华北当局。近闻中央曾训令华北停止进行，请中央勿予以干涉，并对于华北当局所决定之办法予以赞成。

汪精卫：华北与中央之意见始终一致。如华北有万全之计而时机果到，则华北自可进行，中央当能予以谅解。

有吉：仍望院长早日促其实现。

汪精卫：设有办法，而其办法独利于一方，而予另一方以致命伤，将如之何？

有吉：不悉尊意系指何事？

汪精卫：溥仪行将僭号称帝，华人极为愤激。至商议通邮、通车，则无异承认伪国，赞成帝制，决非华人之所甘受。

有吉：满洲国为既成之事实，执政改称皇帝，不过换一名义，满洲国仍保持其现状，决无他图。鄙意非要中国立刻开议，惟望改制后，一俟人心镇静即速图之耳！

汪精卫：总之，华北当局与中央对于华北问题，均抱同一意见，华北认为时已到，而有“好办法”，中央自无问题。②

---

① 《黄郛致汪精卫、蒋介石电》，1934 年 2 月 16 日，黄郛档。

② 《汪兼部长会晤有吉公使谈话记录》，黄郛档。

1934年2月间，日本帝国主义正积极怂恿溥仪称帝，有吉的这次谈话意在刺探中国政府态度。但是，汪精卫居然没有任何抗议，并且应允解决通车、通邮问题，充分显现出其卖国奴才相。不过，从这份记录也可以看到，汪精卫估计到溥仪称帝会激起中国人民的巨大愤怒，不敢贸然行事。3月1日，溥仪在日本帝国主义导演下粉墨登场。随后，焦易堂等在立法院提出请中央明令讨伐溥仪等叛逆及逮捕汉奸案。汪精卫极为不满，于4日致电黄郛、何应钦说："焦易堂等有意与行政院及北平军政当局为难，弟只有尽力应付，别无把握。全年以来，彼辈以我等之苦心为其快意之资，如古代帝王观人之炮烙以为样〔乐〕。"① 3月7日，国民党中政会开会，讨论立法院建议。汪精卫以傀儡"无意志、无行动"为理由，说明对溥仪，"讨伐令、通缉令不惟不必下，且不可下"。结果，会议只发表了一个宣言，采取了低调处理的态度。②

关东军操纵溥仪称帝事毕，又力图催促黄郛等进行通车、通邮谈判。3月23日，仪我诚也代表冈村宁次会晤黄郛，"措辞绵里有针"。黄郛答以不久将南行，当与政府详商办法。③ 4月6日，黄郛到南昌，会见蒋介石，讨论通车、通邮等问题。同月9日，日本武官柴山兼四郎在北平发表谈话，指责中国方面在履行塘沽协定各种问题上，从未进展，进一步施加压力。11日，汪精卫应召到南昌，参与蒋、黄之间的讨论。汪主张从速解决通车问题，"愈久愈糟"④。

蒋、黄、汪三人的南昌会谈引起了人们的警惕。4月13日，立法院秘密会议，决定华北外交不必由黄郛办理；通车问题决不可商，日如提议，只有拒绝等原则。黄郛不敢触犯众怒，4月15日离赣后，即托辞为父亲举行逝世50年祭，逗留于杭州、莫干山两地，企图观望风色，等待舆论沉寂

---

① 《致何应钦、黄郛电》，1934年3月4日，黄郛档。

② 《致何应钦、黄郛电》，1934年3月7日，黄郛档。

③ 《黄郛致唐有壬电》，1934年3月23日，黄郛档。

④ 沈亦云：《亦云回忆》，传记文学出版社1971年版，第520页。

下来。[①] 5 月 9 日，蒋介石电告黄郛，如提交中政会讨论，“恐难通过，不如不提出为宜，一切由弟与汪先生负责可也”[②]。但是，黄郛仍然不敢负责，于次日致电汪精卫，提出两项要求：①请蒋到京一行，多方疏通，务获谅解，以免事后责难。②请行政院给一训令，“此训令决不发表，惟弟可借此稍鼓余勇耳”[③]！

日本侵略者容不得黄郛等人观望。4 月 27 日，日军参谋部派中国班长影佐祯昭赴天津，召集驻平武官柴山兼四郎、驻济武官花谷、驻榆关特务机关长仪我诚也及天津驻屯军干部会议。影佐声称：①南京政府如只办通车，日方俟黄北返后再催其办通邮等事。②如黄不北返，则向华方中央当局或地方当局促其履行所约。③如华方各当局均置不理时，则日方自由设法实行所约。影佐并称：从前因等待黄郛从容运用，所以没有急催，以后将不再延待。影佐还透露，日方将要求华北当局禁止国民党党部在华北活动。[④] 其间，日方在北宁路各站增兵，扬言将强行通车、通邮。同时日方又规定期限，提出在塘沽协定一周年，即 5 月 31 日以前通车。

5 月 12 日，黄郛返沪，“侦知各方内情”，认为不能再延，遂指令殷同进行。[⑤] 18 日，电蒋介石报告通车办法五项。次日，蒋介石致电汪精卫，提出由他以个人名义将通车办法电陈中政会，由汪在会上说明。20 日，汪精卫复电蒋介石，表示应由他与蒋共同提出，同时向中政会声明，只求中政会秘密决定，不作为中政会决议，“以维持中政会议之尊严”[⑥]。其间，殷同和日方商定最迟 7 月 1 日通车。日方表示：“此为最大忍耐。”5 月 24 日，蒋介石又生疑虑，企图再延。25 日，黄郛致电蒋介石称：“今日而再图延展，实觉无词可措。即强为交涉，无论如何委婉陈词，彼必疑我生变，恐对外亦有功亏一篑之虞。抑尤有进者，京中环境，应付实至感不易；平

---

① 《黄郛致蒋介石电》，1934 年 5 月 25 日，黄郛档。

②③ 沈云龙：《黄膺白先生年谱长编》，台湾联经出版事业公司 1976 年版，第 734 页。

④ 《黄郛致蒋介石电》，1934 年 4 月 29 日，黄郛档。

⑤ 《黄郛致蒋介石电》，1934 年 5 月 25 日，黄郛档。

⑥ 沈云龙：《黄膺白先生年谱长编》，台湾联经出版事业公司 1976 年版，第 736 页。

津及上海各地舆论，与暗中策动防范、消弭、应付，亦颇觉费力。”① 在黄郛催促下，蒋介石最后下了决心。30 日，中政会开会，讨论蒋介石领衔，汪精卫、顾孟余、叶楚伧附议的通车提案，张继、焦易堂反对，“讨论甚久”，最后通过：“在不承认伪组织及否认伪政权存在原则之下，可与日本交涉关内外通行客车问题。”②

当时，以胡汉民为首的西南方面强烈反对南京政府的妥协政策，因此，提案虽然通过了，但是，南京政府却不敢公布，蒋介石又想延至 8 月底实行，汪精卫发表谈话时并称，通车、通邮问题未作决定。北平《华北日报》因为刊登了有关消息，被饬令停版，社长免职，总编辑“调京候讯”。

自 6 月初旬起，殷同即在大连与日方商谈通车办法。同月 24 日，决定由沈阳日本观光局及中国旅行社两个商业机关合组东方旅行社办理，6 月 28 日公布方案，7 月 1 日通车。

要求取消塘沽协定

6 月 1 日晚，有人向黄郛上海住宅园中投掷炸弹一枚，但未爆炸。2 日，黄郛接到投弹者书信一封，中云：“若不痛改前非，勾结一二所谓现在首脑国贼，断送国土，当再进一步”，“请你当心”，末署中华青年铁血救国团上海支部。③ 7 月 1 日，平沈路通车。车行至塘沽以东的茶淀时被炸，死伤乘客 16 人。这些事给了黄郛很深的刺激，使他懂得，在中国人民心中，积压了对日本帝国主义太多的怨愤，也积压了对国民党政府，包括对他本人太多的怨愤。7 月 2 日，他致电殷同，中云：“苟不从扫除国民心底之不平痛下工夫，今后祸患之来，实属防不胜防。”他指示殷同，托柴山武官转商关东军：“能否谅解我方之诚意，与我以相当之安慰，使一年来我个

① 《黄郛致蒋介石电》，1934 年 5 月 25 日，黄郛档。
② 沈云龙：《黄膺白先生年谱长编》，台湾联经出版事业公司 1976 年版，第 736、745 页。
③ 《黄郛致蒋介石、汪精卫等电》，1934 年 6 月 2 日，黄郛档。

人之满面污秽得洗一洗，三年来我国民之满腹抑郁稍舒一舒。”[1] 7月7日，他致电汪精卫抱怨说：“今日之事，功罪正未易言。人民多抱激越情绪，强敌事实有兼并野心，政府大半取回避态度，仅三五少数人夹在其间，欲救此国难。恐国难尚未救，万一而此少数之人，根本先不能自救，将奈之何！”电报又说：“去年，彼方乘战胜之余，气焰万丈，实已无理可喻。弟装矮人，已一年余。通车办后，苟再不略伸伸腰，不独弟自身将不保，国家亦极受损。”他告诉汪精卫：“今为公为私，已冒险伸腰矣！”[2] 其间，殷同根据黄郛指示，在北平见到日人就“剀切陈说”，据称：梅津、柴山“稍为感动”，但“亦只能做到感动而止”[3]。

7月17日，黄郛致电蒋介石及汪精卫，告以已致电冈村宁次，命殷同前往谈判：①如情势顺利，拟要求无条件撤废塘沽协定，双方当局以各自立场各发一宣言；②如情势稍隔，拟提出，将战区内一年来所发生之节外生枝之纠纷一概扫空，对于塘沽协定，双方应共同诚实遵守，不扩大解释，不曲为解释。黄郛并称，东京各关系方面，亦已派人前往活动。如此击而中，他可以遵命北行，继续维持数月；如此击不中，则请求准其自劾而退。[4] 7月20日，唐有壬、殷同等在沪，与日使馆参赞有野商谈取消塘沽协定问题，有野宣称：“此次会见仅系友谊性质，关于撤废塘沽协定问题，应由关东军负责，日本政府与此无直接关系。”[5]

7月24日，中日举行第二次大连会议。中方殷同，日方冈村宁次、喜多诚一参加。殷同提议废除塘沽协定，日方不允，提出在中日经济提携、中日铁路联运等问题未有适当方案前，不考虑废弃塘沽协定。会议仅解决了战区若干次要问题，如取缔不良日鲜浪人、接收马兰峪、东陵等。29日，黄郛致电汪精卫，报告殷同与日方谈判情况。他极为失望地说：“此行

① 《致殷同电》，1934年7月2日，黄郛档。
②③ 《致汪精卫电》，1934年7月7日，黄郛档。
④ 《致蒋介石、汪精卫电》，1934年7月17日，黄郛档。
⑤ 沈云龙：《黄膺白先生年谱长编》，台湾联经出版事业公司1976年版，第754页。

费九牛二虎之力，而所获不过如此，日方之刁难细工，真是可恶，而又可怕！”[①] 外交斗争必须以国力为基础。叩头是不能争回权益的。

9月19日，黄郛北返。

通邮谈判

通车问题解决后，日本方面继续要求解决关内外通邮问题。

由于日本侵略者操纵溥仪建立伪满洲国，1932年7月23日，交通部邮政总局宣布暂行停办东三省境内邮务。其后，日方多次要求恢复关内外通邮，中国方面为避免造成承认伪满洲国之嫌，均加拒绝。1934年5月，国联应英国要求，议定各会员国可因需要酌定临时办法，与“满洲国”发生邮政关系，同时声称：“此种关系只能视为行政机关之间为维持邮政技术上之良好运用而发生之关系，不能视为国家与国家间或政府与政府间之关系。”[②] 同年9月上旬，柴山兼四郎通知黄郛，日方已委派“满洲国”邮务司长藤原保明为主席委员，与中国方面进行关内外通邮谈判；但考虑到中国方面的意见，藤原保明等均作为关东军嘱托代表出席。

9月7日，黄郛致电交通部部长朱家骅，提出通邮会商步骤，供交通部参考。其主要精神有：对方所派人员应避免伪国官吏；固持不承认伪国主义；参酌国联关于通邮之决议；以诚意为基础，不用成文之规定等。8日，朱家骅电复黄郛，拟派邮政总局主任秘书高宗武、山西邮务长余翔麟、天津副邮务长曹鉴廷三人为代表，以高宗武为主席出席谈判。28日，高宗武、藤原保明在北平东总布胡同殷同寓所会晤。藤原提出所谓《关于满华间通讯办法之暂行协定案》，被高宗武拒绝。双方同意，在不涉及承认“满洲国”的原则下，专谈通邮技术问题，不作成文规定。尽管如此，后来的谈判仍然是艰难的。

---

① 《致汪精卫电》，1934年7月29日，黄郛档。

② 《大公报》，1934年5月18日。

9月29日，通邮谈判正式开始，讨论邮票、交换邮件、日戳、邮件之种类等四项问题。日方要求使用伪满邮票，仅将其上印制的“国”字及溥仪像取消；中国方面则主张完全避去“满洲”字样，另制表示邮资已付的印花。在交换邮件及日戳等问题上，中国方面坚持不与伪满交换邮件，日戳用公历，不用新京（指伪满首都长春——笔者）字样；日方也表示反对。

10月4日，继续会谈。日方称，接到训令，必须承认满洲邮政厅；邮票须有“满洲邮政厅”五字；邮戳须用“满洲国”现用者，等等。6日，高宗武、余翔麟回南京请示。8日，蒋介石致电黄郛，表示邮票、邮戳，因关涉不承认伪国问题，有争持必要，交换局及邮资问题，不妨稍作让步。18日，高宗武、余翔麟携经过核定的通邮谈判大纲七条返平，继续谈判。中国方面坚持，不得贴用伪国任何种类的邮票，可另制印花，用商业性质的第三者名义发行；不可有新京、奉天地名。日方同意另制邮票，但坚持必须有“满洲邮票”四字；必须用新京地名。谈判濒于破裂。

21日、24日、26日，三次谈判，均无结果。其间，黄郛表示，只要邮票上没有“满洲国”三字即可，其余不妨让步。他认为，谈判大纲所提以第三者名义出面的办法在庐山与蒋、汪商量时未曾谈过，以后又未得中央电告，不近情理，徒生障碍，一再对高宗武说：“似此晴空霹雳，非将谈判打破不可！”又称：“余年来支撑华北，备尝艰难，通邮之事，如不办妥，则此后北方多事，余无法应付，只得一走了之而已。”① 26日，高宗武、余翔麟将黄郛意见电告朱家骅。朱家骅害怕强硬派的指责和舆论的反对，不愿涉嫌和伪满打交道，于27日电复高、余二人，声称由第三者出面是仿照通车办法，并称：“南中情形，尤为复杂。弟等为应付各方预事防范之苦衷，当亦为膺公所谅解。”②

当时，蒋介石正在北平。30日，蒋介石召见高宗武、余翔麟，提出可

---

① “黄郛致汪精卫、朱家骅等电”，载于沈云龙《黄膺白先生年谱长编》，台湾联经出版事业公司1976年版，第793页。

② “朱家骅致高宗武等电”，载于沈云龙《黄膺白先生年谱长编》，台湾联经出版事业公司1976年版，第793页。

由关内邮政机关致函关外邮政机关，委托其发行特种邮票，为专贴入关邮件之用；同时声明所谓“特种”，即系不承认伪满邮票之意。[①] 11 月 6 日，黄郛致电唐有壬，认为“久僵终非至计”，“形势日紧一日”，要求唐与汪精卫细商，由唐亲来北平解决。[②] 11 月 7 日，南京国防会议通过通邮谈判新方案，提出由商办通讯机关书面委托彼方印发特种邮票等意见，随即电告黄郛，认为已至最后让步界限。11 月 10 日，藤原在会谈时提出，日方 10 月 22 日所提方案为最后方案，中方只能给予可或否的答复，不容有一字一句的更改，其他任何新方案，均不愿讨论。中方接受日方方案，可继续商谈技术问题，否则，日方人员即行回国。

11 月 14 日，日方提出《关于通邮之申合事项案》七条，主张“通邮应由双方邮政机关间行之”，“满方所用之通邮邮票，不表示‘满洲国’及‘满洲’之字样”[③]。11 月 17 日，中方提出会谈记录初稿六条，主张在山海关、古北口设立东方民信局办理，并由该局另制特种邮票，专供由关外入关邮件纳资之用，花纹由双方协商。但日方只同意向中方预示，不一定必须中方同意。日方人员仪我、柴山称：如 19 日上午不能解决，19 日下午即离开北平。

11 月 19 日谈判时，中方要求日方作进一步的谅解，但日方却宣告无法再谈，迅速退席。21 日，唐有壬抵平，修订会谈记录初稿。23 日，日方要求开会作最后商量。会谈时，日方将 14 日所提《关于通邮之申合事项》七条略作改动，要求中方接受，并称：允诺与否，必须立时答复，不必再电京请训或回寓考虑；不然，即作为谈判破裂。在日方高压下，中方于 24 日完全接受了日方的七条大纲。12 月 14 日，双方举行最后一次会谈，将通邮大纲及谅解事项写就两份，双方互换一份，但彼此均不签字。同月 30 日，交通部邮政总局宣布自 1935 年 1 月起，实行东北通邮。

---

① “高宗武等致朱家骅电”，载于沈云龙《黄膺白先生年谱长编》，台湾联经出版事业公司 1976 年版，第 794 页。

② 沈云龙：《黄膺白先生年谱长编》，台湾联经出版事业公司 1976 年版，第 797 页。

③ 沈云龙：《黄膺白先生年谱长编》，台湾联经出版事业公司 1976 年版，第 802 页。

尾 声

自“九一八”事变起，南京国民政府的对日政策几经变迁。最初，持不抵抗主义，依赖国联调解；其后，自淞沪抗战至长城抗战，持一面抵抗，一面交涉的方针；由于长城抗战失败，南京国民政府虽放弃抵抗，专一于和日本侵略者的直接交涉。

塘沽协定是丧权辱国的城下之盟。在塘沽协定善后谈判中，南京国民政府和华北当局坚持“不签字，不换文”，企图以此种方式逃避国人指责，同时则坚决不承认伪满洲国，并且为了防止有任何承认意味事件的出现，小心翼翼地进行了艰难的外交谈判；黄郛并曾一度要求日方取消塘沽协定，对此，应该予以肯定。这一情况的出现，和全国人民日益高涨的抗日呼声有关，也和国民党内部对日强硬派的反对、制约有关。但是，南京政府这一时期对日外交的总方针是委曲求全，唯一的方式是通过谈判，磋磨、乞求，连一点强硬姿态也不敢摆出来。其结果是，日本侵略者一施压力，南京国民政府和华北当局就立刻屈服；南京政府和华北当局愈屈服，日本侵略者的气焰也就愈盛，得寸进尺，欲壑难填。南京国民政府和华北当局确实是做到“委曲”了，但是，却丝毫也“求”不了“全”，黄郛想“伸伸腰”的愿望自然也就落空。

1935 年 1 月 18 日，黄郛离平南下。2 月 18 日，致电汪精卫，要求辞职。同月 26 日，离沪赴莫干山休养。其后，何应钦、汪精卫、蒋介石曾多次要求黄郛北返，均遭拒绝。4 月 22 日，黄郛电复何应钦称：“今后对日问题，枢纽全在中央，地方交涉，业已十完八九。若中央对国际形势认得清，对日方针把得定，则弟即小憩，亦无问题，否则即遵命重返，亦无济于事。”① 5 月 3 日，天津《振报》社长白逾桓、《国权报》社长胡恩溥以亲日在日租界被暗杀。29 日，天津日驻屯军司令梅津美治郎派参谋长酒井

① 沈云龙：《黄膺白先生年谱长编》，台湾联经出版事业公司 1976 年版，第 859 页。

隆等会见何应钦，声称平、津“现为扰乱日、‘满’根据地”，白、胡被杀，“系中国之排外举动，及向驻屯军之挑战行为”[①]。酒井并援引塘沽协定称：如将来预知或有类此事件发生，日军将“取断然之处置”，越过长城线，重新开入战区，“或再发生庚子事件、‘九一八’事件，亦未可知”[②]。这就是所谓河北事件。日本侵略者随即以之为借口，要挟中国政府作更大的妥协。

5月30日、31日，黄郛两次致电蒋介石，报告与日本武官矶谷廉介谈话要点，要求蒋“极力忍耐，抑制感情”，同时要求蒋回宁商议。[③] 其后，蒋介石、何应钦再次电催黄郛北返，但黄郛不仅无动于衷，反而于6月13日致电汪精卫，再次要求辞职。电称：“两年来委曲求全，原欲防患未然，无乃心长力短，不补毫末。”[④] 同日，致电杨永泰称：“事态至此，再叫我去，不啻驱我入穴，等于专制时代赐巾令自缢，未免太不近情。”[⑤] 这就说明，连黄郛也感到对日“委曲求全”不是办法，不愿再充当替罪人了。

6月18日，国民政府任命王克敏代理行政院驻平政务整理委员会委员长，黄郛终于摆脱了对日交涉的责任。

河北事件的发生和黄郛的不愿复职说明了国民党“委曲求全”方针的破产。在此前后，国民党的对日外交走入“死谷”，形势就要慢慢地发生变化了。

附记：《二次世界大战前中国政府的对日外交研究》是作者1990年访美时确定的研究课题，曾得到美国国际教育协会（Institute of International Education）和哥伦比亚大学东亚研究所黎安友（Andrew J. Nathan）及曾小萍（Madeleien Zelin）二位教授的支持，谨致谢意。

---

① 何应钦将军九五纪事长编编委会：《何应钦将军九五纪事长编》，黎明文化出版事业公司1984年版，第396~397页。

② 何应钦将军九五纪事长编编委会：《何应钦将军九五纪事长编》，黎明文化出版事业公司1984年版，第396~397页。

③ 《致蒋介石电》，1935年5月31日，黄郛档。

④ 《致汪精卫电》，1935年6月13日，黄郛档。

⑤ 沈云龙：《黄膺白先生年谱长编》，台湾联经出版事业公司1976年版，第881页。

蒋介石与二次北伐

1926年7月，蒋介石在广州誓师北伐，但是，到1927年4月，和共产党决裂，北伐陷于停顿。1828年4月，蒋介石在江苏徐州宣布第二次北伐开始。同年6月，奉军退出北京，南京国民政府宣布北伐成功，全国统一。总计，国民革命军自徐州出师至胜利，前后不过两个月。

在中国近代军事史上，太平天国的北伐失败了，民国初年的北伐仅开其端，迅即以孙中山让位于袁世凯告终，但是，蒋介石率领的二次北伐却成功了。战争进行得很顺利，发展很迅速，结局也比较圆满。其原因，值得加以探讨和总结。

前期北伐为二期北伐胜利打下了坚实的基础

前期北伐是国共两党联合进行的战争，其迅速取胜，固然由于外有苏联军事援助，内有工农大众的积极支持，但是，也和国民革命军正确的战略、策略有关。

前期北伐时，国内存在着吴佩孚、孙传芳、张作霖三大军阀集团，在西南地区的云南、贵州、四川等省，存在着若干军阀小集团。因此，军阀的力量总体大于国民革命军，形势对于北伐并不利。但是，军阀集团之间存在着深刻的矛盾，便于国民革命军分化利用，各个击破。有鉴于此，国民革命军采取远交近攻的策略，首先进攻距国民革命军最近，对广东根据地威胁最大的吴佩孚集团，而对远在北方的奉系张作霖集团和偏处东南五省的孙传芳集团则采取联络政策。奉系集团在1922～1924年间曾与孙中山有过反对直系军阀的联盟，这时因势力膨胀，也企图统一全国，便同样采取远交近攻政策，计划首先夺取吴佩孚集团掌握的河南、湖北等省的地盘。双方信使往还，虽未完全达成一致意见，但已在事实上建立了反对吴佩孚集团的联盟。① 孙传芳集团当时还没有统一全国的力量，因此，以“保境安民”，“人不犯我，我不犯人”相标榜，企图坐山观虎斗，在国民革命军和吴佩孚集团斗得两败俱伤时出而收渔人之利。国民革命军利用孙传芳的这一心理，多次派代表和孙传芳谈判，要求孙在北伐军攻击吴佩孚时保持中立。② 这样，国民革命军就可以集中力量首先击溃吴佩孚的军事力量。

吴佩孚素以善于治军和作战著称，曾经有过横行中原、不可一世的辉煌时期。国民革命军于1926年7月北伐时，吴佩孚并没有把国民革命军放在眼里。他当时正忙于在北方和倾向革命的冯玉祥的残部作战，企图在消灭了冯的残部之后再挥师南下。这样，国民革命军就得以顺利攻取湖南，取得了先声夺人的胜利。在吴佩孚匆匆赶到南方时，军队的颓势已成，难以扭转了。

孙传芳眼看吴佩孚即将失败，国民革命军的进攻又已严重威胁自己的势力范围，决定出兵援吴，国民革命军不得不分兵开辟江西战场。在艰难的拉锯战之后，国民革命军击溃了孙传芳的援军。为了不给孙传芳喘息的机会，蒋介石改变了攻克武汉后即继续北上，进攻河南的方针，转而自江西挥军东下，进攻江苏、浙江、上海等地，以期彻底击溃孙传芳集团。不久，国民革命军即克复长江下游地区，孙传芳率部队北上投奔张作霖。

吴佩孚的军队在汀泗桥、贺胜桥作战时遭到了决定性的失败，不得不退保武汉，吴佩孚本人并一直退到了河南境内。武汉三镇在受到北伐军的

---

① 关于广东国民政府与奉系谈判情况，见《陆山致（畏公）谭延闿密函》《杨丙致谭延闿密函》《杨宇霆致张静江等函》，未刊稿，中国第二历史档案馆藏；又见《蒋作宾致蒋介石函》《张静江、谭延闿致蒋介石函》，载于《革命文献拓影》，北伐时期第5册，“蒋中正总统档案”，台北“国史馆”藏。

② 关于广东国民政府与孙传芳谈判情况，见《何成濬致谭延闿密函》（1926年9月4日、9月7日），未刊稿，中国第二历史档案馆藏。

长期包围后终于被攻破，退到河南的吴佩孚军遭到了奉系集团的沉重打击。1927年4月，武汉国民政府出师河南，经过艰难的血战，终于击败了张学良等率领的奉系精锐，并胜利和自潼关东出的冯玉祥军会师。[①] 前期北伐消灭了吴佩孚军阀集团，沉重打击了孙传芳军阀集团，重创了奉系精锐。这就为二次北伐打下了坚实的基础。

国民党内部因一时团结而加强了力量

1927年4月，蒋介石在上海发动"清党"，和共产党决裂，原来共同合作的战友成了刀兵相见的仇敌。蒋介石既失去了苏联的援助，又失去了工农的支持，但是，国民党却因内部的一时团结而加强了力量。

第一次北伐期间，国民党内形成蒋、冯、阎、桂四大军事派系。在这些派系中，冯玉祥的国民军原来接近苏俄和武汉国民政府，是一支受到共产党某些影响的"赤色"力量；阎锡山长期依附北方政权，和奉系军阀关系密切，喜欢观望风色，见机行事；桂系虽然曾和蒋介石合力反共，但是，在1927年8月，又曾和武汉国民政府呼应，逼蒋下台。因此，蒋介石要再次北伐，首先必须调整内部，团结冯玉祥、阎锡山、李宗仁等军事派系。

蒋介石下野后，冯玉祥、阎锡山决定共同行动，进攻奉系，南京国民政府也派兵北上配合，但进展不大。11月8日，蒋介石自日本归国，于12日致电阎锡山，声称"现敌尽力绌，务望内部纠纷，彻底解决，团结一致，挥师北伐"[②]。同月28日，阎锡山致电南京国民政府军事委员会主席团，表达化解矛盾、团结北伐的愿望，电称："党务事小，北伐事大，允宜蠲弃一切，努力歼敌，完成革命大业。"[③] 同日，阎又致电蒋介石称："值此强敌

---

① 关于前期北伐情况，参阅另文"蒋介石与前期北伐战争的战略策略"及拙著《中华民国史》第2编第5卷，中华书局1996年版。

② "蒋介石休戚相关为公后盾电"，载于《阎伯川先生要电录》，台北阎伯川先生纪念会1996年编印，第288页。

③ "上国民政府蠲弃一切完成北伐电"，载于《阎伯川先生要电录》，台北阎伯川先生纪念会1996年编印，第290页。

当前，凡我同志，允宜乘千载一时之机，共御外侮，党务系内部事，纵略有纠纷，任何时均可从容解决。”他要蒋“力劝本党同志顾念大局，一致歼敌”①。12月2日，冯玉祥致电阎锡山，邀阎共同拥蒋。11日，阎锡山、冯玉祥联合致电南京国民党中央和国民政府，推崇蒋介石“效忠党国，智勇兼优”，要求恢复他的总司令职务，以便统一指挥，完成北伐。阎、冯二人的联电，标示着这两大军事派系的进一步和解。不久，桂系也对蒋的复职表示赞成，并同意派兵北伐。②

1928年1月9日，蒋介石宣布恢复行使国民革命军总司令职权。2月初，国民党在南京召开二届四中全会，改组国民党和国民政府，决定全军北伐，在两个月内会师北京。16日，蒋、阎、冯的代表在河南开封举行会议，决定将冯、阎的队伍分别改编为第二和第三集团军，同时初步分配了北伐任务。两天后，蒋、冯在郑州互换兰谱，结为“生死相共”之交。接着，蒋介石又以桂系和两湖部队为主成立第四集团军，以李宗仁为总司令，命其待机北伐。这样，蒋、阎、冯、桂四大派系就在北伐问题上达成了一致意见，国民党由此出现了前所未有的团结局面。当时，蒋系第一集团军有兵力29万人，冯系第二集团军有兵力31万人，阎系第三集团军有兵力15万人，桂系第四集团军有兵力24万人。四者相加，总兵力达到99万人。在国民党的军事史上，可以说是空前强盛的时期。

江浙金融资产阶级给予经济支持

经济是政治的命脉，也是军事的命脉。战争需要出动足够数量的兵员，配备精良的武器、充足的粮饷，这些，都需要财政支持。1912年孙中山之所以未能坚持北伐，让位于袁世凯，主要原因就在于无法筹集支持北伐所

---

① “致蒋介石盼顾念大局乘胜北进电”，载于《阎伯川先生要电录》，台北阎伯川先生纪念会1996年编印，第290页。

② “刘棫请再催蒋复职电”，又“白崇禧两湖待肃清方叔平前进电”，载于《阎伯川先生要电录》，台北阎伯川先生纪念会1996年编印，第297、301页。

必需的经费。[1] 蒋介石要向奉系进攻，自然也必须解决这一问题。

辛亥革命前后，中国资产阶级发展不足。在政治上，他们最初支持立宪派，企图在中国实行君主立宪制度；武昌起义后，他们虽然赞成民主共和，但是，在孙中山和袁世凯之间，他们宁愿选择袁世凯。北伐时期，中国资产阶级有了一定的发展。1927 年，他们在共产党和蒋介石之间选择了后者。蒋介石当时之所以能取胜，其原因之一就在于得到江浙金融资产阶级的支持。二次北伐前，为筹集经费，蒋介石特派宋子文于 1928 年 1 月到上海，邀集张家璈、陈其采、李铭、贝祖诒等银行家聚会，讨论发行 1600 万元国库券事宜。3 月 4 日，蒋介石又亲到上海，压迫张家璈认购。张内心虽然不满，但又不愿和南京政府决裂，决定先行垫款 600 万元。[2]

二次北伐计划之所以能付诸实施，得力于江浙金融资产阶级的财政支持。

三路大军并出，粉碎奉军先发制人的进攻

奉系曾经是北洋军阀中最强大的一支力量。国民革命军从广州北伐时，奉系有兵力约 35 万人。当时，奉军入关不久，统一北洋各派，正是如日中天之际。南京北伐军在徐州誓师北伐时，奉系兵力发展至 60 万人。其中，张学良、杨宇霆的第三、第四方面军作战能力较强，是奉军的精锐，而张宗昌、孙传芳的部队则已在此前的作战中遭到重大损失。因此，国民革命军的总体力量已大大强于奉军。

蒋介石的部署是三路大军并出，从正面与侧面进攻奉军。其中正面战场由蒋介石的第一集团军和冯玉祥的第二集团军担任，分别进攻山东与直隶（今河北省）；侧面战场由阎锡山的第三集团军担任，进攻奉军的腰背。李宗仁的第四集团军则作为预备队，待机调往前线。

---

① 参阅拙作“孙中山和民国初年的轮船招商局借款”，载于《中国社会科学》，1997 年第 4 期。
② 《张家璈日记》，1928 年 3 月，未刊稿，上海图书馆藏。

奉系明白力量对比不利于己，因此，力谋先发制人，集中精锐，先行击败山西阎锡山与河南冯玉祥的部队。但是，奉军在山西方面进展甚微，河南处于僵持状态，而在山东方面，则全面溃败。

二次北伐的主战场在山东。蒋介石以刘峙、陈调元、贺耀祖三个军团的优势力量北进，兵力强盛。奉系由于将主力投入山西、河南战场，山东方面仅以张宗昌的直鲁军和孙传芳的余部抵挡。张宗昌虽曾以巨金聘请德国人为其在鲁南构筑防御工事，但该部战斗力极弱，一触即溃。孙传芳虽也是国民革命军的手下败将，但该部比较能战斗，也较有计谋。他出奇兵突袭第一集团军的后方，一度威胁江苏北部的重镇徐州。蒋介石紧急征调冯玉祥的第二集团军支援，歼灭孙军主力，蒋冯两军会师。5月1日，蒋介石的第一集团军顺利进入山东省会济南。

张宗昌和孙传芳在山东的失败牵动了奉军全线，张作霖不得不下令转攻为守。阎锡山乘机冲出山西，冯玉祥在克服了后方的叛乱后也挥军北上，展开反攻。奉系集团的形势越来越不妙了。

对日忍让，绕道北伐

日本在山东保有巨大权益。国民革命军北伐后，日本政府即积极谋划出兵山东，阻挠国民革命军北伐。4月19日，田中义一通过驻上海总领事转告蒋介石："如果在济南附近发生战争，日本便会出兵。"① 21日，日本首批部队到达济南。5月3日，日军在济南悍然开枪射击中国军民，惨杀中国外交官员蔡公时等17人，制造了震惊中外的济南惨案。随后，日军又提出苛刻的带侮辱性的条件，强迫蒋介石在12小时内接受。

面对日本的挑衅，白崇禧主张采取强硬态度。4月29日致电蒋介石云："日本出兵，意图妨碍北伐，我军应继续进攻，勿为所慑。若存投鼠忌器之心，则不但延残余军阀之生命，且纵邻邦之野心。"对此电，蒋介石答称：

① 张群：《我与日本七十年》，台北中日关系研究会1981年版，第36页。

“日本出兵，不足妨碍北伐之进展，决无因外兵中止革命之理也。”①

蒋介石不愿影响既定的北伐目标。事件发生前，即决定对日军的挑衅不加抵抗。5月2日，他在日记中写道：“不屈何以能伸，不予何以能取。犯而不校，圣贤所尚。小不忍而乱大谋。圣贤所戒。”② 5月4日，蒋介石与第一集团军前敌总指挥朱培德、总参谋长杨杰等会议，决定中国军队大部分退出济南，分五路渡过黄河，绕道北伐。次日，阎锡山致电南京国民政府，强调“非大忍不能大有为”，电称：“仍当摆脱一切，迅速北进，攻克京津，则一了百了矣！”③ 同月9日，蒋介石致电在广州的李济深，要他派人到香港，寻求英国当局的援助，电中称自己：“含泪忍辱，节节退让，并恐小不忍而乱大谋。”④ 10日，中国军队全部撤离济南。11日，蒋介石致电白崇禧称：“国危已极，身受更苦，惟多难兴邦，毫不悲观，只期共同一致，则五年之内，必雪此奇耻也。”⑤

济南事件是蒋介石实行对日妥协的开端，其整个交涉过程虽有过于软弱的一面，但是，其目的在于坚持北伐，有其可以理解的一面，人们对此不应苛责。

5月9日，阎锡山统率的第三集团军东进，占领河北南部的重要城市石家庄和正定。10日，蒋介石致电李宗仁，鼓励他从京汉线挥师北上，电云：“情势如此，津浦路已难进展，以后作战，全赖京汉一线。务望兄处迅即督师北上，京津果下，日人失却爪牙，或稍敛其侵略之野心。”⑥ 11日，冯玉祥统率的第二集团军韩复榘部也北上抵达石家庄，与第三集团军会师。13日，蒋介石指示阎锡山，要求阎督率所部，尽一切可能以最快的速度占

---

① 《革命文献拓影》，北伐时期第19册，蒋中正档。

② 古屋奎二：《蒋总统秘录》第7册，台北中央日报社，第26页。

③ “上国民政府摆脱济南日军横阻迅速北上电”，载于《阎伯川先生要电录》，台北阎伯川先生纪念会1996年编印，第322页。

④ 黄郛档，美国哥伦比亚大学珍本和手稿图书馆藏。

⑤ “致白总指挥”，载于《革命文献拓影》，北伐时期第19册，蒋正中档。

⑥ “致汉口李总指挥、白总指挥”，筹笔，载于《革命文献拓影》，北伐时期第19册，蒋中正档。

领北京。19 日，蒋介石又与冯玉祥会商，确定了三个集团军分工合作、进军京津的计划，要求各军主力于 5 月 25 日之前集结待命，联合包围奉军。

国民革命军步步进逼，张作霖不得不再度下令总攻，他调动兵力围攻第二集团军，使孤军深入的山西部队一度受挫。不过，阎锡山要求前线部队坚韧抵抗，并调兵增援，终于转危为安。28 日，第二集团军迫近保定，离北京只有一二百多公里了。

军事进攻与政治谈判并行，和平进入北京

1927 年“四一二”政变后，中国的政治局面出现了复杂的形势。一方面，蒋介石与张作霖在反共上已经一致。另一方面，由于吴佩孚、孙传芳两大集团已先后被击败，奉系呈现颓势。因此，蒋、奉都萌生了以政治手段解决双方矛盾的意愿，在日本东京和中国大连、北京、南京等地多次谈判。山西阎锡山集团也从中斡旋，劝奉方服从三民主义，改换旗帜，归依南方，共同“讨赤”。不过，奉方虽表示可以接受三民主义，但不肯放弃自己原来的安国军旗帜，企图以长江为界，南北分治。[①] 这样，蒋介石就不能不首先对奉系加以军事打击。

发生济南惨案，蒋介石以政治手段解决奉系的意图再度萌动，同时，奉系内部也进一步发生变化。旧派中的常荫槐、国务总理潘复，新派中具有爱国思想的张学良、杨宇霆等都主张“停止内争，一致对外”[②]。连孙传芳都表示：“日人欺我太甚，本人受良心之责备，不愿再事内争。”[③] 5 月 9 日，张作霖宣布停战，国内政治问题，交给国民公正裁决。16 日，派出使节赴南方商谈。

形势变化，南京国民政府于 11 日晚开会讨论，李烈钧等主张“宽大”，

① 《杨丙致蒋介石等密函》，未刊稿，中国第二历史档案馆藏。
② 参见《常荫槐与张学良、杨宇霆往来函电》，未刊稿，中国第二历史档案馆藏。
③ “孙传芳致潘复电”（1928 年 5 月 9 日），载于《申报》，1927 年 5 月 17 日。

“除张作霖外，奉方将领中有觉悟者，愿一视同仁”[①]。远在前线的蒋介石认为，张作霖之所以宣布停战，是由于“精疲力尽”，不能不采取“缓兵之计”，因此，他要求部队继续前进。[②] 但是，他也主张利用这一形势，离间奉系和日本的关系，同时，唤起北方将领的爱国觉悟。他指示吴忠信和北方南来的使节谈判，先后提出的条件是：①同心救国，奉军退出关外，巩固东北国防；②允许奉方参加国民会议，一切国事交国民会议解决。③张作霖下野。[③] 同时，蒋介石又指示阎锡山派人作为国民政府的代表在北京和张学良等磋商。5 月 28 日，南京北伐军根据蒋介石部署开始总攻，进抵北京周围，形成大军压城之势。

除山东外，日本在东北也拥有巨大权益。在北伐军节节胜利的情况下，日本政府决定以逼迫奉系退回关外为条件，阻挡北伐军进军东北。5 月 17 日，日本驻北京公使芳泽向张作霖提交备忘录，要求奉军撤回东北。张作霖内外交困，不得不于同月 30 日下总退却令。6 月 3 日，日本关东军在沈阳附近炸毁了张作霖乘坐的列车，张作霖不治身亡。此前，国民政府的代表和张学良之间的谈判曾出现僵局，但因张作霖的暴亡，奉军全线撤退。

在北伐的四个集团军中，第一、第二、第三集团军都有资格接受北京，但蒋介石考虑到阎锡山与日本和奉系的关系都较好，由阎执行和平接收京津的使命，可望得到日本及奉方的谅解与合作。6 月 8 日，第三集团军波澜不惊，和平地进入北京，长达 16 年的北洋军阀统治由此结束。

1928 年 12 月，蒋介石又通过谈判，顺利促使张学良改悬青天白日旗，实现了全国统一。

战争是政治的继续。当政治冲突无法以通常的方式解决时，双方往往

---

① “赵丕廉日本迫晋和奉张作霖通电求和”，载于《阎伯川先生要电录》，台北阎伯川先生纪念会 1996 年编印，第 324 页。

② “蒋介石致阎锡山电”（1928 年 5 月 12 日），载于《民国阎伯川先生锡山年谱初稿》（三），台北商务印书馆 1990 年版，第 965 页。

③ “蒋介石致谭延闿电”（1928 年 5 月 12 日），载于《中华民国重要史料初编——对日抗战时期》，绪编（一），中国国民党党史会 1981 年版，第 195 页；“蒋介石致阎锡山电”（1928 年 5 月 14 日、15 日），载于《民国阎伯川先生锡山年谱初稿》（三），台北商务印书馆 1990 年版，第 968 页。

诉求于战争。但是，在一定的条件下，又可以用非战争的方式达到预期目的。中国古代有所谓“不战而屈人之兵”的说法，视为解决军事对抗的最理想的境界。在二次北伐中，蒋介石交替使用军事打击和政治谈判，最后以政治谈判解决了和奉系的矛盾，应该说，其处理是成功的、圆满的。

战后格局

辛亥革命后，中国的统治为北洋军阀所接替。前期北伐和二次北伐打倒北洋军阀，实现全国统一，完成了辛亥革命的未竟之业，这在近代中国的发展史上是有意义的。

为进行二次北伐，蒋介石团结了冯、阎、桂三大派系；在战争过程中，也比较好地处理了和这些派系的关系。但是，这些派系都在战争中发展起来了，不久，就因权力分配等原因，和蒋介石发生利益冲突，并进一步发展为中原大战，中国再度陷入军阀混战的痛苦中。

奉蒋谈判与奉系出关

北伐开始时，张作霖、吴佩孚、孙传芳三大军阀集团在中国北方和东南地区鼎足而立。奉系为了扩张实力，消灭吴佩孚集团，和北伐的国民革命军取得联络。吴佩孚和孙传芳遭到北伐军重创后，奉系一派独大。1927年4月，蒋介石在南京成立国民政府，双方一面军事对抗，同时也通过各种渠道进行谈判，但始终未能谈拢。1928年4月，蒋介石发动二次北伐，奉系在军事上受到沉重打击，又受到济南惨案影响，激于民族大义，与南京国民政府重开和谈，终于在重重复杂因素影响下，达成协议，退往关外。

公开喊话与秘密谈判

奉系与蒋介石之间的谈判始于1926年8月间杨丙和蒋作宾的先后使奉。当时，奉蒋之间有着消灭吴佩孚集团的共同目的。谈判中，双方虽有利益冲突，但大体和谐。同年11月，孙传芳投靠张作霖，山东军阀张宗昌则企图借援孙的名义南下，因此，奉系和蒋介石之间的矛盾有所发展，但是，双方仍须合力反对吴佩孚，谈判不得不断续进行。

1927年初，奉系观察到蒋介石和中共以及苏联顾问之间存在着矛盾，便想借此分化国民革命阵营。张作霖密电蒋介石称："赤俄党人，亟宜驱逐，共产分子只许其存在，不许其发展。如能容纳斯意，则南北可以停战，协商和平统一办法。"[①] 同月7日，奉军总参议杨宇霆发表谈话，将张作霖在密电中提出的条件公之于世，声称只要南方改变其"赤化"与"联俄"两项政策，便可达成妥协。他说："奉方所反对者，不过为其赤化政策，与俄人干涉内政两事耳！如南方幡然弃此二事，而允纳吾人意见，则妥协固可能也。"[②] 当时，蒋介石与鲍罗廷的矛盾已初步显露，杨宇霆估计蒋有可能改变，声称"现时蒋介石一派，与俄人在相互利用之中，在或时期以后，想蒋介石亦能自弃上述政策也"。

杨宇霆谈话后，国民革命阵营的内部矛盾进一步发展。3月16日，奉军参谋长于国翰发表谈话称："奉方对于南北妥协，并无绝对赞否之意。只要党军果能驱逐共产分子，不再依赖俄人解决中国之争，未始不可与之协力，以谋中国之发展。否则奉方纵至仅留一兵一卒，亦必与之周旋。"这一段话与前引杨宇霆所述基本一致，但对蒋介石的反共要求更高。

这一时期，盛传蒋介石派魏邦平到北京洽商，在北方的王宠惠、郑洪年南下[③]，均无确据。但是，3月中旬，确有人自南昌到北京和奉系当局接触。此人当月初曾在南昌和蒋介石晤谈，"劝其以稳健谋进步，可完全学土耳其革命成功者之基马耳氏"，蒋表示同意，嘱咐此人到北京调查奉系"对于国事前途之真正态度"。这则消息透露出，蒋介石也在试图摸清奉系的底牌。[④]

"四一二"政变改变了中国的政治组合，奉系提出的条件已不成问题。在此情况下，奉系通过喊话，肯定蒋介石的转向，要求他进一步表明诚意。5月2日，杨宇霆在沈阳发表谈话称："中国非资本主义国，三民主义之精神，虽在安国军方面，亦非所反对。蒋介石最近之倾向与安国军之主义主张一致之意味，殊深其感。惟历史的国民革命军与安国军归于一致，或为

---

① "温寿泉等报告张作霖与蒋介石洽合作电"，载于《阎伯川先生要电录》，台北阎伯川先生纪念会1996年编印，第230页。

② "杨宇霆对时局之谈话"，载于《晨报》，1927年1月8日。

③ "于国翰之谈话"，载于《晨报》，1927年3月17日。

④ "南北妥协可能性"，载于《晨报》，1927年6月30日。

至难，然吾人以完成共通理想之意味，名称如何，姑作别论。”[①] 接着，又陆续发表谈话，声称：“就历史上言之，奉军与南军虽极相反，而两者均为爱国之政党，则为不能否认之事实。”[②] 杨宇霆表示不反对“三民主义”，承认国民党是“爱国之政党”，表明奉系在努力向国民党人示好。[③]

在历史上，奉系和国民党之间确实有一段关系不错。1922 年，孙中山曾派伍朝枢到沈阳，约定双方会师武汉，以后又曾共同组成粤、皖、奉三角同盟，反对直系。5 月 15 日，《晨报》发表《奉方要人谈话》，追叙旧情，强调要看蒋介石的“真正态度”。谈话称：“关于南北妥协问题，雨帅（指张作霖——笔者）对于国民党素无恶感，其前此曾与孙中山合作，从可证明，惟深恶赤化之祸国耳。妥协问题，只看蒋介石之真正态度如何。”

公开喊话曲折地反映出双方秘密谈判的状况。1927 年 5 月上旬，蒋介石的代表与杨宇霆在大连初步会晤。[④] 同月，蒋介石派蒋方震访日，张作霖也派航空署督办张厚畹到东京。双方会谈后一致同意：①负责在各自势力范围内消灭共产党；②由各方代表召开政治会议，然后再召集国民会议，实现统一。但是，蒋方要求以陇海铁路为线划分势力范围，奉方则要求以长江为界，而且反对将来的统一政府以三民主义为纲领及实行一党制。双方争执不下，未能达成协议。[⑤] 奉系虽然声称不反对三民主义，但是，并不愿意奉为自己的纲领。

---

① “杨宇霆在沈阳之谈话”，载于《晨报》，1927 年 5 月 6 日。

② 《时事新报》，1927 年 5 月 18 日。

③ “杨宇霆昨日在京谈话”，载于《晨报》，1927 年 5 月 18 日。

④ 1927 年 5 月 10 日，李庆芳致阎锡山电云：“探闻蒋代表赴大连与邻葛会晤，蒋方震赴日亦与奉宁妥协有关。”见《民国阎伯川先生锡山年谱长编初稿》，台北商务印书馆 1990 年版，第 747 页。

⑤ “研究俄国对华问题的几点主要考虑”，1927 年 6 月 10 日；“松井少将关于中国时局的演讲纲要”，1927 年 6 月 13 日。均见《日本外务省档案》（缩微）S16136。“张厚畹由日返国”：“航空署督办张厚畹前赴日本，视察日本民间航空……19 日返国，21 日抵大连，日内即可抵京。”载于《晨报》，1927 年 5 月 24 日。

阎锡山出面斡旋，企图组织奉宁晋三角同盟

日本政府关注中国政局，希望在中国出现南北两个政府，以便分而治之。日方人士一面促进宁奉直接谈判，一面积极动员阎锡山出面斡旋。5月上旬，日本驻华使馆武官本庄繁将奉蒋大连谈判情况面告山西在北京的代表潘连茹："奉宁妥协事，现正进行中。奉方只有两个条件，①铲除共党；②与俄脱离关系。如宁方能事行此二条件，津浦战事立即停止。杨宇霆返奉，即为此事。大约妥协步骤先停战，以长江为界，成立南北两政府，然后徐图统一政府。"他表示：日本"不愿受干涉之嫌疑"，"百帅（指阎锡山——笔者）对南无恶感，对北关系又深，俟相当时机，百帅能为一言，实中国前途之福"①。同月底，日本老牌特务坂西利八郎由东京经大连回北京，也发表谈话称："余对于中国时局，以为南北两方，均宜放弃武力主义，而讲求收拾之策。""北方标明之主义为讨赤，而南方蒋介石亦实行扑灭共产党，张、蒋主义既无不同，战争亦难有结果，故余之意见，以为此时促进张、蒋之妥协，分地而治，实为当务之急。"②

当时，日本有关方面还准备了第二套计划：支持蒋介石统一关内，命奉系退出关外，华北地区改由晋系接管。5月20日，田中首相致电驻华公使芳泽谦吉："①如蒋派仍持近来之态度，我方将予以精神上之支援，助其达成政治上之企图。②目前，张在其势力范围内，应迅速收买人心，维系众望，制订利国福民之策。"③ 同月25日，日本武官土肥原密告潘连茹等：奉军将退出关外，北方政局，由山西维持。他表示，希望山西方面出面斡旋南北，"早息战争，以免再现宁、汉等地之骚乱，而度赤俄之阴谋"④。

① "潘莲茹致阎锡山电"，1927年5月10日，载于《民国阎伯川先生锡山年谱长编初稿》，台北商务印书馆1990年版，第748页。

② "坂西利八郎谈话"，载于《晨报》，1927年6月1日。

③ 《日本外务省档案》（缩微）pvm41。

④ "苏体仁致阎锡山电"，载于《民国阎伯川先生锡山年谱长编初稿》，台北商务印书馆1990年版，第750页。

土肥原并偕阎锡山的妹夫薄永济到太原活动。后来，在“分地而治”的计划破产后，土肥原的“以晋代奉”计划逐渐为日本政府和军方所采纳。

蒋介石也看中了阎锡山。阎虽是国民党元老，但孤悬北方，标榜“保境安民”，和奉系保持不即不离的关系。北伐开始后，阎逐渐倾向南方。4月5日，阎锡山宣布山西全省服从三民主义。南京国民政府成立后，蒋介石即派何澄（亚农）到山西，动员阎锡山出面做张作霖的工作。蒋指示阎称：“奉天若以主义为依归，政治解决，非不可能。”当时，孙传芳、张宗昌的残余势力正盘踞于苏皖北部，构成对南京的直接威胁，蒋希望通过谈判减轻压力，电阎称：“非使孙、张完全退出苏、皖境外，有事实之表示，无以见合作之诚。先决问题，似即在是。”①

当年3月，张作霖发现阎锡山不稳，曾先后派张学良、韩麟春、于国翰到山西，劝阎和奉系合作，“共挽狂澜”②，阎则反劝奉系和南方合作③。4月7日，阎的驻京代表李庆芳受命向张作霖进言：“莫若利用民党以制共产。以多数制少数，以好办法代坏办法。”④ 南京国民政府成立后，李再次面晤张作霖，建议他“联蒋讨共”。张表示，接受阎的意见，已分电张宗昌与孙传芳，对蒋勿再进攻。⑤ 阎见事有可为，于5月11日复电李庆芳，要求张接受三民主义，电称：“民族、民权、民生为共和国自然之趋势，雨帅何妨标此旗帜，以团结各方，共同讨赤？”⑥ 同日，再电李庆芳称：“雨帅既赞成联蒋，请联合各方成立一‘讨共大同盟’，一致讨共，根本铲除共党，为国除害。”⑦

---

① 《民国阎伯川先生锡山年谱长编初稿》，台北商务印书馆1990年版，第756页。

② “张作霖派于国翰来洽电”，载于《阎伯川先生要电录》，台北阎伯川先生纪念会1996年编印，第244页。

③ “国民革命军北方军作战纪略”，载于《阎伯川先生要电录》，台北阎伯川先生纪念会1996年编印，第299页。

④ “李芬圃劝奉与国民党结合电”，载于《阎伯川先生要电录》，台北阎伯川先生纪念会1996年编印，第246页。

⑤ 《民国阎伯川先生锡山年谱长编初稿》，台北商务印书馆1990年版，第747页。

⑥ 《民国阎伯川先生锡山年谱长编初稿》，台北商务印书馆1990年版，第749页。

⑦ 《民国阎伯川先生锡山年谱长编初稿》，台北商务印书馆1990年版，第747页。

最初，阎锡山的斡旋颇为顺利。6月1日，杨宇霆、李庆芳、于国翰等人集议，确定“保持北方大局，进行国家统一”的办法四条：①讨伐共产，组织讨共同盟军；②赞成三民主义，以免阶级斗争；③政治统一问题，由国民会议解决；④一致对外，解除国际束缚。[①] 6月5日，阎锡山致电蒋介石，报告说：“此间日来力说奉方服从三民主义，更换旗帜，颇有进展。”[②] 8日，阎锡山特派政务处长兼警察厅长南桂馨为议和专使抵京，偕同李庆芳拜访杨宇霆。南桂馨提出，宁奉合作的先决条件是奉方易帜，除赞同三民主义外，应悬挂青天白日旗，改称国民革命军。[③] 接着，又拜见张作霖，劝奉方采纳三民主义，组织奉、宁、晋三角联盟。[④] 阎的打算是，和奉系谈妥后，南桂馨即离京南下，向蒋介石通报。

阎锡山的估计显然过于乐观了。奉系虽然欢迎阎出面调停，但对蒋介石是否能切实反共还存有疑虑，要看一看；同时，奉系当时还保有强大的军事力量，不肯轻易按蒋介石的条件就范。6月6日，奉军外交处长吴晋发表谈话，将阎锡山出面调停一事公之于世，并将蒋介石的变化说成是对张作霖主张的依归。他说：“此次奉方讨赤，原在消灭过激之共产党，并非与国民党为难。”“现蒋介石既反对共产党，并对于过激党徒极力取缔，是其主张已与雨帅主张相同。阎百川现既出任调停，而蒋介石在最近又有与雨帅合作之表示，雨帅自无不赞成。”在作了上述一番表态后，吴晋话锋一转说：“现在共产党之根据地，为武汉与湖南，则消灭过激党，肃清武汉与湖南之责，雨帅任之也可，阎百川任之亦可，即蒋介石任之亦无不可。”[⑤] 吴晋的这一段话表明，奉系当时还保持着向南扩张的强烈兴趣。

---

① “杨宇霆等时局主张四项电”，载于《阎伯川先生要电录》，台北阎伯川先生纪念会1996年编印，第254页。

② 《民国阎伯川先生锡山年谱长编初稿》，台北商务印书馆1990年版，第756页。

③ “南桂馨与电通社记者谈话”，1927年6月10日，载于《世界日报》。又，1927年7月17日《晨报》所载“晋方某要人谈话”云：“宁方托晋方转达条件……①服从三民主义；②改换旗帜；③军队更名；④某某两项。”据此，这三条，其实是蒋介石托晋方转达的条件。

④ 《晨报》，1927年6月10日。

⑤ 《晨报》，1927年6月7日。

阎锡山要奉系改挂青天白日旗，张作霖却要国民党下旗。6月8日，张作霖招待日本记者团，发表谈话说："夫蒋果真反对共产主义，何故现尚揭扬青天白日旗?"他要蒋明确立场，彻头彻尾、表里如一地反对共产主义，声称："若三民主义真以国利民福为宗旨，则予亦自赞成。若徒以国利民福为假面具，而实质上仍行共产主义，则予辈固将竭力以声讨排斥之也。"他表示："须蒋真能反对共产主义，且能将俄人逐尽，并完全脱离过激赤化主义，而后不辞对蒋妥协。"①

南桂馨到达北京后，奉军要人随即举行会议，研究对策，决定对蒋持宽容态度，声称"蒋中正先时虽与安国军有敌对行为，但蒋果能以诚心讨伐共产之目标，来与安国军妥协，安国军自可容纳，而友好之"②。会议决定对三民主义不持反对，但先决问题是"共同讨赤"。晋方既主张奉晋宁三角同盟，应先由三方面摊派队伍，"会剿赤化军"；至于国家大局，俟赤化平定后，召开国民会议从长计议③。会议还给阎锡山出了个难题：希望晋方将开入直隶境内的军队，即日移向黄河北岸。10日，张作相对记者发表谈话，声称三民主义彼亦赞成，但不能即悬青天白日旗。奉军有百余团可战。④奉系的这种强硬态度自然使南桂馨不悦，双方发生"言辞冲突"，南桂馨只得折返太原。

从不反对三民主义到"彼亦赞成"，显示出奉系头领在继续做出让步，但是，奉系终究不甘心将国民党人的政治纲领全盘接过来。6月14日，吴晋发表谈话，传达张作霖的旨意：在三民主义之外，再加上"民德主义"。他说："三民主义为建设国家之基础，自无不可。惟中国为礼义之邦，自来对道德异常重视。现在人心不古，道德沦亡，即以军人而言，倒戈等事，层见叠出。雨帅拟于三民之外，增加民德一项，共成四民，以维国本。"⑤

---

① 《晨报》，1927年6月9日。

② 《世界日报》，1927年6月11日。

③ "张作相昨对新闻记者谈话"，载于《晨报》，1927年6月11日。

④⑤ 《时报》，1927年6月11日。参见《晨报》，1927年6月11日；《世界日报》，1927年6月10、11日。

张作霖毕竟是封建军阀，他所关心的是利用传统道德，防止军人“倒戈”。同日，张作霖宴请应召北上的张宗昌、孙传芳及吴俊升、张作相、张学良、韩麟春、杨宇霆、潘复等人。席上，张宗昌、孙传芳坚决反对与蒋妥协。张称：“鲁南防务险固，士气壮，尚堪一战。”① 孙称：“以党治国，绝对不能同意。”会后，吴晋发表了更为强硬的谈话：“易帜一层，雨帅绝不能承认。……不但于法律上无所据，具有一党包办之嫌。”②

从1920年挥师入关之日起，张作霖的野心就不断膨胀。1926年11月，在天津被推为“全国讨赤联合军总司令”。这时，正准备在北京成立安国军政府，升任“大元帅”，以便为进一步晋升“总统”作好铺垫。③ 6月16日，张作霖通电表示：“此后海内各将帅，不论何党何系，但以讨赤为标题，即属救亡之同志。不特从前之敌，此时已成为友，即现在之敌，将来亦可为友。”又称：“一切主义，但于国利民福不相冲突，尽可共策进行。”④ 张作霖的想法是，在“讨赤”的旗帜下尽可能将各派力量收容过来。

6月初，南桂馨在京说和不成，怏怏而归。6月18日，安国军政府在北京成立，但阎锡山保持沉默，并且电嘱李庆芳不参加军政府下设的内阁。张作霖“登基”时，李庆芳仅“随同参观，并未持柬致贺”⑤。28日，奉方派遣卫戍司令邢士廉为特使赶赴太原，企图拉住晋方。邢特别声明，此行是由于“前次晋方代表来京，言语上曾有些冲突，双方感情，不无误会，

① “奉派之同床异梦”，载于《时事新报》，1927年6月13日。

② 《晨报》，1927年6月15日。

③ 张作霖本来是想当总统的，但是，阎锡山首先反对。1927年5月6日，阎锡山致李庆芳电云：“雨帅正位，我意为国家计，亦为雨帅自计，宜俟时机，方为稳妥。”见《阎伯川先生要电录》，台北阎伯川先生纪念会1996年编印，第249页。这里所说的“正位”应指出任总统，而非如该书编者拟题时所称“就任大元帅”。稍后，张学良解释说：“大元帅之所以不作临时总统，而改就大元帅职，则表示其为临时底位置，而拟俟至将来国民会议中，再行解决全部问题。”见“张学良谓断然反对以一党党旗代国旗”，载于《世界日报》，1927年7月20日。

④ 《晨报》，1927年6月17日。

⑤ “李庆芳张作霖就职未贺未晋谒电”，载于《阎伯川先生要电录》，台北阎伯川先生纪念会1996年编印，第260~261页。

亦当前往当面解释”[①]。为了保证邢此行成功，张作霖特别致电阎锡山，声称“非停战不可以救民，非议和不足以歼赤”。他亲热地对阎表示：“我兄既谋斡旋南北，议和罢兵，作霖仍本初衷，总以利国利民福为前提，决不因一己之私，置人民于不顾也。”[②] 同时，张学良也电阎解释，前次南桂馨来京受挫，乃系奉方内部“有一、二人未明世界潮流趋势”所致。电称：“现征得各方同意，甚愿息事宁人。”[③]

6月29日，邢士廉抵达太原，但阎锡山托病不见，指派其总参议赵戴文等代为接待。阎通过赵等表示：①希望北京政府依照三民主义彻底改革一切。②希望雨帅从速与宁蒋妥协。邢既不肯允诺以“悬挂青天白日旗及改称国民革命军”为先决条件，也不答应进行“彻底改革”，只表示：“雨帅此时对于妥协之具体意见，在先停战，一切纠纷，待召集开国民大会解决。”[④]

张学良是奉蒋联合的促进派

对南北妥协，张学良态度最为积极。

早在1926年7月，张学良就主动向国民党北京政治分会建议，广东国民政府方面应采取“远交近攻”之计，与奉方联合。[⑤] 1927年1月，汉口发生群众占领英租界事件，张学良对英国驻华公使兰普森说：“中国南北之事，不过国人对内政见未能一致，因起战端。古诗有言，兄弟阋于墙，外御其侮。对外卫国，决不因对内不一致而发生影响。”[⑥] 同年3月下旬，国民革命军占领南京，混乱中发生抢劫、杀害外侨，导致外舰开炮射击事件。

---

① “邢士廉对新闻记者谈话”，载于《晨报》，1927年7月6日。

② 《晨报》，1927年6月30日。又据山西代表称：“前此南君来京，未承接纳，而徐州会议因之成功，张雨帅事后颇为追悔，派邢士廉赴晋问病。”载于《晨报》，1927年7月29日。

③ 《新闻报》，1927年6月30日。

④ “邢士廉对新闻记者谈话”，载于《晨报》，1927年7月6日。

⑤ 《陆山致畏公（谭延闿）密函》，中国第二历史档案馆藏。

⑥ “与兰普森谈汉浔案”，载于周毅、董慧云、张忠发主编《张学良文集》，香港同泽出版社1996年版，第33页。

4月3日，国闻社记者访问由前线返京的张学良，询问他“何不息内争而一致对外”时，张答云：“无论如何，绝不能因一党一派之利害，而危及国家。如彼方抛弃过激之一切运动，及鲍罗廷之操纵，为国家事，没有什么不可商量。”① 两天后，他与韩麟春联名通电称：“果诸公有救时之良策，爱国之真诚，同是国人，一致对外，千难万难，又何敢辞！”② 张学良的这些表态并非官样文章，而是发自内心的真诚呼吁。这一点，从他稍后致张学铭的私电可知。该电云：“一念同是同种，自相残杀，心中又怏怏焉。如有对外争战，在兄马革裹尸，虽死无恨也。”③

阎锡山出面斡旋后，张学良、韩麟春派人持亲笔函赴山西，向阎锡山表示“赞成三民主义”④。当时，阎复电建议：取消安国军，将奉军改组为河北（泛指黄河以北——笔者）国民革命军。电称：“彼方所恃以号召者，在国民革命，我亦以国民革命为旗帜，在敌人无的可射，敌情自然和缓。”又称：“行政在合民，凡可以结合民众之名义，即当采取。盖处国家，当以利害计得失，不当为虚面子所困也。”⑤ 6月3日，张、韩电阎，表示赞成这一计划。电称：“良等素抱平民主义，决无军阀野心，但期利国福民，一切均可不计。对于改组河北九区国民革命军一节，既于北方全局有利，良等深表赞同，无论有何阻碍，亦必毅然进行。”⑥ 但是，张、韩二人又有种种顾虑，询问阎锡山：①奉军中思想陈旧的部分将领反对，有断绝饷械之虞时，山西能否予以补充？②直鲁军反对时，山西是否能予以兵力援助？③奉军向后撤兵时，山西能否承担守备河北的责任？④南方诸同志是否谅解及容纳，有无何种保证？此函流露出，张学良、韩麟春当时已有撤兵北

① “张学良之谈话”，载于《晨报》，1927年4月4日。

② “致各部院、各省区等等通电”，载于周毅、董慧云、张忠发主编《张学良文集》，香港同泽出版社1996年版，第36页；《晨报》，1927年4月8日。

③ 周毅、董慧云、张忠发主编：《张学良文集》，香港同泽出版社1996年版，第40页。

④ 上海《民国日报》，1927年6月5日。

⑤ “致张学良改为国民革命军电”，载于《阎伯川先生要电录》，台北阎伯川先生纪念会1996年编印，第253页。

⑥ “张学良、韩麟春致阎锡山电”，载于《民国阎伯川先生锡山年谱长编初稿》，台北商务印书馆1990年版，第754～755页。

返的打算。6月4日，阎锡山复电表示：他的计划是组织“北方国民委员政府”，推张作霖为领袖，①、②、③各条均可不必顾虑；北方组织就绪后，即联络南京及各方，组织“讨共大同盟”，国民党方面当然同意。阎在电中保证：“两兄此后有何困难之处，弟必尽力帮助。”[①]

除与阎锡山磋商外，张学良又积极与蒋介石、冯玉祥等建立联系。“四一二”政变后，张学良两次派参谋葛光庭赴南京会见蒋介石，说明“双方必须合作讨赤之理由”[②]。其间，张学良与杨宇霆还曾联名致函上海张某，内称：“弟等信仰三民主义，已非一日。讨贿之役。兄与其事，当知其详。国际风云，日趋险恶，吾人惟有一致服从先总理三民主义，同心协力，以救中国之危亡。蒋总司令忠信勤勇，千古一人，心折已久，还希再将鄙意转达，藉求谅解。”[③] 同年7月，张学良致函冯玉祥，表示“服从三民主义”之意，甚至表示愿“让出关内”[④]。多年来，奉系一直积极向关内扩张，势力所至，一度跨过长江。张学良提出“让出关内”，在奉系中是第一人。

然而，张学良主张和蒋介石妥协又是有条件的。7月19日，张学良招待日本记者团，声称张作霖确实希望“对蒋妥协”，但他同时表示：“国旗乃属代表国家之物，故断然反对以一党之党旗，代易国旗。”对召集国民会议一事，张表示：“此事自可赞成。”他说：“国民会议，非一党一派之会议，必须为网罗全国各党派之全民会议始可。故吾侪力排一党政治。何以故？以其等于以一党专制，代替个人专制也。”[⑤]

张学良的和平努力获得蒋介石的响应。蒋在接见葛光亭时提出两点希望：①政治上服从三民主义；②军事上愿以诚恳态度，促成奉方从新的方面做去。蒋称：“中国之事须以中国国民之意见解决之，如果北方能脱去旧

① 《阎伯川先生要电录》，台北阎伯川先生纪念会1996年编印，第255页。

② “葛光庭对新闻记者谈话”，载于《晨报》，1927年8月4日。

③ 《时事新报》，1927年6月13日。

④ “洛阳孔祥熙寒日来电”（1927年7月14日），又，“洛阳冯玉祥来电”（1927年7月18日），均见《蒋介石收各方电稿》（抄本）；参见“葛光亭谈话”，载于《世界日报》，1927年7月27日。

⑤ “张学良谓断然反对以一党党旗代国旗”，载于《世界日报》，1927年7月20日。

军阀帽子，则宁方不但津浦线愿意无条件停战，即进一步让出蚌埠、浦口，亦未尝不可。”①

南方来使与和谈中断

邢士廉的山西之行虽然没有具体收获，但他在太原见到了蒋介石派到山西的常驻代表何澄。何与杨宇霆、韩麟春、邢士廉都是日本士官学校的同学，他向邢提出几条解决时局意见。邢回京后向杨、韩报告，杨、韩认为“有可妥协之余地”，邀请何澄入京。②

7月15日，何澄抵达北京，第一日即会晤杨宇霆、张学良、韩麟春三人，开出三剂药方：第一剂，北方政治根本改造，与宁、晋在同一旗帜之下，共同奋斗；第二剂，现制之名义如欲保存，则须移地，惟可留一部愿与宁、晋合作者，在北方共同维持大局，根本办法，则待以后国民会议解决；第三剂，除新行之政制应行取消外，其他则略为改变，自行采用与宁、晋相同之制度，暂维现状，后事归国民会议解决。③ 何的这三剂药方，其核心仍是要奉系实行“政治改革”，奉系中虽有杨宇霆等少数新派具有革新思想，但旧派势力深厚，自然难以接受上述条件。7月23日，何澄访问张作相与吴晋。张、吴相继表示，“大致谓政治之事，由大元帅主持”，“我辈军人以服从为主，惟军事政治分期解决，较为适当”④。谈判中，奉方主张“先军事，后政治”，何澄与返京任山西代表的南桂馨则希望“先政治，后军事”⑤。双方无法谈拢。7月25日，南桂馨发表谈话，声称“奉天内部个人的意见尚多，一时不易一致”，委婉地承认谈判失败。⑥

---

① “蒋提出妥协两要点”，载于《世界日报》，1927年7月27日。

② “晋阎代表南桂馨谈话”，载于《晨报》，1927年7月20日。

③ 《晨报》，1927年7月23日。

④ “何澄昨访张、吴”，载于《晨报》，1927年7月24日。

⑤ “葛光庭对新闻记者谈话”，载于《晨报》，1927年8月8日；又，“晋阎代表南桂馨谈话”：“与杨宇霆见，杨：一、政治缓期研究；二、军事先期解决。”见《晨报》，1927年7月19日。

⑥ 《晨报》，1927年7月26日。

继何澄之后，何成浚于7月29日到京。

何成浚此行本受蒋介石委派前往山西，途经北京时和张学良、杨宇霆会谈。杨提出奉方与国民党各自成一团体，在国家大致上合作，内部之事则各自为政。国民党不必自居于中华民国正统，奉方亦不以中央自居。杨宇霆同时表示：先军事后政治。第一步商停战办法，第二步商合作方案。[①]何不愿对此表态，建议“撇开政治专谈军事”。当时，徐州已为孙传芳和张宗昌的直鲁联军攻陷，南京北伐军全线动摇，纷纷自鲁南撤退，武汉的汪精卫、唐生智等人又在积极准备东征，因此，蒋介石急于稳定苏、皖形势。

31日，何成浚发表谈话：“宁方之意，只要主义相同，凡事皆可有商量余地。”“南方对津浦军事，不主急进，故鲁南已撤兵。徐州以北，不拟积极发展。惟以地理关系，徐州以南，亦绝不能放弃。只要奉军无南攻意，南军当然亦不愿对北为军事上行动。”[②] 8月1日，何成浚转赴太原。同日，邢士廉对新闻记者谈话，声称拟以解决军事为先，使津浦线早日停战，宁方得以全力应付武汉方面的进攻。关于“内部问题”，邢称：“仍由各自主持改革，很可不必互相干涉。”他表示，直鲁军的南下，“不过一时之现象。妥协果成功，南军退江南可，鲁军退徐北亦可”[③]。其后，苏、皖境内的南京部队继续溃退。8月7日，葛光庭等电催何成浚返京，企图先行解决停战问题，但何成浚返京时，蒋介石已因兵败，在桂系的压迫下于13日辞职。

当苏皖前线军情紧急之际，曾于1926年奉命使奉的杨丙再次到北京活动。8月13日，他在和杨宇霆会谈后密报蒋介石说：“顷晤邻葛兄，据谓父老苦兵久矣。奉对我公，确以诚意谋和，先行停战，其军事区域，以现时地点为限。奉方由邻兄负全责签字，公方须有负责代表签字。双方一经签字，此间即下停战令。至政治一切问题，统由国民会议解决。”不久，直鲁联军在皖北大胜，奉方又提出，以长江为界，划江分治。[④] 27日，杨丙

---

① 《晨报》，1927年8月8日。

② “何成浚对人谈话”，载于《晨报》，1927年8月1日。

③ 《晨报》，1927年8月3日。

④ 《杨丙致蒋介石等密函》，中国第二历史档案馆藏，以下同。

再次密报蒋介石等称："奉方本意在平定河南，划江而守，与南对等议和，以国民会议解决时局。抑深知轻入长江，即令一时得意，亦不能守。此次孙氏南攻，特恐南军不肯休战，故为得寸进寸之谋。苟南北两方能得一确实保证，以江为界，两不相侵，则奉方未尝不可令孙氏改图河南，以满其地盘之愿。"同时，杨丙又致函钮永建、胡汉民、吴稚晖三人，声称孙传芳的军队"虽云前进，未始不可划江分守，只要南方负责有人，迅速直接协商"云云。9月1日，杨丙密函报告奉方状况，认为和议进行，"其结果终不外平等的联合、基财力公平分配而已"。不过，同样因为蒋介石已经下野，杨丙的这些密报没有发生作用，奉蒋和谈因此中断。

蒋介石下野后，晋奉之间于10月间发生战事。当时，蒋介石正在日本访问。他指示阎锡山暂时与奉系妥协，保存实力，答应在日代为活动；日本政府也向蒋表示，可以负责促使张作霖退兵。① 11月5日，阎锡山致电张作霖，声称"苟有解决途径，仍当开诚相与"②。16日，张学良派董英斌向山西方面"谋和"③，未有结果，晋奉两军陷入长期对峙中。

济南惨案发生，民族大义推动和谈再起

1928年初，蒋介石再次上台，不久即发动二次北伐。5月3日，日军出兵山东，制造"济南惨案"，向蒋介石及南京国民政府示威。事件发生后，南京国民政府和北京安国军政府分别向日方提出抗议，国内各阶层普遍呼吁双方就此息争，合力对外。5月6日，上海总商会致电张作霖、张学良等，认为南北政府同时抗议，表明"对内政见，虽稍有歧异，对外仍表示一致"。电称："当此国难已临，计惟停息内争，集合全力，以御外侮，

① "蒋主张暂与奉妥协电"，载于《阎伯川先生要电录》，台北阎伯川先生纪念会1996年编印，第277页；又"蒋以宁无望某难靠盼暂妥协电"，载于《阎伯川先生要电录》，台北阎伯川先生纪念会1996年编印，第280页。

② "致张作霖革故鼎新盼善择之电"，载于《阎伯川先生要电录》，台北阎伯川先生纪念会1996年编印，第282页。

③ 《民国阎伯川先生锡山年谱长编初稿》，台北商务印书馆1990年版，第852页。

庶彼方无机可乘，然后付诸公论，以求最后解决。”[①] 5月9日，驻欧全体公使致电外交部：“日本启衅山东，屯兵调舰，居心叵测，大祸当前，南北两方，同时抗议。对外既能一致，内争奚啻燃萁！应请当局速决嫌怨，立息战争，同御外侮，以纾国难。”[②] 在此情况下，蒋介石以政治手段解决奉系的意图再度萌动，同时，奉系内部也进一步发生变化。

5月5日，日本驻华使馆武官建川美次会见安国军政府军事部次长于国翰，要求奉军不得反攻济南，此事激起奉系骨干常荫槐的愤慨。同日，常致电在石家庄的张学良和杨宇霆，内称：“似此无理干涉，既对南军宣战，又来北方牵制。国内政争，致外人乘隙，辱我孰甚！”他要求张、杨二人电请张作霖“速息内争，一致对外”。6日，张、杨回电常荫槐，对济南事件表示愤慨，声称“弟等虽属军人，究亦同为国民，岂敢后上，且事关国家荣辱，讵容漠视不问”！但二人表示，身为统兵大员，不宜轻易表态，要常荫槐相机向张作霖“陈明”。常荫槐向张作霖建议时，张有采纳之意，但遭到“一二人反对”后，又改变主意。7日，常荫槐再次致电张、杨，要求二人回京，“会同极谏，务期达到目的，免为后世唾骂”。

5月9日凌晨，张学良、杨宇霆由保定入京，向张作霖进言并参加奉系首脑会议。与会者受到民族大义感染，普遍认为“国内苦战，外侮乘虚而至，亟应止息内争，以救国家”。同日，张作霖接受常、张、杨等人意见，通电宣布停战。电称：“国内政见歧异，竟至波及外人。长此不已，不特无以对全国，抑且无以对友邦。作霖有鉴于此，特将彰德、正太战胜之兵停止攻击。”电报同时表示：“所有国内政治问题，但期国民有公正之裁决，断不作无谓之坚持。公是公非，听诸舆论。”[③] 张电发表后，形势遂急转直下。奉系领导人不断发表言论，表示和解意图。5月10日，张学良复北京礼制馆朱启钤电云：“济南事变，复为外人借口。邦人诸友，莫肯念乱，言

---

① 《晨报》，1928年5月8日。
② 《晨报》，1928年5月12日。
③ 《晨报》，1928年5月10日。

之痛心。”电称：“但能息争救国，无不遵从。”[①] 5月11日，他与韩麟春、杨宇霆联名《复上海总商会电》云：“南北一家，彼果无弯弓而射之成心，我确有免胄寻盟之真意。”[②] 5月11日，张作霖对孙传芳、褚玉璞称：“济南之变，关系国本”，“故特退避三舍，与党军以回旋之地，俾可从容交涉，并可以表示息争御外之决心。”[③] 同日，他对领袖荷使欧登科称：“此次撤兵，一为国事艰难，不得不加体谅，一为示和议决心，促各方觉悟。”[④]

二次北伐开始后，蒋介石亲率的第一集团军和冯玉祥的第二集团军在山东的胜利沉重地打击了安国军。5月9日，阎锡山统率的第三集团军东进占领石家庄、正定。11日，第二集团军韩复榘部也北上抵达石家庄，两军会师。奉系首领之所以急转弯，固由于军事上已处于逆势，但济南惨案所激起的民族感情的上扬也是重要原因。

不无遗憾的结局

蒋介石决定利用济南惨案后的新形势。5月12日，蒋介石连发三电。致阎锡山电称：奉张宣布停战，其原因“精疲力尽，不能抵抗我师”，必须迅速前进，决不可中其缓兵之计，但他同时提出，“我似宜利用之，以离间奉天与日本之关系。更乘此机会，唤起北方将士之觉悟，勿为日人之伥。”[⑤] 致吴忠信电称：“国难方殷，彼此均应同心救国，如彼方自动出关，一切国事国民会议解决。”致谭延闿电称：“北方宣布停战，如其果确，则中正以为可允其全部集结关外，以固东北国防。至一切国是，当俟国民会议解决，并允奉方参加国民会议。即唯一条件，要求奉鲁军退出关外。”[⑥]

和平有望，蒋介石却保持着充分警惕。5月15日，蒋介石致电阎锡山

①② 《晨报》，1928年5月14日。
③ 《晨报》，1928年5月14日。
④ 《晨报》，1928年5月12日。
⑤ 《民国阎伯川先生锡山年谱长编初稿》（三），台北商务印书馆1990年版，第966页。
⑥ 《中华民国重要史料初编——对日抗战时期》绪编（一），中国国民党党史会1981年版，第195页。

称："弟意如张作霖能下野，另由新派军人接统军队，自可相当容纳。倘张仍作恋栈之势，在其所谓合力对外者，必不可恃。而我与元恶言和，将无以慰将士与国民之望。惟有明白答复，以张去职为停战第一条件而已。"[①]

日本田中内阁发现奉系败局已定，加紧逼迫张作霖退回关外。5月15～16日，内阁会议决定：①在国民革命军未到达京津地方之前，准许张作霖撤回满洲，同时阻止国民革命军进入山海关以北；②如张作霖在与国民革命军交战或接触后向东北退却，则不准南北两军任何一方进入满洲。[②] 会议结束后，田中立即电告芳泽，要他命张作霖"立即返回满洲"[③]。5月17日深夜，芳泽谦吉访问张作霖，劝他立即将北京和平地让与北伐军。[④] 18日，正式照会张作霖及南京国民政府："目前战乱情形将波及京津地方，而满洲地方亦将有蒙受其影响之虞"，"当战乱波及满洲时，帝国政府为维持治安，将采取适当而有效的措施"[⑤]。

日方一面向张作霖施压，一面和晋系代表南桂馨在天津会谈。1927年10月阎奉之间发生战事后，南桂馨即离京避居天津，与段祺瑞及日本华北驻屯军司令新井亀太郎等人来往。[⑥] 当时，冯玉祥的第二集团军和阎锡山的第三集团军都有资格占领京津。但是，日本方面拒冯而表示欢迎晋军，向南桂馨表示：冯军到京津附近，必挑衅；晋军单独到此，极欢迎。段祺瑞在1926年下野后即蛰居天津，待机再起。他与南桂馨约定：①日方由芳泽谦吉出面，劝告奉张于最短期内退出关外。②奉张将中央政权及近畿维持秩序各事交段负责，由段征求各方意见解决国事。③奉军撤退后，无论何方军队，不得侵入马场、任丘、大城、保定一线，并由山西约同宁方劝止

① 《民国阎伯川先生锡山年谱长编初稿》（三），台北商务印书馆1990年版，第968页。

② 臼井胜美：《中国近代日本外交》，筑摩书房1983年版，第223～224页。

③ 《日本外务省档案》（缩微）：S1615－31。

④ 《芳泽谦吉自传》，东京时事通讯社昭和39年版，第103页。

⑤ 王正廷编：《国民政府近三年来外交经过纪要》，外交部1929年印，第29页。

⑥ 鲁墨庭等："张作霖与阎、冯、蒋、李战争纪略"，载于《中华文史资料文库》第2卷，中国文史出版社1996年版，第845页。参见南桂馨："1927－28接收京津之经过"，载于《山西文史资料》第4辑，文史资料研究委员会1981年版，第103～113页；赵瑞："阎锡山通敌叛国罪行纪要"，载于《文史资料选辑》第29辑，文史资料出版社1980年版，第164页。

各军前进；如冯玉祥部不听劝止时，山西及宁方军队概不参加北进。④山西设法约同各方赞成段解决国是电。[1] 段的意图是由他出面组织临时政府，对此，阎、蒋都未加理睬。22 日，蒋介石决定，限奉军一星期内全部退出关外，京津由山西方面和平接收。同时，又致电冯玉祥，命他赞成这一方案，以使“敌人无从离间，加强内部团结”。[2]

奉系在宣布停战后，决定派直隶省省长孙世伟赴南方谈判。5 月 16 日，潘复电召孙世伟入京。孙入京后，潘复、张学良、杨宇霆等均称：“南蒋既有意与我携手，无论事之成否，总须前往一行，并可察其内容，徐图应付。”5 月 24 日，孙世伟乘轮赴沪。其时，张学良所派代表已在上海。

1928 年 3、4 月间，张学良、杨宇霆再派葛光庭赴沪，访问何成浚等，商洽和平。济案发生后，又派尹扶一到沪，通过何成浚等向李烈钧、蒋介石等陈述，达成妥协条件：“奉张出关，并希望奉方加入政府，共定中原，藉以解决外交。”[3] 议决之后，由葛光庭急电张、杨，张、杨认为可以磋商，但须选派正式代表来京，负责研究。

5 月 30 日，国民政府代表孔繁蔚、尹扶一抵京，会见张学良、杨宇霆、孙传芳、张作相等人。杨表示：“内事不已，牵动外交，倘因此不国，将何颜以对国人！”他并称：“急愿息争，一致团结，苟利国家，敢存私见！倘不践言，愿自刎以谢诸兄。”张学良等人的意见与杨大体相同，声称“雨帅出关，确能办到，但须以和缓手段，使彼自动”，其他问题，俟停战后交代表会议或国民会议解决。[4] 同日夜，张作霖下令“总退却”。5 月 31 日，孔、尹致电南京国府报告，要求对等停止军事行动。6 月 1 日，谭延闿复电，提出办法三项：第一，奉军应撤至京东一带，由奉军长官负责整理；

---

① “天津南桂馨奉军出关四条件电”，载于《阎伯川先生要电录》，台北阎伯川先生纪念会 1996 年编印，第 331～332 页。电中所称“伟民”，隐指段祺瑞。关于此点，笔者另有考证。

② “蒋介石致冯玉祥电”（1928 年 5 月 22 日），载于《阎伯川先生要电录》，台北阎伯川先生纪念会 1996 年编印，第 201 页。

③ “孔繁蔚随员谈话”，载于《晨报》，1928 年 6 月 4 日。

④ “孔繁蔚、尹扶一呈谭主席及蒋总司令电”，载于《革命文献拓影》，北伐时期第 17 册，蒋中正档。

第二，北京已派阎锡山接收，希望奉方妥为交代；第三，北京政务善后事宜，由国民政府处理，奉方要人务须加入，共策进行。张、杨表示，一、二条表示可以让步，第三条需要考虑。①

国民政府代表孔繁蔚与奉方代表张学良、杨宇霆在北京议定：奉军撤离北京，退往榆关；成立以北洋元老王士珍为首的临时治安会，维持北京政局。6 月 1 日，谭延闿批准双方所议条件。6 月 4 日，国奉谈判再次举行。张学良等同意阎锡山的第三集团军进入北京，双方和平交接，但张因直鲁联军纪律坏败，不愿带回东北，提出要以天津以东永、遵十县为张宗昌、褚玉璞、孙传芳的屯兵区域。孔繁蔚则提出：①东三省必须悬挂青天白日旗；②服从国民政府命令；③直鲁联军及孙传芳残部必须接受改编。双方发生争执。当夜，张学良获悉其父噩耗，匆促出京，同时按孔繁蔚要求，下令部队向滦河撤退，僵局遂自动化解。

6 月 5 日，南京国民政府任命阎锡山为京津卫戍总司令。8 日，晋军和平进入北京。11 日，张宗昌、褚玉璞派代表与晋方代表南桂馨谈判，达成协议，决定直鲁军自动退出天津，交晋军维持治安。② 12 日晨，张宗昌、褚玉璞率直鲁联军残部撤离天津。同日，晋系的傅作义宣布就任天津警备司令。

至此，二次北伐成功，辛亥以来北洋军阀长期统治中国的历史终于结束。它是国民党人的一个重大胜利，但是，也是土肥原“以晋代奉”计划的胜利。这是一个不无遗憾的结局。

---

① “孔繁蔚随员谈话”，载于《晨报》，1928 年 6 月 4 日。

② “阎锡山致南京国民政府军事委员会及蒋介石电”，载于《中华民国史事纪要》，1928 年 1～6月卷，中华民国史料研究中心 1983 年版，第 1084～1085 页。

“不抵抗主义”到底是谁提出来的？

多年来，人们一直认为，1931年9月18日夜，日军进攻沈阳北大营，发动事变，蒋介石下令“不抵抗”，众口一词，几成铁案。前些年，张学良在接受唐德刚的口述历史访问时，特别声明，“不抵抗”是他本人下的命令，和蒋介石无关。这样，学术界关于这一问题的研究就向前推进了一步。但是，还有若干问题并未解决。这些问题如下。

第一，蒋介石是什么时候得知日军进攻沈阳北大营的？他的反应是什么？

第二，南京国民政府处理事变的对策是什么？

第三，张学良为何下令“不抵抗”？真的和蒋介石没有关系吗？

这些问题不解决，就不能认为问题已经彻底弄清楚了。

蒋介石迟至9月19日晚才从上海方面得知“事变”消息

9月18日这一天，蒋介石上午早起后，即与宋美龄同谒中山陵。其后，参加国府会议，讨论工厂检查法等问题。9时半，登永绥舰，往南昌督师“剿共”。当日日记云：

下午，研究地图，看《中山全集》。筹划对粤、对匪策略。一、对粤，决令十九路军先占潮汕，十八军集中赣南。余再宣言，以第一、二、三届委员为四届委员。余在四全会中引咎辞职，而嘱陈、蒋、蔡等应之。如果不从，则以武力牵制之。对匪决取包围策略，以重兵掩护修路，以大款赶修道路，待路成再剿赤匪，否则，欲速不达，应难见效也。

1931年初，蒋介石因政见分歧，软禁国民党元老、“立法院院长”胡汉民，引起国民党分裂。5月，汪精卫、孙科等在广州另立国民政府，与南京对立。同年4月，何应钦调集湘、鄂、赣、闽四省军队，对中共领导的江西中央根据地进行“围剿”。蒋介石这一天的日记表明，他在舰上所考虑的只有两个问题：一是如何对待广州新成立的国民政府，解决宁粤对立问题；二是如何对待江西的共产党。完全没有涉及东北问题。

日军进攻沈阳北大营是在当晚10时，是不是当日蒋介石早已写完日记，后来的“事变”和对张学良的应变指示都没有写进日记呢？不是。

9月19日，蒋介石有一通致张学良电，中云：

北平张副司令勋鉴：

良密。中刻抵南昌。接沪电，知日兵昨夜进攻沈阳。据东京消息，日以我军有拆毁铁路之计划，其藉口如此，请向外宣传时对此应力辟之。近情盼时刻电告。蒋中正叩。皓戌。①

此电现存手迹原件。“皓”，19日，“戌”，21点至22点之间。可见，蒋介石得知“事变”是在9月19日晚到达南昌之后，其消息来源是上海。在此之前，他不知道事变的任何消息，也没有从张学良处得到任何消息。自然，也不可能对张学良有任何指示。过去所有关于蒋当晚如何指示张“不抵抗”的说法，有些甚至是很具体的、活灵活现的说法。例如，曾任张学良的机要秘书郭维城说：“‘九一八’事变当时，张学良将军在北平，一夜之间，十几次电南京蒋介石请示，而蒋介石却若无其事地十几次复电不准抵抗，把枪架起来，把仓库锁起来，一律点交日军。这些电文一直到现在还保存着，蒋介石是无法抵赖。”② 上引蒋电可证，郭说不确。郭维城到

① 《中日关系史料》，台北“国史馆”2002年印行，第1页。

② 《东北日报》，1946年8月24日。

1934年才担任张学良的机要秘书，他的说法应出于猜想和传闻。

又，蒋亲自审定的《事略稿本》称：“十九日，公舰到湖口，换船，经鄱阳湖，抵南昌，忽接急报迭来云。”将《事略稿本》所述与上引蒋致张电两相印证，可以确认，蒋是在“事变”发生整整一天之后才得到“事变”发生消息的。当晚，他写下的日记是：

昨晚倭寇无故攻击我沈阳兵工厂，并占领我营房。刻接报，已占领我沈阳与长春，并有占领牛庄消息……

日记中，称“事变”发生在“昨晚”，表明他9月18日当夜，并不知道沈阳发生了什么事。

“不抵抗”命令确实发自张学良

在公开的函电中，最早出现“不抵抗主义”一词的是辽宁省主席臧式毅和东北边防军司令长官公署参谋长荣臻的电报。他们于9月19日上午8时左右致电张学良，报告说：“日兵至昨晚十时，开始向我北大营驻军施行攻击，我军抱不抵抗主义，毫无反响。”又称：“职等现均主张坚持不与抵抗，以免地方糜烂。”① 张学良接电后，即于19日发表通电，中云：

副司令行营效日（十九日）来电云：顷接沈阳臧主席、边署荣参谋长皓午电称：日兵自昨晚十时，开始向我北大营驻军施行攻击，我军抱不抵抗主义，日兵竟致侵入营房，举火焚烧，并将我兵驱逐出营，同时用野炮轰击北大营及兵工厂。

20日，南京国民党的机关报《中央日报》在“我未抵抗日军轰击”的标题下，发表了张学良的上述通电，“不抵抗主义”五字遂首次公之于文字。张电所云，虽系转述臧、荣二人来电，但是，臧、荣二人不会也不敢

---

① 《东北日报》，1946年8月24日。

杜撰"不抵抗主义"一词，它一定出自9月18日深夜张学良的口头指示。关于此，荣臻报告说：

得知日军袭击北大营，当即向北平张副司令以电话报告，并请应付办法。当经奉示，尊重国联和平宗旨，避免冲突，故转告第七旅王以哲旅长，令不抵抗，即使勒令缴械，占入营房，均可听其自便等因。彼时，又接报告，知工业区迫击炮厂、火药厂、均被日军袭击。当时朱光沐、王以哲等，又以电话向张副司令报告，奉谕，仍不抵抗，遂与朱光沐、王以哲同到臧主席宅研究办法，决定日军行动任何扩大，攻击如何猛烈，而我方均保持镇静。①

"尊重国联和平宗旨，避免冲突"，当然就是"不抵抗"。"以电话报告，并请应付办法，当经奉示"云云，说明张学良的指示是立即做出的，并未经过请示或研究。

1990年8月，张学良在台北接受日本NHK采访组时曾说：

我那时在北京，在医院养病。当时病刚好。那天我请英国大使去看梅兰芳唱戏。我听到这个报告，立刻回到家里下命令。也不知道是怎么个情形，我不明白，所以我当时是（此句听不清），看看究竟是怎么个事情。②

张学良承认，是他"回到家里下命令"，至于"命令"的内容，很遗憾，在关键的地方"听不清"。不过，张学良在他的自传体著作《杂忆随感漫录》中讲得很具体：

约在十点卅分许，来人报告沈阳有长途电话，荣参谋长请我说话，有紧急事项，我立刻辞蓝公使归返。荣对我说：有日本铁道守备队约一中队，向我北大营营团射击，日本附属地的日本驻军亦集结活动。我嘱切戒我军勿乱动，速与日本顾问妹尾、柴山向日方高级将领交涉制止，由交涉者即

① "九一八事变之经过情形"，载于《中华民国重要史料初编》绪编（一），中国国民党党史会1981年版，第262页。

② 管宁等译注：《张学良开口说话》，辽宁人民出版社1992年版，第75页。

向日本林总领事处接洽交涉……天晓之后，除报告政府请示外，我派员向日本北平使馆矢野代办交涉，彼答以不知其详。

张学良要荣臻“切戒我军勿乱动”，自然就是“不抵抗”的意思。其实，关于和荣臻的通话内容，张在事变后的第二天，已经讲得很清楚、准确。9月19日下午2时半，张学良接受记者访问时说：

昨夜接到沈电，惊悉中日冲突事件。惟东北既无抵抗之力量，亦无开战之理由，已经由沈严饬其绝对不抵抗，尽任日军所为。①

可见，张学良和荣臻的通话主要内容，就是“绝对不抵抗”，而且，还有一句“尽任日军所为”，赋予日本侵略者完全的行动自由。结合上引《杂忆随感漫录》所述“天晓之后，除报告政府请示外”等语，可证张学良对荣臻的指示是在未向南京国民政府请示的情况下独立作出的决定。

9月19日晨，张学良在北京协和医院召集东北干部张学铭、于学忠等人会议，再次肯定“不抵抗主义”。报道说：

张皓（十九日）晨在协和召东北干部，开紧急会议，以日人违反国际公法，破坏东亚和平，决取不抵抗主义，一切听各国裁判，并电顾维钧、汤尔和来平，向各使节说明日人暴动真相，一面电呈中央。

这样，“不抵抗主义”就不仅是张学良的个人意见，而是“东北干部”的集体决定了。

张学良与荣臻通话时，“事变”刚刚开始，张学良只知道“日本铁道守备队约一中队，向我北大营营团射击”，但是“事变”的发展很迅速，日军很快就占领营口、长春等许多东北城市，应该说，日军的侵略意图暴露得很清楚了。但是，张学良仍然坚持主张“不抵抗”。9月22日，张学良得悉日军有向哈尔滨推进之势，致电东省特区长官公署转护路军司令部说：

① 《盛京时报》，1931年9月21日。

顷闻日军有向哈埠推进之讯，如果属实，仰相机应付。维彼不向我军压迫，我应力持镇定；万一有向我军施行压迫之动作，该部应即避免冲突，暂向安全地带退避，以保安全。①

此电虽无“不抵抗”之词，但内容与“不抵抗”并无二致。当时，国民党大老李石曾、张继、吴铁城在北平，都和张学良讨论过“事变”问题。9月23日，吴铁城致电蒋介石报告：

对沈阳事件，汉兄等主张始终不抵抗，但以急速解决为妥。②

如果说，“事变”初起，荣臻刚刚以电话向张学良请示时，张学良以为还是“寻常性质”，可以以“小事化了”的方式处理，但是，这时已经是“事变”后的第5天了。张学良却仍然没有改变“不抵抗主义”的任何表示，这就不是以判断失误可以解释的了。

12月21日，日军分三路进攻辽西重镇锦州，张学良仍无坚决抵抗打算。同日，他致电第一军司令于学忠，电称：“近当日本进攻锦州，理应防御，但如目前政府方针未定，自不能以锦州之军固守，应使撤进关内。”③其后，蒋介石下野返乡，25日，南京国民政府电令张学良“应尽力之所能及，积极抵抗”。在此情况下，东北军曾与日军有所交手，但仍于1932年1月2日放弃锦州，退入关内。不久，蒋介石复出。同年6月，汪精卫、宋子文等自南京飞北平，会晤国联调查团。19日，汪、宋会晤张学良，动员张在山海关地区与日军“小加抗战”，但是，仍然受到张学良的坚决拒绝。关于这一过程，张学良回忆说：

见面之后，出示蒋委员长亲笔函，大意是汪院长来平，为对日军事问题，同我相商。谈询之下，汪表示政府打算在华北对日本用兵之意。我遂询问，政府是否具有坚绝的决心，有无相当的准备。我们不要再蹈往年抗

---

① 周毅、董慧云、张忠发主编：《张学良文集》，香港同泽出版社1996年版，第497页。
② 《中日关系史料》，台北“国史馆”2002年印行，第13~15页。
③ 周毅、董慧云、张忠发主编：《张学良文集》，香港同泽出版社1996年版，第556页。

俄之覆辙。汪答曰：“不是那个样子的事，是因为政府受到各方面的言论攻击，希望我对日本作一个战争姿态，小加抗战，至于胜败则所不计，乃是在政治上可以应付舆论之指责也。”我聆听之下，惊讶愤慨，遂即答曰：“政府既无准备和决心，拟牺牲将士之性命，来挽救延续政治之垮台，我不取也。”汪遂曰：“这是蒋委员长的意思。”我说：“你若说是蒋委员长的意思，蒋委员长是我的长官，他会直接给我下命令的。他不会写信，说汪先生你来同我商讨。既然说是同我商讨，这种并不是真正的抗战，而是拿人家的性命挽救自己的政治生命的办法，我的表示是，决不赞同。”①

这时候，东北早就全境沦陷，日本已于当年3月成立伪满洲国，并且进一步觊觎华北。蒋当时的计划是，要求张学良撤换庸懦无能的热河省主席汤玉麟，派兵“占据热河，与东三省义勇军打成一片”，“威胁山海关，令倭寇使之不敢窥窃平津”。蒋认为：“救国御日之道，莫此为要”，曾在日记中表示“致函汉卿，督促其实行之”②。因此，蒋介石托汪精卫带给张学良亲笔信的内容，并不如张学良所述这样简单。即使如汪所云，只是要张“小加抗战”，“作一个战争姿态”，但是，对于一个渴望洗雪家仇国耻的爱国将领来说，不正是提供了一个“为国效力”的机会吗？至少，可以乘机要求南京政府发奋备战呀！然而，张学良仍然毫不动心。

多年来，张学良一直坦承个人责任

“九一八”之夜，张学良在未向南京国民政府请示的状况下，向东北军下达了“不抵抗”命令；在此后的相当长的一段时期内，张学良也仍然坚持“不抵抗主义”。对此，张学良在许多场合，都如实叙述经过，坦承个人责任。

1945年8月，抗战胜利。东北父老对张学良表现出异乎寻常的热情，

---

① 张学良：《杂忆随感漫录》，台北历史智库出版公司2002年版，第127～128页。

② 《蒋介石日记》（手稿本），1932年6月15日。

使张很感动。次年1月3日，他在日记中写道：

今天早晨躺在床上没起来，胡思乱想，想到东北的人们对于我个人的问题，这不单是感情的问题了，真叫我惭愧无地，难过的了不得。说起抗战阶段，我是毫无贡献。当年在东北时，以前是承老人的余润，后来我不过执政三年，不但对地方没有造福，因为我一意的拥护中央，依赖中央，才有了中东路问题，对俄盲目的战事。九一八的事变，判断的错误，应付的错误，致成“不抵抗”，而使东北同胞水深火热十四年，今天他们反而对我如此的热诚，这可真叫我太难过了！①

张学良的这一段日记承认自己“判断的错误，应付的错误，致成不抵抗”，并没有将责任推给别人。

1990年，张学良接受唐德刚访谈时曾“郑重声明”，“那个不抵抗的命令是我下的。说不抵抗是中央的命令，不是的，绝对不是的”。他说：

我现在就给你讲这个不抵抗的事情。当时，因为奉天与日本的关系很紧张，发生了中村事件等好几个事情。那时我就有了关于日本方面的情报，说日本要来挑衅，想借着挑衅来扩大双方的矛盾。明白吗？我已经有了这样的情报。所以，那个不抵抗的命令是我下的。我下的所谓不抵抗命令，是指你不要跟他冲突，他来挑衅，你离开它，躲开它。

当唐德刚谈道：“我们听了五十多年了，都是这个说法呢，都说是蒋公给你的指令呢。”至此，张学良连连表示：“不是，不是，不是的。”“这事不该政府的事，也不该蒋公的事。”②

1991年5月28日，张学良在纽约接受东北同乡会会长徐松林等人访谈时说：“是我们东北军自己选择不抵抗的。我当时判断日本人不会占领全中国，我没认清他们的侵略意图，所以尽量避免刺激日本人，不给他们扩大

① 《张学良日记》，美国哥伦比亚大学珍本和手稿图书馆藏。

② 《口述实录，张学良世纪传奇》，山东友谊出版社2002年版，第431～434页。

战事的借口。‘打不还手，骂不还口’。是我下的指令，与蒋介石无关。”①

其他的资料还有很多，无须再引了。

可见，从1946年1月3日的日记，到1991年的答问，张学良始终完全承担“不抵抗”的责任，从未涉及别人。

张学良为何决定“不抵抗”

沈阳是奉系的“老窝”，是张作霖、张学良赖以立身、发迹的根据地，为什么当日本人来抢占这块宝地时，张学良会下令“不抵抗”呢？这里，我们要引用张本人的另一段至今尚未发表的“口述史”了。1992年1月2日，张学良在台北接受张之宇、张之丙姊妹访问时说：

不但中央，就是连我们（也）根本没法子跟人打。不想打？怎么不想打？打可（能）更坏，日本更高兴。日本就希望你打呀……打了，（东北就是）我占领的……我们打败了，交涉（时）你（就）得赔偿了……（我）知道怎样部署也是打不过他……人家日本人拿一个师来……那整个我们打不过呀……我们那时候没法子跟他打……就是游击队捣乱，这可以，正面的作战不行……人家一个可以当你十个……跟日本人打仗，他不投降，他剩一个人都要打呀……日本军人实在我可佩服。

（九一八事变时）我认为日本是挑衅，找点麻烦，可以（向我们）多要点好处。

（我们和日本打）好像拿鸡蛋碰石头，绝对打不过的。②

这一段话是哥伦比亚大学请人根据录音整理的。为帮助读者能读得比较顺畅一点，我添加了少数字词，以括弧表示。

在这一段话里，张学良将下令“不抵抗”的原因讲得很清楚，一是对

---

① 郭冠英：“完满的结局——李震元陪张学良纪实”，载于台北《传记文学》第81卷第5期。

② 张之宇、张之丙：《张学良口述历史》，美国哥伦比亚大学珍本和手稿图书馆藏，未刊。

日本侵华的野心估计不足，认为只是一般性的“挑衅”，“找点麻烦”；二是认为中日两军军力悬殊，根本打不过日本人。在这两点中，最主要的是第二点。

关于张学良拒绝在山海关对日“小加抗战”一事，张学良在接受张之宇姊妹访问时也曾谈过此事，他回忆当时的对话情况：

汪精卫：“你在山海关一定要和日本打!”

张学良问：“中央政府有什么准备?”“没有（准备）? 打不胜，为什么还打?”

可见，张学良当时反对和日本作战的理由还是“打不胜”，就不能“打”。他之所以坚持“不抵抗主义”，有他自己的思维逻辑。

张学良自称“爱国狂”，他的爱国主义思想早在20世纪20年代即已形成。然而，在面临强敌进攻时却一再主张“不抵抗”。“不抵抗”当然是绝对错误的，然而，人们却不能不承认，就总体而言，张学良仍是一个爱国主义者。

“不抵抗主义”的“知识产权”仍然属于蒋介石

通过上述分析，读者可以发现，“九一八”之夜和“九一八”之后，张学良的对日政策都是“不抵抗主义”，他并未向蒋请示，也非出于蒋的授意。那么，这是否意味着“不抵抗主义”和蒋介石毫无关系呢? 非也。早在1928年5月，蒋介石就提出了“不抵抗主义”。

当年4月，蒋介石自徐州誓师，率兵北伐，目标是打下北京，结束奉系军阀的统治。同月19日，日本出兵山东。5月3日，日军在济南肆意杀害中国军民，残酷杀害山东交涉员蔡公时等17名中国外交人员。4日夜，蒋介石决定中国军队退出济南，分五路渡过黄河，绕道北伐。10日，谭延闿、张静江、吴稚晖、王正廷、蒋作宾等在兖州与蒋介石会议。当日，蒋介石日记云：

晨，到兖州。上午，谭延闿、吴敬恒、张人杰到。会议议至下午四时，决取不抵抗主义，宣告中外，而各军渡河北伐，完成革命为唯一方针。故对日本，凡可忍辱，必须至最后亡国之时，乃求最后历史之光荣。余决心，以退至运河沿岸鲁西与徐北，与之决战也。

也许，这是近代中国“不抵抗主义”的最早源头，也是蒋介石“不抵抗主义”的滥觞。当晚，蒋介石决定对日道歉，免除第三军团军团长贺耀祖的职务。

11日，日军进攻济南城，蒋介石日记云：

闻今又攻济南城，昨今连命其放弃济南，消息终不得达也。决将总部移动至济宁，余自渡河北伐，暂避倭寇。以原定目标为奉张，如转移于倭寇，则多树敌，有背原则也。

蒋介石的这一页日记说明，他之所以决定对日军在济南的挑衅“不抵抗”，也有他自己的思维逻辑，这就是，坚持消灭奉系军阀的原目标，不能多增加一个敌人。

蒋介石的决定实际上是国民党和南京国民政府的集体决定。5月9日，国民党中央执监委员和国民政府委员召开联席会议，决定四条：①令蒋、冯（玉祥）、阎（锡山）三总司令会商军事机宜，继续北伐。②令李（宗仁）、程（潜）、白（崇禧）三总指挥，率湘鄂两军，迅速由京汉线进攻，在最短期间会师北京。③令外交部，再对日本严重抗议。④由国民政府致电国际联盟，声述日本出兵山东、杀害中国外交官及士兵民众，炮击济南及其附近种种事实。[①] 这里，没有一条提到要对日本的挑衅予以还击。次日下午，国民党中央宣传部部长叶楚伧在上海报告中央应付方针，声称：“我们要打倒日本帝国主义，先要铲除军阀，要准备将来的抵抗，所以现在要准备体力、财力、武力，以为将来最后最大的争斗。”[②] “准备将来的抵

① “昨在首都举行的最高联系会议”，载于《中央日报》第1张第2面，1928年5月10日。
② “夜初伧报告中央对日应付方针”，载于《中央日报》第2张第2面，1928年5月11日。

抗”，其言外之意，当然就是“现在不抵抗”。11 日，《中央日报》发表文章说：“田中义一加入张作霖、张宗昌的联军，多方挑衅，想要我军双管齐下，对军阀和帝国主义同时攻击，以便分散我军的军力。我们务必不落他们的圈套，坚持各个击破的战略，先完成北伐，后打倒帝国主义。”① 这一段话几乎和蒋介石同日的日记如出一口。

蒋介石的日记表明，“不抵抗主义”的“知识产权”仍然属于蒋介石。

蒋介石的“铣电”，有耶，无耶？

关于“九一八”时期蒋介石的“不抵抗主义”，洪钫回忆说：

蒋介石于八月十六日，曾有一《铣电》致张学良谓：“无论日本军队此后如何在东北寻衅，我方应予不抵抗，力避冲突。吾兄万勿逞一时之愤，置国家民族于不顾。张学良曾将这个《铣电》转知东北各军事负责长官，一体遵守。”②

洪钫当时任陆海空军副司令行营秘书处机要室主任，随同张学良在北平办公，因此，他的回忆有相当的权威性。此外，还有另一个当事人赵镇藩的回忆，他说：当年 8 月，东北军第七旅旅长王以哲曾到北平向张学良汇报日军情况，回来后传达说：张副司令已经派人将情况报告了蒋介石，蒋指示暂不抵抗，准备好了再干，一切事先从外交解决。要效法印度甘地对英国不合作的办法来应付日本，遇事要退让，军事上要避免冲突，外交上要采取拖延方针。他写道：

接着，又接到张学良转来的蒋介石的《铣电》（八月十六日），主要内容是：采取不抵抗政策，竭力退让，避免冲突，千万不要“逞一时之愤，

① 彭学沛：“民众反日运动的方针”，载于《中央日报》第 1 张第 2 面，1928 年 5 月 11 日。

② “九一八事变当时的张学良”，载于《文史资料选辑》第 6 辑，中华书局 1960 年版，第 24 页。

置国家民族于不顾，希转饬遵照执行”等语。①

赵镇藩当时是第七旅的参谋长，北大营的守卫者。他的回忆也应该有权威性。一个洪钫，一个赵镇藩，两个当事人的回忆都证明有《铣电》，则《铣电》的存在似乎不容怀疑。

当年7月，长春西北万宝山地区的朝鲜族农民因挖沟引水与中国农民发生冲突，日本以护侨为名殴打、枪杀中国农民多人。事后，日本即在朝鲜各地掀起排华风潮，同时扬言将向满洲增派部队。8月16日，蒋介石阅读长春市市政筹备处的万宝山事件调查报告时写道，他写道：

> 一面交涉，一面侵袭，假交涉之谈判，为侵袭之掩护，其诈欺残酷之手段，乃人类所未有之丑技，及目的已达，乃伪让而退。此其一步一步之螺旋而进之策略，吾已见其肺肝矣。呜呼！天下从此多事，吾甚为民众痛惜焉。②

这一段话，充满了对日本政府的种种侵略手法的惊悚之感。上文已经指出，1928年5月10日，蒋介石等南京国民政府要人在兖州决定，对日军在济南的挑衅，“决取不抵抗主义”。次日，日军即占领济南。直至1929年3月，中日签订解决济案交涉文件，日军才陆续从济南撤退。蒋介石有此经历，在面对万宝山事件时再次重申“不抵抗主义”，完全符合其思维逻辑。

不过，《铣电》的存在也还难于论定。这是因为：第一，洪钫和赵镇藩的回忆均系多年后的回忆，只有片断文字，而且，关键的是，该电始终不见于各种文献档案。台湾政治大学的刘维开教授曾遍查大陆和台湾的各类档案，包括保存蒋介石资料最为完整的《蒋中正总统档案》，均不见此电。因此，他主张对此电存疑。③ 第二，唐德刚先生在访问张学良时，曾说：

① 《文史资料选辑》第6辑，中华书局1960年版，第4页。

② 《蒋中正总统档案事略稿本》（11），第550页。

③ “蒋中正的东北经验与九一八事变的应变作为”，载于《九一八事变与近代中日关系》，社会科学文献出版社2004年版，第435页。

“那他这种伪造文件造得好呢，都说蒋公打电报给你，说‘吾兄万勿逞一时之愤，置民族国家于不顾’。又说你拿着个皮包，把电报稿随时放在身上。”唐先生这里提到的“吾兄”云云两句，正是《铣电》中的关键词语。然而，张学良仍然表示：“瞎说，瞎说，没有这事情。我这个人说话，咱得正经说话，这种事情，我不能诿过于他人。这是事实。”“我要声明的，最要紧的就是这一点。这个事不是人家的事情，是我自个儿的事情，是我的责任。”①

前文已述，张学良多次否认“不抵抗命令”和蒋的关系。上述谈话中，唐德刚虽然特别引述《铣电》的关键词语以提醒张，但张学良仍然坚决否认。这种情况，似非老年记忆衰退可以解释。据此，《铣电》又似乎从来不曾存在过。前几年，曾有人在书中称，美国哥伦比亚大学的“毅荻书斋”的展柜中藏有《铣电》原件，经笔者电询该书作者，该书作者自承：“此书不足为据。”②

9月6日，张学良曾有《鱼电》致臧式毅与荣臻等人，电称：

现在日方外交渐趋吃紧，应付一切，亟宜力求稳慎。对于日人，无论其如何寻事，我方务当万方容忍，不可与之反抗，致酿事端。即希迅速密令各属，切实遵照注意为要。张学良。鱼。子。秘印。③

后来洪钫、赵镇藩回忆的《铣电》也许是《鱼电》的误记?

张学良在接受张之宇姊妹访问时，曾谈过他下达《鱼电》的想法：

我已经得到了情报，日本要挑衅。（所以下了）不抵抗主义的命令。我的命令大概是九月，我在医院下的命令。九月。我忘记了，反正是九一八以前。我给东北（军下命令），日本来挑衅，我们不要跟他抵抗……他要来挑衅，我们要躲避……没有想到大规模的……这种大的来啦，惹得国际的

① 《口述实录：张学良世纪传奇》，山东友谊出版社2002年版，第434页。
② 参见窦应泰：《张学良三次口述历史》，华文出版社2002年版，第418页。
③ 周毅、董慧云、张忠发主编：《张学良文集》，香港同泽出版社1996年版，第488页。

问题，世界的问题都来了。①

显然，张学良所说“在医院下的命令”，当即上述9月6日给臧、荣二人的《鱼电》。

两国交战是大事，不轻启战端，慎重、冷静地处理日方的挑衅是必要的，但是，慎重、冷静不等于完全放弃有理、有节的抵抗。以忍让求息事，完全放弃抵抗，将会助长敌人的凶焰与野心。《鱼电》虽然针对小规模冲突而言，但它仍然是一项错误的决策。

不仅如此，张学良后来还在《鱼电》的基础上“创造性”地向前发展了，这就是要求有关部队收缴士兵的武器。“九一八”事变的第二天上午10时，张学良接受天津《大公报》记者访问时坦言：“实告君，吾早已令我部士兵，对日兵挑衅，不得抵抗。故北大营我军，早令收缴军械，存于库房。昨晚（即18日晚）10时许，日兵突以300人扒入我营，开枪相击。我军本未武装，自无抵抗，当被击毙三人。”既然中国军人手无寸铁，自然只能“尽任日军所为”了。

南京国民政府的对策说明它默认并且赞同张学良的处理方针

辨明“九一八”事变时期的“不抵抗命令”出于张学良，并不能减轻蒋介石和南京国民政府的责任。

“九一八”事变后，张学良力图诉诸悲情，证明曲在日方，“证明我军对他们的进攻，都未予以还击，更无由我方炸坏柳条沟路轨之理”。其办法是诉诸外交。9月19日上午的东北干部会议，作出的决定就是“一切听各国裁判”。在随后召开的东北外交委员会上，顾维钧提出，立刻电告南京，要求国民政府向国际联盟行政院提出抗议，请求行政院召开紧急会议处理

① 美国哥伦比亚大学珍本和手稿图书馆藏，未刊。

这一局势。[1] 张学良和会议参加者都同意。其后，南京国民政府采纳的就是顾维钧的方案。

蒋介石从上海方面得到沈阳发生事变的消息后，立即致电张学良，要张向外宣传时“力辟”日方散布的侵略借口——东北军“有拆毁铁路之计划”，无一语谈及军事准备与军事斗争。[2]

9月21日，蒋介石回到南京，在召开的紧急会议上提出：“先行提出国际联盟与签订非战公约诸国，以此时惟有诉诸公理也。一面则团结国内，共赴国难，忍耐至于相当程度，乃出以自卫之行动。”[3] 22日，蒋介石致电张学良，要求张迅令青岛海军集合塘沽，以防“与日舰发生万一之意外”[4]。此后，蒋介石和南京国民政府都一心一意寄希望于国际联盟，在相当的一段时期内都不曾指示张学良和东北军抵抗。这就说明，蒋介石和南京国民政府在事实上默认和肯定张学良的“不抵抗主义”。

当然，揭穿日方谎言是必要的，向国际联盟提出申诉，争取国际舆论的同情和支持也都是必要的，但是，没有下达任何一个军事准备与抵抗的指示，却是不正常的。戴季陶等当时就提出：“当时当地军队若竟无一舍死之人，恐外无以启世界对中国之信赖，内无以立后代儿孙之榜样。”[5] 邵元冲在参加中央党部的紧急会议上也认为：“所谓不抵抗者，乃不先向人开火攻击，并非武装军人遇敌来袭击至包围缴械时，犹可束手交械而谓之不抵抗主义者。民族主义，国民精神丧失已尽，安怪异族之长驱，如入无人之境也。”[6]

蒋介石和南京国民政府之所以默认并实行“不抵抗主义”，其原因和张

---

① 顾维钧：《顾维钧回忆录》(1)，中华书局1983年版，第414页。

② 《中日关系史料》，台北“国史馆”2002年印行，第1页。

③ 《中华民国重要史料初编——对日抗战时期》绪编（一），中国国民党党史会1981年版，第281页。

④ 《中日关系史料》，台北“国史馆”2002年印行，第12页。

⑤ “戴传贤、朱培德电蒋中正，中央决请主席回京”，载于《中日关系史料》，台北“国史馆”2002年印行，第2页。

⑥ 《邵元冲日记》，1931年9月19日，上海人民出版社1990年版，第774~775页。

学良一样，也在于“恐日”，过高地估计了日本的军事实力。1932 年 1 月 12 日，蒋介石下野还乡，在奉化武岭学校演讲时说：“中国国防力薄弱”，海陆空军不足，一旦给日本提供“绝交宣战”的口实，“必至沿海各地及长江流域，在三日内悉为敌人所蹂躏，全国政治、军事、交通、金融之脉络悉断，虽欲不屈服而不可得”①。应该说，这段话道出了蒋介石的思想症结。

蒋介石和南京国民政府之所以默认并实行“不抵抗主义”，其原因还在于“攘外必先安内”的错误政策。当时，蒋介石正在全心全意剿灭在江西等地不断发展的中共和红军力量，自然，对外必然采取息事宁人的对策。9 月 20 日，国民党中央训令各级党部“唤起全国国民，努力救国”，但是，其第一条却居然强调“危害民族生存之赤匪必须根本铲除”②。

“九一八”之后，日本进一步企图在华东地区挑衅。10 月 6 日，日舰大举来沪，蒋介石指示上海市市长张群说：“日本军队如果至华界挑衅，我军警应预定一防御线，集中配备，俟其进攻，即行抵抗。”③ 1932 年 1 月 28 日，日军进攻上海闸北，蒋介石和国民政府采取“一面抵抗，一面交涉”的方针，这就较“不抵抗主义”向前进了一步了。

① 《中华民国重要史料初编——对日抗战时期》绪编（一），中国国民党党史会 1981 年版，第 317 页。

② 《中华民国重要史料初编——对日抗战时期》绪编（一），中国国民党党史会 1981 年版，第 279 页。

③ 《中日关系史料》，台北“国史馆”2002 年印行，第 21 页。

"九一八"事变后的蒋介石

"九一八"事变后，日本帝国主义迅速占领东北全境，蒋介石的对日政策受到普遍责难。同年12月15日，蒋介石被迫第二次下野。这是蒋介石一生中极为困难的时期，也是他开始调整国内外政策的起点。

痛愤于日本侵略，但下不了抗战决心

"九一八"事变发生时，蒋介石正乘舰自南京赴江西"剿共"。他迅速感到了事变的严重性。9月19日日记云：

昨晚倭寇无故攻击我沈阳兵工厂，并占领我营房。刻接报已占领我沈阳与长春，并有占领牛庄消息，是其欲乘粤逆叛变之时，内部分裂，而侵略东省矣！内乱不止，叛逆毫无悔祸之心，国民亦无爱国之心，社会无组织，政府不健全，如此民族，以理论，决无存在于今日世界之道，而况天灾匪祸相逼而来之时乎！余所恃者，惟一片爱国心。此时明知危亡在即，亦惟有鞠躬尽瘁，死而后已耳。①

20日日记云：

闻沈阳、长春、营口被倭寇强占以后，心神哀痛，如丧考妣。苟为我

① 《蒋介石日记》（手稿本），1931年9月19日。

祖我宗之子孙，则不收回东省，永无人格矣！小子勉之！内乱平定不遑，故对外交太不注意。卧薪尝胆，教养生聚，忍辱负重，是我今日之事也。①

这里，蒋介石除了表示收复失地的决心外，同时也对自己忙于“安内”，“外交太不注意”的状况作了初步检讨。21日，蒋介石回到南京，确定了“团结内部，统一中国，抵御倭寇，注重外交，振作精神，唤醒国民，还我东省”的方针。这一方针成为蒋介石调整国内外政策的起点。当日召开干部会议，蒋介石提出，首先提交国际联盟与1928年《非战公约》签字国，“以求公理之战胜，一面则团结国内，共赴国难，忍耐至相当程度，以出自卫最后之行动”②。22日，南京市国民党员举行抗日救国大会，蒋介石在会上发表演说，声称“国存与存，国亡与亡”。他并追述1928年北伐为日军所阻的情况：“我在日本炮火之中，不止一次。倭寇在济南炮击机射，余实倭炮中遗留不死之身。”日记云：“众乃益悲愤，因知爱国者多，而（甘心）亡国者少，国事犹可为也。”③

同日，国际联盟决议中日两国停止战事行动，双方军队退回原防，听候联盟派员调查裁判，蒋介石认为这是外交的转机，也是对内统一的好机会。23日，张学良派万福麟等到南京，要求蒋介石早日与日本交涉，通过外交解决东北问题，引起蒋的不快。蒋认为张学良“不问国际地位与国际形势以及将来单独讲和之丧辱”。当日，蒋介石与万福麟谈话，认为“与其单独交涉而签丧土辱国之约，急求速了，不如委之国际仲裁，尚有根本胜利之望，否则亦不惜与倭寇一战以决存亡也”④。

蒋介石依赖国联，寄希望于“国际仲裁”，但是，日本帝国主义却不把国联放在眼里。24日，日本政府复函国联，蛮横地拒绝调查，声称“满洲事件”不容国联及第三国置喙，主张中日直接交涉，国联态度因之软化，

---

① 《蒋介石日记》（手稿本），1931年9月20日。
② 《蒋介石日记》（手稿本），1931年9月21日。
③ 《蒋介石日记》（手稿本），1931年9月22日。
④ 《蒋介石日记》（手稿本），1931年9月23日。

转而赞成日本主张。25日，蒋介石获悉有关讯息后，曾有主战的念头。当日日记云："如果直接交涉或地方交涉，则必无良果。我不能任其枭张，决与之死战，以定最后之存亡。与其不战而亡，不如战而亡，以存我中华民族之人格。"他准备将首都迁到西北，同时集中主力于陇海路。[①] 28日，蒋介石写下遗嘱：

持此复仇之志，毋暴雪耻之气。兄弟阋墙，外侮其御。愿我同胞团结一致，在中国国民党领导指挥之下，坚忍刻苦，生聚教训，严守秩序，服从纪律，期于十年之内，湔雪今日无上之耻辱，完成国民革命之大业。[②]

10月3日，蒋介石与熊式辉商量备战计划。蒋介石认为，无论和与战，西北实为政府第二根据地。如南京陷落，即迁都洛阳。同日日记云："倭寇威胁之行未杀，实不知余为何如人耶。可笑！"[③]

日本帝国主义的侵略激起了中国人民的巨大愤怒，各地抗日救国运动迅速高涨。为了对中国人民施加压力，10月2日，日本军舰在南京下关示威。5日，日本政府决议对南京国民政府提出严重警告，同时扬言将派50余艘军舰到长江举行大示威。次日，日舰四艘即开入黄浦江。蒋介石估计日军有"上陆、入城"甚至开战的可能，准备届时通告《非战公约》签字国各国元首，提请他们注意保守《非战公约》之责任。日记称："余决心与倭寇一战，此心反觉安定无事也。"[④] 10月11日，英国外交部致电其驻华公使，要他劝中国不要坚持以撤兵为交涉之条件。蒋介石感到非常"骇异"，日记云："余决心既定，不论各国态度与国际联会结果如何，为保障国土与公理计，任何牺牲在所不惜，且非与日本决战，中国断难完成革命也。"[⑤] 11月17日，蒋介石更在日记中明确地写道："晚与各同志谈话，余

---

① 《蒋介石日记》（手稿本），1931年9月26日。
② 《蒋介石日记》（手稿本），1931年9月28日。
③ 《蒋介石日记》（手稿本），1931年10月3日。
④ 《蒋介石日记》（手稿本），1931年10月6日。
⑤ 《蒋介石日记》（手稿本），1931年10月11日。

决心统师北上抗日。”[①]

蒋介石早年即具有民族主义思想，同情“五四”和“五卅”爱国运动。“九一八”时期，痛愤于日本侵略，有准备北上抗日的打算，这是他后来之所以能坚持长期抗战的思想原因。但是，在很长时期内，蒋介石又怯于和日本作战。10月7日日记云：“国民固有之勇气、之决心，早已丧失，徒凭一时之奋兴，不惟于国无益，而且徒速其亡，故无可恃也。而所恃者，惟在我一己之良心与人格以及革命之精神与主义而已。”由于日本肆无忌惮地侵略，中国人民中出现了爱国救亡的热潮，但是，这在蒋介石看来，却只是“一时之奋兴”，“不惟于国无益，而且徒速其亡”。蒋介石靠什么呢？“惟在我一己之精神与力量”。当然，蒋介石不会认为他个人可以打赢日本，因此，他必然是悲观论者。日记云：“成败利钝，自不能顾，唯有牺牲一己，表示国家之人格与发扬民族之精神，不能不与倭寇决一死战。明知战无幸胜，但国家至此，亦无可再弱，决不比诸现在再恶也。”[②] 11月24日日记又云：“余不下野，则必北进与倭寇决战。虽无战胜之理，然留民族人格与革命精神于历史，以期引起太平洋之战争，而谋国家之复兴。”[③]

蒋介石爱惜“民族人格”，准备与倭寇决一死战，并预留遗嘱，其抗战决心可以说是壮烈的，但又是虚弱无力的。

这一时期，蒋介石的主要努力仍然放在外交上。

9月25日，蒋介石组织外交顾问会。30日，组织特种外交委员会，任命施肇基为外交部部长。10月3日，先后召见顾维钧与颜惠庆，预定顾为国际联盟会代表，派颜赴北平与各国公使接洽。4日，蒋介石在南京北极阁祷告，向中国基督教领袖余日章提出三项要求：①以国民外交名义，联络各国国民，与日本国民主持公道。②嘱各国新闻记者往东三省监察，公平报告。③嘱太平洋协会各国有力者督促其政府注意日本之暴行。[④] 8日，

---

① 《蒋介石日记》（手稿本），1931年11月17日。
② 《蒋介石日记》（手稿本），1931年10月7日。
③ 《蒋介石日记》（手稿本），1931年11月24日。
④ 《蒋介石日记》（手稿本），1931年10月4日。

蒋介石与张群谈话，表示“备战不屈之决心”同日，又与宋美龄谈“为国牺牲之决心”[①]。12日，蒋介石在军校、国府纪念周报告，声称“以忍耐不屈之精神维护领土，以牺牲无畏之精神维护公理，尽国际一分子之责任”。当日日记云“英美二国对余拥护公理抗御强权之训词皆甚震动”[②]。当时，日本政府为了掩饰其侵略行为，欺骗国际舆论，拟订了一份所谓《中日和平基本大纲》，表面上声称“尊重中国领土之完整”，同时则赤裸裸地要求“尊重在满洲之日本既成条约”[③]。10月15日，蒋介石决定坚决拒绝日方的这一大纲，他和戴季陶及特种外交委员会商量之后，决定另提《东亚和平基本大纲》以为对抗。《大纲》明确说明东三省是中国领土，但实行“门户开放，机会均等”政策，企图利用矛盾，吸引列强反对日本。[④] 17日，蒋介石与各国公使谈话，表示对日抵抗，不签丧辱条约之决心。19日，再见各国公使，嘱其电告出席日内瓦国联会议的本国代表及其政府：如国联失败，则东方与中国之前途不可预料，请其切实注意。[⑤]

国联会议几经曲折。10月23日，法国外长白里安向国联理事会提出解决满洲问题决议草案，限日军在11月16日以前完全撤兵。24日表决，13票赞成，仅日本一票反对。中国在外交上打了一个胜仗，日本代表芳泽对新闻记者称：“今日为余有生以来最痛苦之一日。”[⑥] 25日，蒋介石日记云：“昨日国际联合会决议，倭寇虽未承认，但公道与正理已经表现。白利〔里〕安之才能究为可佩，以决议方式甚为得体也。”[⑦]

通过国联，进行外交斗争，广泛团结世界上一切反战国家，在道义和舆论上最大限度地孤立日本，蒋介石的这一策略并非没有可取之处。但是，

---

① 《蒋介石日记》（手稿本），1931年10月7日。

② 《蒋介石日记》（手稿本），1931年10月17日。

③ 《蒋作宾日记》，1931年10月26日，江苏古籍出版社1990年版，第360页。

④ 《蒋介石日记》（手稿本），1931年10月15日。

⑤ 《蒋介石日记》（手稿本），1931年10月17、19日。

⑥ 王芸生：《六十年来的中国与日本》第8卷，生活·读书·新知三联书店1982年版，第268页。

⑦ 《蒋介石日记》（手稿本），1931年10月25日。

国联的决议并不能约束日本，对侵略者，必须还之以反侵略战争，才能制止凶焰，维护民族利益和世界和平。

“九一八”事变后，蒋介石曾称：“事在自强，而不在人助也。”① 但是，他还是过分相信并依赖了国联。

与粤方和解

1931年2月底，蒋介石软禁胡汉民。5月，汪精卫、孙科、邹鲁、陈济棠、李宗仁等在广州成立国民政府，形成宁粤两个政权。“九一八”事变后，蒋介石意识到这种分裂的局面必须迅速结束。9月20日日记云：

日本侵略东省是已成之事，无法补救。如我国内能从此团结一致，未始非转祸为福之机，故内部当谋统一也。②

21日，他在南京干部会议上即提出：“团结国内，共赴国难”，“对广东以诚挚求合作”，同时表示：①令粤方觉悟，速来南京，加入政府；②南京中央干部均可退让，只要粤方能负统一之责，来南京改组政府；③胡、汪、蒋合作亦可。③ 当日会议并决定：“抽调部队北上助防，并将讨粤及剿共计划，悉予停缓。”④ 22日，蒋介石约见吴稚晖、戴季陶等，表示愿交出政权，与胡、汪合作。当日，戴季陶即受蒋之命，前往汤山，劝胡汉民重新视事。23日，蒋介石又派蔡元培、张继、陈铭枢到香港与汪精卫、李宗仁、孙科等会谈。双方在29日决定：①广州国民政府与南京国民政府同时通电取消；②双方组织统一会议，产生统一国民政府。⑤ 30日，蒋介石接到汪精卫所拟通电稿，认为“多诬辱之句”，极为恼怒，但他决定暂时忍

---

① 《蒋介石日记》（手稿本），1931年10月14日。

② 《蒋介石日记》（手稿本），1931年9月20日。

③ 《蒋介石日记》（手稿本），1931年9月21日。

④ 秦孝仪总编纂：《总统蒋公大事长编初稿》卷2，台北中国国民党中央委员会党史委员会印，1978年，第129页。

⑤ “粤事已有解决”，载于《申报》，1931年9月30日。

耐。日记云：

当此横逆之来，既要余屈服，又要余负责。而若辈毫无负责勇气，既不顾大局，一意捣乱，而又无能力来组织政府。既不能令，又不受命，且乘此外侮之机，勾结敌国，动摇国本，能不痛心！此时只有逆来顺受，忍辱负重，以求万一之补救。[①]

10月1日，蒋介石电复粤方，表示在港、粤所定条件须斟酌修改，同时表示：随时可以恢复胡汉民、李济深的自由；本人去留问题，俟和平会议时讨论。他要求粤方到南京召开统一会议。[②] 10月2日，陈铭枢、蔡元培向蒋介石转达了粤方的意见，要求蒋先行通电表示，准备下野，蒋介石极为恼火，日记云：

是直等于儿戏！国事危急至此，而若辈尚以敌对态度要胁不止。对国内与中央则施压迫，对倭寇则勾结迁就，是诚无人心矣！[③]

当年7月，广州国民政府外交部部长陈友仁等赴日活动，企图在粤派与日本之间建立“中日同盟”[④]。据日本外相币原喜重郎密告南京国民政府驻日公使蒋作宾称：陈友仁表示，将以“满洲利权”换取日本对粤方的援助。[⑤] 因此，蒋介石一直认为，日本出兵东三省，源于粤方“卖国”。本日日记所称“（粤方）对倭寇则勾结迁就”，指此。

10月12日，陈铭枢回到南京，向蒋介石报告赴粤和谈经过，声称粤方坚持须先恢复胡汉民自由，然后再谈和议。13日，蒋介石、胡汉民在中山陵会见，蒋介石同意胡汉民次日去上海。14日，蒋介石访问胡汉民，表示“过去之是非曲直，皆归一人任之，并自承错误”。日记云，胡汉民“亦感

---

① 《蒋介石日记》(手稿本)，1931年9月30日。
② “京粤和平前途”，载于《申报》，1931年10月1日。
③ 《蒋介石日记》(手稿本)，1931年10月2日。
④ 币原喜重郎：《外交五十年》，东京读卖新闻社1951年版，第146~150页。
⑤ 《蒋作宾日记》，1931年9月30日，江苏古籍出版社1990年版。

动”①。当日，胡汉民赴沪。不过，这以后蒋介石对粤方的态度并未好转。16日日记云：“晚，以粤方与展堂阻碍，内忧甚于外患，可叹！”18日日记云：“晚，商粤方要求事，与胡汉民之态度，可叹、可怜又可笑也。”21日，蔡元培、张继偕同粤方代表汪精卫、孙科、李文范、伍朝枢、邹鲁、陈友仁等六人到达上海。22日，蒋介石与宋美龄飞抵上海，与汪精卫、胡汉民等会谈，议定外交方面先求得一致，以利共赴国难；党政军诸方面问题，留待以后会议详商。蒋介石当日日记云：

各报所载粤方所谓代表者谈话，诋毁讥刺，未改旧态，为之骇异。与各中委相见，乃知对方提推倒中央现有组织，否认根本法纪，是胡汉民有意捣乱，使余进退两难，而若辈既不敢负此重责，又不愿知难而退，更不愿置之不问，可痛、可鄙、可恶、可笑、可怜，莫甚于此，而反以为得计，不仅壁上观火，下井推石，必欲使一切罪恶责任归之一身，置党国败亡于不顾，立待国家纷乱而后快，此种卑劣政客，既陷总理于前，今且毁卖党国，不顾一切，胡贼之罪，是在毁灭党国于其一人之手也。②

对孙科，蒋介石也很不满，日记云：“以阿科为最不争气，甚为总理叹惜也。”当日，蒋介石回京。23日，粤方托蔡元培、张继携带汪精卫、孙科等联名函件赴宁，提出七项要求：①为共赴国难，先谋外交一致行动；②关于党国诸疑难问题，请宁方派代表赴沪共商；③党国根本问题在于集权于党，完成民主政治乃根本原则；④召集一、二、三届中央委员会议产生健全的第四次全国代表大会；⑤国民政府主席拟仿法、德总统制，以年高德劭者任之，现役军人不宜当选；⑥拟废除陆海空军总司令一职；⑦在统一会议决定以前，彼此应尽之责，双方应照常担负。③ 这七条的矛头所向是蒋介石已经掌握的权力与地位，因此，蒋介石极为反感，日记云：

① 《蒋介石日记》（手稿本），1931年10月14日。
② 《蒋介石日记》（手稿本），1931年10月22日。
③ “粤代表致蒋介石函”，载于《申报》，1931年10月27日。

（粤方）以为中央已无办法，故提此苛刻无理之要求。倭寇藉粤方捣乱之机以逼迫中国，粤寇借倭奴之力以倒中国，而且其推出代表全为粤人，是广东毅然成一粤国，与倭国攻守同盟以攻中央。形势至此，殊为我中华民族羞。对此叛逆，不可再以理谕，惟有负责坚持，以报党国，岂有退步之馀地乎！①

根据这一认识，蒋介石一面于复函中表示："事关内部，无不可以开诚相见，从容商谈"②，一面则决定略加反击。10 月 27 日，宁粤双方代表在上海举行预备会议。28 日，蒋介石复电粤方各代表，"指明其无诚意之真相"。当日日记云：

胡汉民之捣乱不法，阴谋行动，不特使余个人置于死地，且必欲毁坏党国，将总理革命至今所有革命之历史尽毁灭无馀。小人不可与同群，信乎！③

30 日日记云：

粤方全为胡汉民一人所阻碍，而汪、孙则愿来合作，以不愿与胡破脸，故不敢明白表示，当使之有迂回馀地。对粤应决定方针：一、如其愿就范，不破裂，则暂维统一之局面，固于对外有益也；二、如其不愿就范，必欲破裂，则避免内部纠纷，使之回粤自扰。胡汉民已成过去，而其过去历史，为阻碍总理，反抗总理，今则欲灭亡本党，叛乱革命，无足计较也。④

尽管蒋介石对胡汉民满腔怒火，但是，还是决定忍耐。30 日日记云：

此时中央实处于内外夹攻之中，各报舆论皆为反动派所蒙蔽，是非不明，人心不定，此国家之所以乱也。吾人唯有忍辱负重，以尽职责，虽举世非之而不能动摇我坚定之志。⑤

---

① 《蒋介石日记》（手稿本），1931 年 10 月 23 日。
② "蒋介石复粤代表函"，载于《申报》，1931 年 10 月 27 日。
③ 《蒋介石日记》（手稿本），1931 年 10 月 28 日。
④ 《蒋介石日记》（手稿本），1931 年 10 月 30 日。
⑤ 《蒋介石日记》（手稿本），1931 年 9 月 30 日。

11 月 2 日，蒋介石发表演讲，声称："只要团结能早日实现，任何委屈痛苦，都能忍受。"[①] 此后，蒋介石一让再让。3 日，蒋介石召开干部会议，决定与粤方"无条件合开"国民党第四次全国代表大会，解决党内争端。当晚再议，决定"京粤两处分开，或在中央合开，皆随粤方之便"[②]。11 月 5 日，张继会见蒋介石，传达粤方意见，要求分别开会，蒋介石虽然不赞成，但决定"顺其意迁就"[③]。7 日，上海会议决定，在南京、广州分别召开第四次全国代表大会，双方各自选出 24 人，成立统一的中央执行委员会。这样，分裂、对峙的双方就找到了团结统一的途径。

11 月 12 日，南京方面以"团结内部，抵御外侮"为主题，先行召开国民党第四次全国代表大会。17 日，蒋介石决定带兵北上抗日，以此表示"对内退让，又欲使本党挽救对民众之信仰，非使代表放弃选举竞争，诚意与粤方合作，一致对外不可"[④]。当日，蒋介石派陈铭枢赴上海邀请汪精卫来京主持会议。11 月 19 日，蒋介石召集中央干部会议，决定全部接受粤方所拟中执、中监委员 136 人名单，蒋介石的这一意见为四全大会第五次会议通过。21 日，会议通过"追认恢复党籍案"，承认在不同时期开除的李宗仁、李济深、白崇禧、冯玉祥、顾孟余、汪精卫、阎锡山等 314 人的党籍。[⑤] 蒋介石作了一个前所未有的高风格的发言。他说："以前党员之叛变，皆非为中央与政府，而独为中正一人之故，自觉愧惶无地，使党国益陷于艰危。故从前一切错误，皆由余一人任之。"[⑥] 22 日，会议闭幕，蒋介石自觉度过了对内的一个"难关"，日记云："增加奋斗勇气不少，令人发生对党国无穷之希望也。"[⑦]

---

① 秦孝仪总编纂：《总统蒋公大事长编初稿》卷 2，台北中国国民党中央委员会党史委员会印，1978 年，第 145 页。

② 《蒋介石日记》（手稿本），1931 年 11 月 3 日。

③ 《蒋介石日记》（手稿本），1931 年 11 月 5 日。

④ 《蒋介石日记》（手稿本），1931 年 11 月 17 日。

⑤ 荣孟源主编：《中国国民党历次代表大会及中央全会资料》，光明日报出版社 1985 年版，第 45 ~ 47 页。

⑥ 《蒋介石日记》（手稿本），1931 年 11 月 21 日。

⑦ 《蒋介石日记》（手稿本），1931 年 11 月 22 日。

“冰冻三尺，非一日之寒”，蒋介石与粤方矛盾已深，缓和与化解都需要时间，蒋介石11月22日的日记显然过于乐观了。

民族利益高于一切。在外敌入侵时，必须抛弃旧日的嫌隙与纠纷，一致对外。“九一八”事变前，蒋介石曾宣称：“不先剿灭共匪”，“则不能御侮”；“不先削平粤逆”，“则不能攘外”[①]。“九一八”事变后，蒋介石力谋与粤方和解，后来又进一步发展为与共产党和解，从而导致全民抗战局面出现，这是顺乎潮流、合于人心的举措。

学生运动的困扰

中国学生富于爱国传统，“九一八”事变发生，东北大片国土沦陷，学生们不能不奋起抗争。这本来是一件好事，但蒋介石却感到烦恼。9月24日，上海各大学抗日救国会代表到南京请愿，蒋介石日记中即有“上海学生狂激”之语。28日，南京中央大学学生1000余人到国民党中央党部请愿，其后，又到外交部请愿。外交部部长王正廷避而不见，引起学生愤怒，冲入王的办公室，殴伤王的头部。同日，上海复旦大学学生800余人到达南京，会同中央大学、金陵大学等校学生到国民政府请愿。当日蒋介石日记云：

今日中央大学学生攻击外交部，打破其头部。上海学生来请愿者簇队络续不绝，必为反动派所主使，显有政治作用。时局严重已极，内忧外患，相逼至此，人心之散坠好乱，国亡无日矣！[②]

29日，蒋介石接见上海第二次进京请愿学生5000人，训话1小时余。蒋称：“本席亦抱定与国民共同生死之决心。”又称：请愿分散政府精力，要求学生返校读书；如愿从军，可编入义勇队训练。当日，学生大批返沪。

---

① 《蒋总统秘录》第7册，台北中央日报社1976年版，第185页。

② 《蒋介石日记》（手稿本），1931年9月28日。

这使蒋介石略感安慰，日记云：“此乃最好现象，青年爱国守法，接受痛训，是难得之宝也。”①

其后，蒋介石日记中不断出现关于学生运动的记载。

11月17日，南京召开国民党第四次全国代表大会期间，中央大学学生向会议请愿，要求迅速出兵东北，收复失地。蒋介石在对学生训话后自觉“火气过甚”。

11月18日，蒋介石出席会议途中，见到学生集合请愿，“心甚嫌恶”。

11月23日，蒋介石对杭州来京请愿学生700余人训话，“以诸葛孔明《出师表》与岳武穆尽忠报国自况”，日记云：“听者动容。”

11月25日日记云：“下午，各方学生为反动派所鼓惑，来京请愿北上，故意捣乱，破坏政府，勾结日本、广东，人格丧失殆尽，而余处境之悲惨，亦未有如今日之甚者也。胡逆汉民之肉，不足食矣！”

11月26日，蒋介石与上海中学生谈话。下午，学生千余人聚集国府，要求蒋介石亲书誓师词。日记云：“国民程度至此，殊为国家危也。共产与粤派必欲毁灭国府，败坏国家，灭亡民族而后快，可叹亦可恨也。”

不过，这一时期蒋介石尽管讨厌学生运动，并且怀疑背后有人操纵，但总的来说，还是有耐心的。11月27日日记云：“数日以来，对各地来京之学生接见训话，约二万人，可谓用尽精力以应之。幸未发生事故，且受〔收〕几分好影响，是乃对内最难最险之关键乃以平顺过去，岂非至诚足以动人乎！”日记又云：“对日固难，而对内更难。倭事乃由国内卖国者所发动也，胡展堂、陈友仁之肉，不足食矣！”

国难危急，蒋介石的空言保证自然平息不了学生们的请愿热潮。面对方兴未艾的学生运动，蒋介石的憎恶之情日渐增加。11月30日，对上海工人代表及北平国民大学生训话。日记云：“可惜而最可痛者，乃一般盲从幼稚之青年，令之安心求学以尽救国之道则不听，煽以浮躁旷荒则乐从。国无纪律，人无道义，此国事之所以纷乱，胡、汪、孙肉，不足食矣。”12

① 《蒋介石日记》（手稿本），1931年9月29日。

月 2 日，蒋介石接见北平及徐州各校学生请愿团，表示接受请愿各点，并表示中央全会之后，即当北上抗日。日记云："（学生）无理取闹，殊可怜。国事至此，人不成人，未知党部所为者何事，竟使一般群众皆为邪说所诱，邪党所操纵，而与政府为难，此皆余用人不得其任之过疚，而于他人无与也。"①

尽管蒋介石一再接见学生，表示抗战决心，但是，由于不见实际行动，学生们对南京国民政府和蒋介石的态度日趋激烈。12 月 4 日，北平大学生示威团到达南京。蒋介石日记云："殊为可叹，不向敌国示威，而向政府示威，此中国之所以被辱也，设法制止之。"当日下午，蒋介石对北平各校代表及各处大学生 1200 人作长时间训话。次日，北大南下示威团在南京游行示威，呼喊"反对政府出卖东三省""打倒卖国政府"等口号，南京国民政府即采取镇压措施，蒋介石日记云："北平大学生示威团在京暴动，殴辱军警，乃即拘捕百余人，惟禁止军警开枪。"②

南京国民政府的镇压措施进一步激起了学生的反对。济南、北平、上海学生大批在车站候车，准备到南京请愿。12 月 7 日，蒋介石接见武汉大学及南京抗日会学生，日记云："青年之无智无礼，殊为民族寒心也。"8 日日记云："中大学生枭张已甚，各处学生亦为少数共产党所操纵。"这时，蒋介石已决定进一步镇压，日记云："于此危急之局，若畏杀戮惨痛，若不准备最大牺牲，何能达此目的。如能幸免流血，则为党国之福；否则，惟有以菩萨心肠而下雷霆之怒，有何惧哉！"所谓"雷霆之怒"，自然是超乎拘禁以上的手段了。但是，蒋介石的主张受到部分人的反对。12 月 9 日日记云："一般书生对万恶反动盲从之学生仍主放任，不事制裁。呜呼！天下事皆误于书生之手也！"同日，上海各校学生 5000 多人赴市府请愿，要求惩办市公安局长及市党部工作人员，释放被绑架学生。下午 5 时，学生 300 余人到市党部请愿，因无人接见，将市党部办公室捣毁。10 日，蒋介石与

① 《蒋介石日记》（手稿本），1931 年 12 月 2 日。

② 《蒋介石日记》（手稿本），1931 年 12 月 5 日。

有关人员商量对付办法，决定"姑以缓和办法应付之"。当晚，会商镇压办法，何应钦态度犹疑，引起蒋介石不满。日记云："敬之到紧要关头，彼必毫不负责，而且怨恨无权，此最可恨之事也。"[①] 15 日，北平南下抗日救国示威团 500 余人赴外交部示威，将各办公室捣毁，续赴中央党部，将蔡元培、陈铭枢殴伤，架出门外。警察鸣枪，夺回蔡、陈二人。日记云："学生暴横至此，而先辈犹主宽柔，竟使全国秩序不安。如此无政府放任主义，何以能完成革命立国之责任也?" 17 日，南京、上海、北平、江苏、安徽等地学生万余人在南京举行总示威，砸毁国民党中央党部党徽。下午，因抗议对运动的不真实报道，捣毁中央日报社。南京国民政府当局出动军警镇压，重伤 30 余人，拘捕 63 人。[②] 日记云："无法已极，若再不制裁，诚欲败坏学风，灭亡种族矣!"

不过，蒋介石这时还坚持接见学生。12 日，接见济南学生 3000 余人，在冻天立谈 2 小时。日记称："几受侮辱"，"余挺身和解，至少四分之三以上之学生能受理解感化，而极少数之学生亦可奈何也?" 14 日日记云："对请愿学生代表解释一一。青年有理性者居多数，而少数败类，横行无忌，毫无礼义，殊为国家悲痛也。"

学生年轻热情，有时不免有过激举动，但是只要南京国民政府改对日妥协为对日抵抗，学生们的爱国热情就会转化为爱国的巨大力量，对政府的态度也会随之相应改变。蒋介石只看到学生运动"分散政府精力"以及反对政府的一面，这就走进了误区。

12 月 4 日，蒋介石总结失败原因，认为其一是"对于学者及知识阶级太不接近，各地党部成为各地学者之敌，所以学生运动全为反动派操纵，而党部毫无作用，且有害之"[③]。应该说，蒋介石的这一总结没有抓到关键。

① 《蒋介石日记》(手稿本)，1931 年 12 月 10 日。
② 《申报》，1931 年 12 月 18 日、19 日。
③ 《蒋介石日记》(手稿本)，1931 年 12 月 4 日。

下野及其反思

在内外交迫的情况下，蒋介石不得不考虑自己的进退问题。

为了化解与粤方的冲突，蒋介石在“九一八”当晚就有召开四中全会，本人“引疚辞职”的考虑。[①]“九一八”事变后不久，蒋介石又与吴稚晖、戴季陶谈话，表示“要胡、汪合作，余交出政权”之意。[②] 但是，蒋介石内心矛盾，犹豫不决。

10 月 15 日，蒋介石与戴季陶商量，决定电告粤方：“统一会议开始之日，即为中正辞职之时；或粤方委员能既允担任中央政治，则中正以付托有人，即当引退。”[③] 这是决定退了，然而，10 月 27 日日记云：“当此国难，决心负责到底，任何诽谤，在所不计。”31 日日记又云：“吾人惟有忍辱负重，以尽职责，虽举世非之，而亦不能动摇我坚定之志。完成革命，挽救危亡，惟在此一片坚决之心耳。”这就是又决定不退了。

这一时期，蒋介石不断与李石曾、吴稚晖等人商量，意见不一。11 月 24 日，蒋介石与熊式辉商量，声称：“以国家利益为前提，如果余下野之后，国家能统一，外交能解决，则余之下野不失为革命者之立场。”[④] 12 月 6 日，蒋介石设想了一个解决矛盾的办法。日记云：“此时对国事只有进退二途。进则积极负责，对内开国民大会，解决国事，对外在国联公证之下解决交涉，成败毁誉，皆由余一人任之，以待后世之公论。退则消极负责，以助继任人之成功。”同月 7 日，蒋介石与干部们谈话，表示要召开国民大会，“以本党政权提早奉还国民”，但吴稚晖认为“此着太险，现在只有安定制动”[⑤]。

---

① 《蒋介石日记》（手稿本），1931 年 9 月 18 日。
② 《蒋介石日记》（手稿本），1931 年 9 月 22 日。
③ 《蒋介石日记》（手稿本），1931 年 10 月 15 日。
④ 《蒋介石日记》（手稿本），1931 年 11 月 24 日。
⑤ 《蒋介石日记》（手稿本），1931 年 12 月 7 日。

吴稚晖是蒋介石的智囊。蒋介石觉得吴的“安定制动”说很有道理，准备接受。但是，广东方面却不让蒋介石“安定”，始终坚持以其下野为合作条件。不仅孙科等如此，连这时还站在南京方面的陈铭枢也如此。12月11日，蒋介石日记云：

闻真如之言，乃知哲生等必欲强余辞职始快，真如亦受若辈之迷而未深思国家大计，以余之领袖而坚强之干部动以退让为得计，内部之心不一，领袖之志难行。然而余不能用人，而干部左右又不能容人，此国家之所以不定也。余对于政治哲学近得二语曰：‘政者进也，贪者退也。’领袖欲进而干部欲退，虽有大力，无以推动也！

12日，蒋介石再次与干部们商量进退问题。李石曾、吴稚晖、戴季陶、吴铁城不主张蒋介石下野，何应钦、陈铭枢则希望蒋介石尽快下野。蒋对李石曾等称：

此时救国，惟有余不退之一法，而欲余不退，唯有改为军事时期，一切政治皆受军事支配，而听命余一人，则国始能救。否则，如现在群言庞杂，主张不一，不许余主持一切，彼此互相牵制，徒以无责任、无意识、无政府之心理，利用领袖为傀儡，则国必愈乱而身败名裂，个人无论如何牺牲，亦不能救国之危亡也。①

召开“国民大会”，是以民主的办法解决矛盾；“改为军事时期”，“听命余一人”，是以独裁的办法解决矛盾。然而这两点当时都不可能做到，蒋介石想来想去，只有下野了。

13日，蒋介石与吴铁城谈话，表示决不能将权力让给孙科。日记云：

与铁城谈哲生不肖，总理之一生为其所卖。彼到结果，不惟卖党，而且卖国。余为总理情义计，良心上实不敢主张哲生当政，乃爱之也。

同日，蒋介石与陈铭枢谈话，声称如粤方16日尚不来，则以后不再与

① 《蒋介石日记》（手稿本），1931年12月12日。

之调和；如16日以前能来，则自己可早一日退让。12月14日，蒋介石决心辞职，邀请各干部会商办法。15日，蒋介石向中央常务会议提出辞呈，声称“国事至此”，必须“从速实现团结”，要求辞去国民政府主席、行政院长、陆海空军总司令各职。[①] 会上，“群言庞杂”，蒋介石觉得极度凄酸，日记云：

以手造之国家，辛劳八年，死伤部下三十余万，犹亲生扶长之子，欲使一旦放弃，不能相见。经国赴俄不归，民国扶持不长，皆欲使我一旦弃去。而今日又为慈母六十八岁诞辰。呜呼！于国为不义，于党为不忠，于母为不孝，于子为不慈，能不愧怍，未知以后如何自反，报答亲恩与党国也。

16日，蒋介石到国民政府办理交代。17日，孙科等五代表到蒋介石寓所见面。18日，蒋介石与汪精卫、陈璧君、陈公博谈话。汪精卫要求蒋介石出任监察院院长，蒋介石表示同意，他对孙科出任行政院院长表示疑问，认为外交部部长一职，陈友仁不如伍朝枢。19日，蒋介石参加中央执行委员会谈话会，日记云：

汪派在沪选举十人，与粤方争持，始则粤与中央之争，今则粤又自争，此种争攘权夺利之政客，毫无革命精神。

汪精卫本来与胡汉民合作反蒋，11月18日，在广州共同召开另一个国民党第四次全国代表大会，但不久即闹翻，汪派改到上海，举行又一个国民党第四次全国代表大会。12月20日，蒋介石与陈布雷商量后，决定不参加党务。[②] 21日日记云：“明日开一中全会，腐、恶化分子麇集一堂，诚所谓一丘之貉也。”22日，蒋介石出席在南京召开的宁、粤、沪等各方合流的国民党四届一中全会，见到了他所憎恶以及曾被他打倒过的许多人，大

① 秦孝仪总编纂：《总统蒋公大事长编初稿》卷2，台北中国国民党中央委员会党史委员会印，1978年，第160页。

② 《蒋介石日记》（手稿本），1931年12月20日。

受刺激。日记云：

腐恶败类，凡为余之仇敌，皆被余打倒者，今皆齐集一堂，与之相晤。余对彼等，惟有可怜、可笑、可叹，而毫无芥蒂之嫌。以若辈败类，皆不足为我仇也。

蒋介石既然认为这帮人都是“腐恶败类”，自然也就认为不值得与之“同群”。同日，蒋介石不顾出任监察院院长的许诺，乘机离宁。

蒋介石返里后，曾进行反思，12 月 24 日日记云：

今次革命失败，是由于余不能自主。始误于老者，对俄对左，皆不能贯彻本人主张，一意迁就，以误大局；再误于本党之历史，允纳胡汉民、孙科，一意迁就，乃至于不可收拾；而本人无干部、无组织、无情报，以致外交派唐绍仪、陈友仁、伍朝枢、孙科勾结倭寇以卖国，而未之预知。陈济棠勾结左桂各派，古应芬利用陈逆，皆未能信，乃致陷于内外夹攻之境，此皆无人之所致也。

“老者”，应指孙中山。蒋介石这一则日记批评了包括孙中山在内的许多人，而且将“革命失败”的原因归结为“余不能自主”，这是一句反映蒋介石个人思想的高度性格化的语言，不过，这并不是他“失败”的真正原因。前文曾谈到，“九一八”事变后，蒋介石有开始调整国内外政策的动向。这一则日记说明，他的思想认识还远远落后于现实。真正将国内外政策转轨到对日抗战上来，还是几年以后的事。

卢沟桥事变前蒋介石的对日谋略

——以蒋氏日记为中心所作的考察[①]

1933 年 1 月 1 日，蒋介石打开日记，写下了两行字：

雪耻之记，已足五年，今年不再自欺乎？

倭寇警报日急，望自奋勉，毋负所生也。[②]

1928 年 5 月，蒋介石率兵北伐，在济南受辱，立志雪耻，至此大体五年。回首既往，蒋介石对自己的抗日表现很不满意，希望新的一年不再“自欺”，有所作为。鉴于日记常常最能反映一个人的真实思想和内心活动，本文将以蒋介石的日记为主，结合其他相关文献，考察他在卢沟桥事变前的对日谋略，检查他是如何对待自己的誓言的。

---

① 本文写作时，蒋氏日记尚未公布。大陆所存只有三年：1931 年为毛思诚摘抄本；1933 年仅存 1 ~ 2 月；1934 年为全年。由于 1931 年的日记我已在“九一八事变后的蒋介石”一文中利用过，故本文以利用后两种资料为主。它们均为蒋介石日记原稿的仿抄本，史料价值较高。其他年份，则依据《总统蒋公大事长编初稿》及《蒋总统秘录》二书所引。它们虽然片段、零碎，并有删节和改动，但从可以对照的部分看，此类删改大多属于文字加工，因此，在目前情况下，仍有使用价值。

② 《蒋介石日记》（仿抄本），中国第二历史档案馆藏。

避免决战，以“和平”为推迟战争的手段

“九一八”事变后，蒋介石曾下过北上抗战的决心，并曾为此预立遗嘱。[1] 但是，没有实行。旋即下野。此后直至卢沟桥事变爆发，南京国民政府的部队和日军只进行过两次大的较量，一是1932年的淞沪抗战，二是1933年的长城抗战。

1932年1月28日，日军突袭上海，以蒋光鼐、蔡廷锴为首的第十九路军奋起抗战。当时，蒋介石尚未正式恢复公职。事变发生后，被任命为军事委员，3月18日，又被任命为军事委员长兼参谋长。他曾有过“决一死战”的想法[2]，决定迁都洛阳，划分全国为四个防区，电令集结兵力，号召全军将士“为国家争人格，为民族求生存，为革命尽责任，抱宁为玉碎，毋为瓦全之决心，以与此破坏和平、蔑弃信义之暴日相周旋”[3]。但是，事实上，蒋介石采取的是一面抵抗、一面交涉的方针。他既派中央警卫部队组成第五军，驰沪增援，并曾准备亲上前线指挥；同时则寄希望于英美两国驻沪总领事的调停，不愿采取“强硬”态度。

2月13日，他与何应钦研究决定：十九路军已获胜十余日，“趁此收手，避免再与决战”[4]。20日，吴稚晖受张静江等委托，自上海到南京，劝说何应钦“积极”辅助蒋介石指挥作战，何不听；吴随后见蒋，声称十九路军既已鲁莽作战，“今日之局，有如背水为阵，惟有前进，退无余地者也。既

---

① 《蒋介石日记》（毛思诚分类摘录本），1931年9月28日、11月17日。参见本书“九一八事变后的蒋介石”。

② 《蒋介石日记》，转引自《总统蒋公大事长编初稿》卷2，台北中国国民党中央委员会党史委员会印，1978年，第168页。

③ “蒋委员中正告全国将士书”（1932年1月30日），载于《中央周报》第191期。

④ “何应钦致蒋光鼐、蔡廷锴、吴铁城、宋子文之急电”，中国第二历史档案馆藏。参见“陈铭枢、何应钦、罗文干致蒋光鼐电”，载于《中华民国重要史料初编——对日抗战时期》绪编（一），中国国民党党史会1981年版，第513页。

已无端而为义和团，大家止〔只〕有从井救人，盲目而共为义和团”①。但是，蒋不以吴的见解为然。5月5日，中日双方签订停战协定，中国方面失去了在淞沪地区驻兵的权利。

1932年12月，蒋介石估计，日军即将侵略热河，致电张学良，要他照预定计划火速布置，声称“今日之事，惟有决战，可以挽回民心，虽败犹可图存”②。次年1月3日，蒋介石得到日军进攻山海关的消息。还没有等他反应过来，就又得悉山海关失守。蒋介石估计，日军的下一个目标将是平津，准备亲自北上一战。日记云：“余决心北上，与倭一战，以尽我心。至于成败利钝，则听之。”③ 其后，他发现日军占领临榆县城后，未再进攻，估计日军有两个可能，一是恼羞成怒，进一步扰乱华北，一是见机而止，了结战事。他决定坚决要求日军退出山海关，不再迁就，同时以“兵来将挡，水来土掩”的态度积极备战，开始筹划调集部队北上作战。日记云：“无论倭寇再攻与否，我军必如预计，急进以备其来。”但是，即使在这一情况下，他仍然寄希望于各国公使的干涉，拟以中国军队不愿在平津地区作战为理由，要求各国公使出面，设法保全平津。④

日军在山海关得手后，继续进攻热河。最初，蒋介石估计日军如不从国内调动五师以上兵力，不会轻易进攻⑤，但他仍决定派兵入热，认真一战，然后再与日方谈判。日记云：“今日前方部队已开进将毕，乃为接洽之时乎？抑待战争结果再与其接洽乎？然非与之一战，则对内对倭皆不能解决也。故决与之一战，未必果败也。”⑥ 这则日记清楚地道出了蒋介石决定“一战”的目的：不战而和吧，日方可能提出很高的条件，国内各阶层人民

---

① 吴稚晖：“在南京建设委员会招待所留别蒋介石先生书”（手迹），吴稚晖档案，台北中国国民党党史会藏。

② “蒋委员长致张学良主任电”，载于《中华民国重要史料初编——对日抗战时期》绪编（一），中国国民党党史会1981年版，第563页。

③ 蒋介石日记（仿抄本），1933年1月5日。

④ 蒋介石日记（仿抄本），1933年1月8日。

⑤ 蒋介石日记（仿抄本），1933年1月16日。

⑥ 蒋介石日记（仿抄本），1933年1月7日。

也会责难，于是决定“一战”，打完仗再与日方交涉。这里，蒋介石的策略是以战求和，重点仍在交涉，并不想认真地、长期地打下去。

尽管如此，蒋介石仍然觉得局部战胜也并无把握，所以迅速决定以“固守”为主。1月18日日记云：“此战既不能克，则当专心准备，以待其来攻可也。”3月4日，热河省会承德失守以后，蒋介石曾要求宋哲元、万福麟等部反攻，但在大多数情况下，蒋介石均指示中国军队，选择阵地，采取固守模式。后来，他甚至严厉规定，有关将领不得轻易出击。①

2月下旬，蒋介石在江西完成剿共布置，在各方呼吁下，开始作北上准备。他给自己规定的任务是：支持现在战局；收拾败后残局；部署华北继起之战局。同时提出，今后对日作战，“以运用外交为中心”，蒋介石称之为“使倭寇时受精神上之打击”②。3月6日，蒋介石秘密离开剿共指挥中心南昌，9日进抵保定。13日，胡适从北平前来问策，蒋介石表示，中国方面须有3个月的准备才能作战，而且还只能“在几处地方用精兵死守，不许一个人生存而退却”，“叫世界人知道我们不是怕死的”③。此时，长城各口的防务虽因中央军队的北来而得到加强，在喜峰口等处取得过局部胜利，但主帅是这种精神状态，自难指挥部队取得全局性的胜利。3月25日，蒋介石因江西“剿共”前线战事失利，匆匆南返，决定对“寇患”，“取守势”；对“匪祸”，“应准备速剿”④。4月4日，蒋介石由南京赴赣，继续“剿共”。同年5月5日，蒋介石决定“先行缓和华北之局势”，将中国军

① 蒋介石1933年5月6日致何应钦、黄绍竑电称：“我军实力不充，只能妥择阵地抵抗，此种战略既经择定，宜使全线一体恪遵，怯者固不得擅退，勇者尤不许轻进。论者每持以攻为守之说，欲乘敌人薄弱之点，贪图小利，轻于突击，徒为局部一时之快意耳，固于事无济，且最易牵动全线。”见《总统蒋公大事长编初稿》卷2，台北中国国民党中央委员会党史委员会印，1978年，第308页。

② 《蒋介石日记》，1933年2月26日，转引自《总统蒋公大事长编初稿》卷2，台北中国国民党中央委员会党史委员会印，1978年，第273页。

③ 《胡适的日记》，1933年3月13日，台湾远流出版事业股份有限公司1990年影印原本。

④ 《蒋介石日记》，1933年2月28日，转引自《总统蒋公大事长编初稿》卷2，台北中国国民党中央委员会党史委员会印，1978年，第288页。

队从长城沿线后撤，并将古北口至山海关等地划为“缓冲”地带。[①] 31 日，中日签订《塘沽停战协定》。

“九一八”事变时，南京国民政府和张学良都持不抵抗态度，受到国人诟责。此后，日军进攻上海和长城各口时，蒋介石自然不能毫无抵抗，但是，他又并不真正想打，特别不愿意调动全部力量，与日军决战。其原因，一是由于他的兴奋中心在“剿共”，关于此点，下文将要论及；另一原因则在于蒋介石对日本的军事实力估计过高。他认为，日本已是现代化国家，日军武器精良，技术高明，中国在短时期绝对无法弥补这两大缺点。因此，在他看来，中国军队“有败无胜，自在意中”[②]。他甚至估计，日军在 3 天内就可以占领中国沿江、沿海的要害地区，切断军事、交通、金融等各项命脉，从而灭亡中国。[③]

基于上述认识，蒋介石反对孤注一掷的作战方法，强调对日作战是一场长时期持久的战斗，必须“以时间为基础，与敌相持，在久而不在一时”[④]。因此，在战略上，他反对“一线配备”与“一次决战”，认为那样做，一败之后，将永无复兴之望。他说：“我们现在对于日本，只有一个法子，就是作长期不断的抵抗，他把我们第一线部队打败之后，我们再有第二、第三线的部队去补充，把我们第一线阵地突破以后，我们还有第二、第三各线阵地来抵抗”，“越能持久，越是有利”[⑤]。

---

① 《蒋介石日记》，1933 年 5 月 5 日，转引自《总统蒋公大事长编初稿》卷 2，台北中国国民党中央委员会党史委员会印，1978 年，第 307 页；参见“蒋介石复何应钦电”，同上书卷 2，第 309 页。

② “电复陈济棠总司令”，载于《总统蒋公大事长编初稿》卷 2，台北中国国民党中央委员会党史委员会印，1978 年，第 312 页。

③ “东北问题与对日方针”，载于《中华民国重要史料初编——对日抗战时期》绪编（二），中国国民党党史会 1981 年版，第 317 页；又见“抵御外侮与复兴民族”，载于张其昀主编：《先总统蒋公全集》第 2 卷，中国文化大学、中华学术院 1984 年编印，第 878 页。

④ 《蒋介石日记》，转引自《总统蒋公大事长编初稿》卷 2，台北中国国民党中央委员会党史委员会印，第 340 页。

⑤ “国家兴亡责在军人”，载于《总统蒋公大事长编初稿》卷 2，台北中国国民党中央委员会党史委员会印，1978 年，第 294 页。参见同上书卷 2，第 259 页。抗战胜利后，吴稚晖曾称：“二十六年抗战，蒋如在宁沪皆孤注一掷，不惟无本钱莅渝，而倭寇早据有全华，则以后局势，恐英、美、苏亦受德、日之优势相压，世界且不似今日之局面矣。”见《〈在南京建设委员会招待所留别蒋介石先生书〉题跋》（手迹），吴稚晖档案，台北中国国民党党史会藏。

《塘沽停战协定》签字之后，日本军国主义者暂时停止了对中国的军事进攻，转而支持地方实力派，企图在中国建立所谓“华北国”“华南国”“蒙古国”，蒋介石也相应地改变了“一面抵抗，一面交涉”的方针，转而“为和平之最大努力”。

“九一八”事变后，国内包括国民党内部都有一部分人主张对日本“绝交宣战”，蒋介石认为，在内无准备的情况下，绝交是危险的做法。[①]在此后的几年内，他尽力维持、改善和日本的关系，并且几度想将这种关系向前推进，企图以此来消除交战危险，在两国间谋取和平。1934 年 12 月 20 日，蒋介石以徐道邻的名义发表《敌乎？友乎?》，说明中日两国犹如“唇齿辅车”，要求日方悬崖勒马，及此回头，和中国友好。1935 年 2 月，蒋介石派王宠惠访问东京，以私人身份向广田外相传递“善邻”希望，要求日方解决东北问题，取消不平等条约，维持两国间的真正友谊。同年 6 月，发布《睦邻敦交令》，禁止中国人民组织抗日团体，发表抗日言论。9 月，又命驻日大使蒋作宾与广田交涉，提出基本原则三项，要求恢复中日邦交的正常轨道，用和平外交手段解决今后一切事件。11 月 19 日，国民党召开第五届全国代表大会，蒋介石在会上提出对外关系报告，声称：“和平未到完全绝望时期，决不放弃和平；牺牲未到最后关头，亦决不轻言牺牲。”他表示：“抱定最后牺牲之决心，而为和平最大之努力。”[②]

蒋介石的“和平”努力反映出他争取改善中日关系的愿望，有其幻想的一面，同时，也是一种策略手段。他在日记中多次表示，对日作战必须长期准备。如 1932 年 6 月 16 日日记云：“倭寇咄咄逼人，战祸终不能免，然必有相当之准备时期，始得应付裕如。”[③] 1936 年 6 月，蒋介石对英国人李滋罗斯说：“对日抗战是不能避免的。由于中国的力量尚不足以击退日本

---

① 秦孝仪总编纂：《总统蒋公大事长编初稿》卷 2，台北中国国民党中央委员会党史委员会印，1978 年，第 163 页。

② 秦孝仪总编纂：《总统蒋公大事长编初稿》卷 3，台北中国国民党中央委员会党史委员会印，1978 年，第 248 页。

③ 《蒋介石日记》，转引自《总统蒋公大事长编初稿》卷 2，台北中国国民党中央委员会党史委员会印，1978 年，第 203 页。

的进攻，我将尽量使之拖延。”[①] 同年10月，张群与日本驻华大使川越茂会谈期间，蒋介石与何应钦讨论对日交涉时，曾明确表示：“如假我一年之准备时机，则国防更有基础矣。”[②] 显然，蒋介石的“和平”努力具有拖延时间，推迟战争，以便作好应战准备的目的。

中日间的差距是事实，战争需要准备也是事实，蒋介石主张进行不断的、有后续力的持久斗战也是正确的。但是，蒋介石对日军实力估计过高，对战争中武器、技术的作用也估计过高，相反，对中国的抗战力量则估计过低。他战略战术呆板，只知道打阵地战、固守战，不懂得集中优势兵力攻敌一点的战略战术，也完全不懂得人民战争和敌后战争，这是他长期畏战、避战的原因。

企图效法勾践，忍辱负重，卧薪尝胆

蒋介石是浙江人，熟悉越王勾践卧薪尝胆，发愤图强，终于灭亡吴国的故事。在处理对日关系上，他时时以这一故事自励。“九一八”事变发生后的第二天，他就在日记中写道：“卧薪尝胆，生聚教训，勾践因之霸越，此正我今日之时也。”[③] 此后，他的日记中多见有关记载。1934年1月30日，蒋介石会见日本武官铃木美通，日记云：“其藐视之意，溢于眉目，非卧薪尝胆，何以复国?”史载：越军战败，勾践被围时，范蠡曾对勾践说：“节事者以地，卑词厚礼以遗之。”[④] 蒋介石特别将这两句话抄在日记里。对“节事者以地”这句话，前人的解释为：“时不至，不可强生；事不究，不可强成。”蒋介石特别欣赏这一解释，也将它同时抄下。[⑤] 又，史载：勾践作为俘虏入吴后，系犊鼻（围裙），戴樵头（粗布头巾），为吴王夫差养

---

① Frederic Leith－Ross：Money Talk—Fifty years of International Finance. London，P. 221.

② 秦孝仪总编纂：《总统蒋公大事长编初稿》卷3，台北中国国民党中央委员会党史委员会印，1978年，第334页。

③ 《蒋介石日记》（毛思诚分类摘录本），1931年9月20日。

④ “越王勾践世家”，载于《史记》卷41，中华书局整理本，第1740页。

⑤ 蒋介石记忆有误，抄成“时未至不可强生事”。见其日记（原稿本），1934年2月14日。

马，“三年不愠怒，面无恨色”。在吴王夫差生病时，勾践为了取悦夫差，表示忠心，竟饮其尿，尝其粪。[①] 对此，蒋介石极为欣赏，在日记中写道：“勾践入臣，不惟卧薪尝胆，而且饮溲尝粪，较之今日之我，其耐苦忍辱，不知过我几倍矣！”[②]

中国古代哲学家老子主张“欲取先予”。这一策略思想也为蒋介石所欣赏。1936 年 1 月 6 日日记云：“对外，未到其时，惟有先其所爱，微与之期，以保吾国。”话说得虽含蓄，但意思很清楚，这就是：日本侵略者“爱”什么，可以隐约地答应。同月 20 日日记云：“雪耻。将欲取之，必先与之。”显然，目前的“与”并不是永远的舍弃，而是为了未来的“取”；一时的让步只是为了最终的“雪耻”。

中国古代的“以退为进”“以柔克刚”一类思想也为蒋介石所采纳。1934 年 4 月 23 日日记云：“倭寇侮辱，非可以愤激制之，当知以柔克刚之道也。”同年 11 月 10 日，蒋介石在山西，阎锡山向他建议，对日不必准备武力，“免日仇忌，使倭对我无法可施，而后我乃有法对倭”。对于阎锡山的这番话，蒋介石在日记中评论说：“此其专重黄老之说也。”蒋介石虽没有接收阎锡山放弃准备武力的意见，但是却部分地接受了他的影响。当日日记云：“如何与倭寇避免正面冲突，使其无法可施耶？”此后几天的日记内，即有“对倭暂睦”的记载。他准备派何应钦赴日，甚至有过自身“暂时退隐”的考虑。[③] 11 月 21 日，他在日记中明确地写下了对日“应取缓和”的字样。

基于以上思想，蒋介石主张对日“忍耐”，甚至进一步主张“忍辱”。如：

1933 年 4 月 15 日日记云：“倭寇欲以河北强作昔日之东北，并欲以 1936 年以前毁灭我政府，解决中国问题，是仍痴人说梦，但此时仍须以忍

---

① “勾践入臣外传”，载于《吴越春秋》第 7 卷 。

② 《蒋介石日记》（仿抄本），1934 年 2 月 15 日、16 日。

③ 《蒋介石日记》（仿抄本），1934 年 11 月 14 日、19 日、20 日。

耐出之。”

又，同年8月8日日记云：“‘九一八’以后，国际均势既破，国家人民命脉之所以不绝如缕者，惟此忍辱与谨慎，乃能保此一时也。”

检阅这一时期蒋介石的日记和有关文献，可以发现，类似的词语比比皆是。蒋介石经常提醒自己：“当为最大之忍耐”，要能“受人之所不能受，忍人之所不能忍”，“非至最后之时，不与决裂”①。

在忍辱哲学的指导下，日军占据东三省，他忍了；进攻上海和山海关等长城要塞，他忍了；要求中央军和国民党党部、特务机关撤离平津、河北，以至成立汉奸政权“冀东防共自治政府”和具有分离倾向的冀察政务委员会，他也忍了。直至卢沟桥事变爆发，他才忍无可忍，奋起抗战。在这方面，蒋介石表现出少见的忍耐力。这不能不和勾践的影响有关。

应该指出，勾践的忍辱是在抵抗失败，国家灭亡之后，而蒋介石的忍辱则是在国家尚在，事犹可为的时候。蒋介石的忍辱反映了他在民族敌人面前的软弱一面，其结果是使国家权益一再受到损害。但是，也应该指出，忍辱有两种，一种是为了苟且偷安，另一种是为了积蓄力量，待机反攻。蒋介石的忍辱显然属于后一种。

蒋介石早年即具有民族主义思想，30年代亦然。蒋氏1934年5月11日日记云：“自道光廿二年鸦片战争中英白门和约起，及袁世凯接收廿一条，乃至华盛顿九国公约止，中华民族之人格与国家主权皆为此九国公约所埋葬。”于此不难看出近百年来民族灾难对他的影响。蒋介石和日本军国主义者之间不仅有公仇，而且有私恨。1928年在济南发生的“五三惨案”使他常存刻骨铭心之痛。日记曾云：“身受之耻，以今五三为第一。倭寇与中华民族结不解之仇，亦由此而始也。”②

从蒋氏日记可见，他时常勉励自己，奋发努力，洗雪百年来的民族耻

---

① 秦孝仪总编纂：《总统蒋公大事长编初稿》卷3，台北中国国民党中央委员会党史委员会印，1978年，第205、207、208、248页。

② 《蒋介石日记》（仿抄本），1936年5月3日。

辱。1933年1月4日日记云："自今日起，每日记雪耻一则，总使倭寇数平，国耻湔雪也。"1934年5月11日日记云："中正负此传统之污辱与重任，岂仅以本人不签丧辱条约而得了乎！如何洗雪，勉之！"为此，他有过率领中华健儿与日本侵略者长期周旋，在十年之内恢复东北失地的想法。[①]也有过收复台湾等地，"恢复汉唐固有领土"的念头。[②] 1935年8月，他曾估计，日本军国主义的失败"当在十年之内"[③]。

在某些时候，蒋介石甚至主张，利用矛盾，助长日本军阀的骄横气焰，使其孤立。1933年1月19日日记云："倭寇之弱点安在？彼军阀对国际与国内皆为所厌恶。今养成其骄横，使无忌惮。"次年5月5日日记云：对倭则"张其骄焰，多其外敌"。某次，他接见日本武官喜多诚一，对其骄横不可一世的态度感到难以忍受，日记云："骄者必败，敌寇之骄，即吾人之胜，何愤激之为哉！"[④] 这里，虽然多少有点阿Q精神，但也显示出他对"物极必反"这一中国古代哲学命题的理解。

蒋介石也曾考虑过利用日本统治阶层的内部矛盾，日记云："此后更应注重日本内文武两派之胜败谁属，当使文派抬头以制军阀，抑使军阀横行，以促其孤立乎？"[⑤] 但是，在卢沟桥事变以前，这一策略尚未形成。

无可讳言，"九一八"至卢沟桥事变之前，蒋介石的对日外交是"妥协外交"，但是，这是一种暂时的"雌伏"，目的是为了他日的"雄起"，用他自己的话来说就是："我们现在要忍受暂时的退屈，来谋将来最大的进展。"[⑥] 这和献媚外敌，一味屈膝投降并不相同。

---

① 《蒋介石日记》（仿抄本），1932年9月13日。

② 《蒋介石日记》（仿抄本），1934年3月23日。

③ 《蒋介石日记》，1935年8月21日，转引自《总统蒋公大事长编初稿》卷3，台北中国国民党中央委员会党史委员会印，1978年，第218页。

④ 《蒋介石日记》，1937年3月15日。转引自《总统蒋公大事长编初稿》卷4（上），台北中国国民党中央委员会党史委员会印，1978年，第22页。

⑤ 《蒋介石日记》（仿抄本），1934年11月27日。

⑥ "政府与人民共同救国之道"，载于《总统蒋公大事长编初稿》卷3，台北中国国民党中央委员会党史委员会印，1978年，第272页。

广结盟国，寄希望于国际环境的变化

1933年3月，蒋介石在保定接见胡适，表示战无胜利把握，交涉不会有效，要胡适“想想外交的问题”。蒋的这一意见，并非出于偶然的灵感，而是“九一八”事变以来的既定方针。从那个时期以后，外交运用在蒋介石的对日谋略中即占有极为重要的位置。

“以夷制夷”是中国的老传统。1927年4月，蒋介石在上海发动政变之后，外交上转向英美，将苏俄看成敌人。1929年发生中东路事件，苏联宣布与中国绝交，两国外交关系中断。然而，日本军国主义者加紧侵华，得寸进尺。这样，尽管蒋介石仍将苏俄视为中国的“最后、最大之敌”①，但已不得不优先处理对日问题。1934年2月11日日记云：“外交先日后俄。”这说明，在蒋介石此时的心目中，对日，比对俄更为紧迫。此后，与苏联的关系逐渐改善。

蒋介石将和苏联邦交关系的改善视作对日本军国主义者的打击，1932年12月，颜惠庆受命与苏联外长李维诺夫在日内瓦谈判，决定恢复邦交。13日，蒋介石在日记中写道：“与俄复交，足使倭人胆怯，而于我雪耻复国之基，更增强一层矣。”② 1933年1月，蒋介石派兵进入热河，视之为对日本军国主义的第二打击，而将“对俄复交”视之为“第一打击”③，可见，在蒋介石的心目中，外交运用较军事布置更加重要。

20世纪30~40年代，“北进攻苏”一直是日本军方的重要方略。蒋介石总结20世纪初日俄在中国东北开战，俄国惨败的经验，幻想在第二次日俄战争中俄国人能先动手，出动空军轰炸日本及其在我国东北的基地。1934年4月，他和汪精卫、黄郛研究形势时曾说：

---

① 《蒋介石日记》（仿抄本），1936年3月7日。

② 《蒋介石日记》，转引自《总统蒋公大事长编初稿》卷2，台北中国国民党中央委员会党史委员会印，1978年，第245页。

③ 《蒋介石日记》（仿抄本），1933年1月17日。

余料第二次日俄之战，如倭寇内部之文武主张不能一致，则一年之后，俄必先取攻势，以空军作战。如不先下手，则其海孙威与伯力先为倭寇轰炸毁灭，乃俄寇东方根据地全失，不能不退贝嘉湖以西，则成持久之局，此俄所不为也。故俄先必轰毁日本与东北倭寇之根据地，以行先着。且第一次日俄之战，日乃不宣而战，故俄国东方海军全灭，为日所算，而此次开战，则俄决不肯蹈此覆辙而坐以待倭也。①

基于对日俄必战的估计，蒋介石希望利用苏俄的力量制衡日本。同年1月4日日记云：

倭寇既得伪满，其意本足，惟惧大战将起，恐我乘势报复，故急欲强我屈服为与国，共防苏俄，而其又惧苏俄报复，与我联合，故更求急进，使制服我也。敌之所畏惧者，即我之所最上者；敌之所欲急者，即我之所欲缓也。

“敌之所畏惧者”，指的是中苏联合；“敌之所欲急者”，指的是日本企图强迫中国结为与国。蒋介石企图以中苏联合抵御日本的压制。同年1月27日，蒋介石亲自会见俄国大使后，判断苏联有接近中国的愿望。② 不久，蒋介石也相应决定“对俄则联络其感情”③。

蒋介石希望在日俄开战时，中国能保持中立，他最担心的是日本强迫中国卷入战争。卢沟桥事变前，日本曾多次以协助中国取消不平等条约为诱饵，要求与中国建立“攻守同盟”，共同防俄。④ 蒋介石对此一度忧心忡忡。1934年9月12日日记云：“倭寇与俄开战时，是否敢强问我态度与不许我中立，是否其不顾列强与国联之连带关系而强我加入其东亚战线，此皆应研究明晰。”日记中，蒋介石设计过几种拒绝日方要求的理由，但特别

① 《蒋介石日记》（仿抄本），1934年4月12日。
② 蒋介石日记（仿抄本），1934年1月27、28日。
③ 蒋介石日记（仿抄本），1934年5月5日。
④ 参见《总统蒋公大事长编初稿》卷3，台北中国国民党中央委员会党史委员会印，1978年，第167、190、212页。

注明："切勿与之说明不能参战之情理。"[①] 为了避免被日方强迫参战，蒋介石又决定对日实行谅解、和缓，从而促进日俄冲突。11月27日日记云："应急与倭寇乘机谅解，以促进倭俄之冲突。"蒋介石当时的目的是：既不得罪苏俄，又不得罪日本，让他们两方火拼，中国得免于难。

1925年前后，蒋介石曾将英国看成头号敌人，日记中有大量与"英夷"不共戴天的誓言。其后，英国逐步从远东退却，对中国的威胁日渐减少，蒋介石遂决定联英，将联英作为南京国民政府的外交重点。1934年1月12日日记云："外交如非与英有切实合作之可能，则无成功之希望。"4月9日日记云："如何乃能联英？"5月5日日记云："对英则确切合作。"当年12月，蒋介石曾计划于次年去英国访问，并在考虑以"中英经济合作"，给予"商务特惠"作为和英国的"交换条件"[②]。

对美国，蒋介石态度摇摆。最初曾寄以满怀希望。1932年11月9日日记云："世界各国外交政策，有正义而不变者，唯美国而已。"他认为，美国政府的政策建筑在最重视民众舆论的基础上，准备唤起美国国民，使美国成为"中国最友爱之友邦"[③]。因此，有1933年派宋子文访美之举。宋子文先是与罗斯福共同发表保障远东和平的声明，后是签订中美棉麦贷款，中美关系有所发展。但是，蒋介石仍然不很信任美国。

1934年2月，传说美国将承认伪满洲国，蒋介石虽认为无此可能，但他表示"美于国际信用实无价值"。这一时期，他和宋子文的关系恶化，因此，对宋的联美主张持批评态度，日记云："子文信从欧美以制倭，而不能自强，抑何愚耶！"[④] 同年3月25日，蒋氏在日记中指斥美国外交家"利己损人"，善于玩弄阴谋，提醒自己："弱国如吾，能不察乎？"10月8日，蒋介石在接见美国武官时，又当面"痛斥美国态度之不正"[⑤]。但是此后不久，蒋介

---

① 《蒋介石日记》（仿抄本），1934年8月14日。

② 《蒋介石日记》（仿抄本），1934年12月23~26日。

③ 《蒋介石日记》，1932年11月9日，转引自《总统蒋公大事长编初稿》卷2，台北中国国民党中央委员会党史委员会印，1978年，第242页。

④ 《蒋介石日记》（仿抄本），1934年2月26日。

⑤ 《蒋介石日记》（仿抄本），1934年10月8日。

石就逐渐改变其“重英轻美”观念，形成“联美制日”的策略，并且使之分量越来越重。11月27日日记云：“英美形势已联合对日，乃为中国存亡之转机。”同年底，蒋介石确定了“运用英美”的总原则，将它们视为中国抗日的同盟力量。

“九一八”事变后，蒋介石也加强了和德国的联系。1933年，孔祥熙、宋子文先后访德。1934年6月10日，蒋氏日记中有“催订德厂合同”的记载。当时，中国正计划与德方共建飞机制造厂，所谓催订合同，应指此事。在蒋介石的催促下，该项合同于同年9月签订。这一时期，德国军事顾问团积极介入中国的国防建设，参与制订国防计划大纲。① 1937年5月，孔祥熙再次访德，购买军火，及时运回，得以满足几个月后的对日抗战需要。当时，苏联、美国、英国对中国的援助尚未开始，德国军火成了中国部队的重要补给来源。

蒋介石懂得：一个国家，首先必须自强、自助、自求②，在发展和各个国家的关系时，要坚持自主③，用人而不为人用。他分析当时国际间错综复杂的关系，认为“如能运用得当，以求生存，用人而不为人用，则未始无复兴之机”④。30年代，列强间正在形成新的组合，蒋介石相信：“假以时日，国际环境当有转机”⑤，“东方战争胜负之分，必在欧战决定之后，最后欧洲与世界必联合处置日军，以解决东方问题”⑥。证以后来的历史，蒋介石的这一估计是正确的。

---

① 《国民政府军事机关档案》第25分档，第1161号，中国第二历史档案馆藏。

② “五全大会对外关系报告”，载于《总统蒋公大事长编初稿》卷3，台北中国国民党中央委员会党史委员会印，1978年，第247页。

③ 《蒋介石日记》，1936年11月7日，转引自《总统蒋公大事长编初稿》卷3，台北中国国民党中央委员会党史委员会印，1978年，第351页。

④ 《蒋介石日记》，1932年8月8日，转引自《总统蒋公大事长编初稿》卷2，台北中国国民党中央委员会党史委员会印，1978年，第348页。

⑤ “电复陈济棠总司令”，载于《总统蒋公大事长编初稿》卷2，台北中国国民党中央委员会党史委员会印，1978年，第312页；又，蒋介石1933年4月2日演讲云：“若是能抵抗三年、五年，我预料国际上总有新的发展。”见同上书卷2，第294~295页。

⑥ 《蒋介石日记》，1936年3月14日，转引自《总统蒋公大事长编初稿》卷3，台北中国国民党中央委员会党史委员会印，1978年，第281页。

1934 年，蒋介石以图表形式制订过一份《救国方略》，分“安内”与“攘外”两部分，其“攘外”部分如下。

攘外｛联络美俄、厚交英意｝对日｛以英制俄、先日后俄、以美制日

从中可以看出，“九一八”事变之后，对日已经成了蒋介石外交策略的核心，也是其攘外的唯一内容。为了对日，他在国际上广交朋友，联络友邦，借以制衡日本。对此，日方曾一再表示不满和抗议。1934 年 4 月，日本外务省情报部部长天羽英二声明：“如果中国采取利用其他国家排斥日本”，“或者采取以夷制夷的排外政策，日本就不得不加以反对”[①]。日本外相广田弘毅也认为，中国企图“利用外国的影响来束缚日本的双手”[②]，于 1935 年 10 月，向中国驻日大使蒋作宾提出，中国须绝对放弃“以夷制夷”政策。[③] 这些地方都说明，这一时期蒋介石的外交策略打中了日本军国主义者的痛处。

从“安内”为重到“攘外”为重

20 世纪 30 年代，中国危机重重，蒋介石面临诸多问题，其中最尖锐、最突出的是日本的侵华威胁和中共的“红色割据”。蒋介石在二者之间，常常感到焦头烂额，应付为难。1931 年秋，蒋介石对江西苏区实行第三次围剿，不久，“九一八”事变发生，部分军队抽调北上，“围歼之功，亏于一篑”[④]，使蒋介石极感惋惜。此外，还有各地割据或半割据的地方实力派，如广东陈济棠、广西李宗仁和白崇禧、华北冯玉祥、山东韩复榘、山西阎

① 《日本帝国主义对外侵略史料选编（1931～1945）》，上海人民出版社 1975 年版，第 157 页。

② FRUS，Japan，1931～1941 年，Vol. 1，p. 230.

③ 秦孝仪总编纂：《总统蒋公大事长编初稿》卷 3，台北中国国民党中央委员会党史委员会印，1978 年，第 230 页。

④ 秦孝仪总编纂：《总统蒋公大事长编初稿》卷 2，台北中国国民党中央委员会党史委员会印，1978 年，第 203 页。

锡山、陕西杨虎城、西北孙殿英、新疆盛世才等，都使蒋介石悬心吊胆，难以安枕。① 怎样处理安内和攘外的关系，尖锐地摆到蒋介石和南京国民政府的面前。

蒋介石以图表形式制订的《救国方略》，其“安内”部分如下。

- 安内
  - 剿匪运动
    - 信赏必罚
    - 选贤任能
    - 振作士气
    - 巩固民心
  - 五族联邦
  - 统一运动
    - 改良中央
    - 建设东南
    - 怀柔华北
    - 平定两广

从中可以看出，蒋介石的“安内”所要解决的问题分三方面：①以武力剿灭中共。这是蒋介石的兴奋中心，所以列了“信赏必罚”等四条措施，期于收到实效。②组成汉、满、蒙、回、藏五族联邦。30 年代，中国边疆处于多事之秋，东北溥仪“称帝”，内蒙古德王勾结日本，新疆苏联渗透，西藏英国觊觎。这些，使蒋介石感到，几年之后有可能“尽失边疆”②。因此，蒋介石有过“以民族平等为原则，组织五族联邦制度”的想法③，也曾准备于十年内在满、蒙、藏等地进行“自治试验”。③解决和地方实力派的关系，实现国家统一。为此，蒋介石认为首先要“改良中央”“建设东南”，在此基础上，对华北派“怀柔”，对两广派以武力平定。

蒋介石最初主张，将安内放在优先位置。1931 年 7 月 23 日，蒋介石发

① 蒋介石 1934 年 1 月 28 日日记（原稿本）云：“宁夏孙匪，新疆盛阀，必为国家大患。”又 1934 年 2 月 17 日日记云：“西北孙匪，广西李、白，粤陈，鲁韩、晋阎、陕杨诸人，亦为边藩之第二，可不慎乎？”

② 《蒋介石日记》（仿抄本），1934 年 5 月 6 日。

③ 《蒋介石日记》（仿抄本），1934 年 3 月 7 日。

表文告称："惟攘外必先安内，去腐乃能防蠹。"[①] 这是他对于二者关系的第一次明确表述。同文中，蒋介石并称："不先消灭赤匪，恢复民族之元气，则不能御侮；不先削平粤逆，完成国家之统一，则不能攘外。"1934年8月20日日记云："非平粤桂，无以安内攘外。"可见，蒋介石所称安内，既指中共，又指胡汉民、陈济棠、李宗仁等地方实力派。

对地方实力派，在大多数场合，蒋介石采取怀柔、笼络策略。对两广，则主意不定，策略变化较多：有时主张"武力平定"，认为"粤非速征不可"[②]，有时主张拉一派，打一派，"联桂制粤"，或联湘制粤；有时主张"调和汪精卫与胡汉民的矛盾，举胡为总统"[③]。经过反复思考，蒋介石主要采取了两项对策，一是分化广东内部。1934年3月16日，蒋介石日记即有"与粤空军联络"的记载。这一策略在1936年的两广事变中收到了实效。二是"缓和"[④]。

1934年11月27日，蒋介石发表《划分中央与地方权责宣言》，提出"和平统一"及"国内问题取决于政治，不取决于武力"等主张。《宣言》称："今日救国之道，莫要于统一，而实现统一，端在乎和平。吾人当此历史上空前未有之困难，若非举国一致，精诚团结，避免武力为解决内政之工具，消弭隔阂，促成全国真正之和平统一，实无以充实国力，树立安内攘外之根基。"[⑤] 蒋介石对这一宣言很重视，视为"政治新阶段"[⑥]。当时，日本军国主义者正在积极支持华北、山西、山东、华南等地方实力派和南京政府对立，企图建立所谓"华北国"与"华南国"。《宣言》所提出的"和平统一"方针是对日本侵略者分裂阴谋的打击。11月28日，蒋介石会

① 秦孝仪：《先总统蒋公思想言论总集》卷30，书告，台北中国国民党中央委员会党史委员会1984年版，第15页。

② 《蒋介石日记》（仿抄本），1934年7月7日。

③ 《蒋介石日记》（仿抄本），1934年4月3日、5日。

④ 《蒋介石日记》（仿抄本），1934年11月21日。

⑤ 秦孝仪总编纂：《总统蒋公大事长编初稿》卷3，台北中国国民党中央委员会党史委员会印，1978年，第130页。

⑥ 《蒋介石日记》（仿抄本），1934年12月1日。

见王宠惠、罗文干、孔祥熙等，决定“对胡妥协”，同时决定派孙科赴粤，与“西南派”和解。11 月 29 日，蒋介石起草致胡汉民函，日记称：“既决心妥协，则当以至诚出之，故文句尊重如故也。”此后，至 1936 年胡汉民去世前，蒋介石对“西南派”采取的都是“和解”方针。[①]

蒋介石在提出“和平统一”方针的同时，也应允对国内政治进行部分改革。1933 年，他有过“开放政治，以政治奉还于民”的一系列想法，但仅限于想法。[②] 到了 1934 年 11 月发表《划分中央与地方权责宣言》时，他就公开提出，要保障人民依法享有言论结社自由，声称“不愿徒袭一党专政之虚名，强为形式上之整齐划一”。这些主张，显然是对国内爱国民主人士和地方实力派的让步。

蒋介石最不能容忍的是中共的“红色割据”，在“九一八”事变以后，他仍然坚持“围剿”方针，企图在最短时间内，以最快的速度剿平中共，然后再从事抗战。自 1932 年 7 月至 1934 年 10 月，他先后组织了对“苏区”和红军的第四、第五两次“围剿”，必欲除之而后快。但是，其间他也有动摇的时候。1933 年 1 月 20 日日记云：

> 近日甚思赤匪与倭寇，二者必舍其一而对其一。如专对倭寇，则恐始末之匪乱以至覆亡，或如苏俄之克伦斯基及土耳其之青年党，画虎不成，贻笑中外。惟以天理与人情推之，则今日之事，应先倭寇而后赤匪也。

蒋介石认识到，在“剿匪”和抗日之间，只能二者择一。全力抗日吧，蒋介石担心共产党的力量会发展起来，自己的统治最终会被推翻；全力“剿匪”吧，又不合于“天理与人情”。从这段日记看，蒋介石已经认识到，抗日是民族大义所在，必须“攘外”第一，“先倭寇而后赤匪”。1934 年 11 月 15 日，他也曾在日记中写道：“救国之道，惟在免除内战。”可见，上述

---

① 参见拙作“胡汉民的军事倒蒋密谋与及蒋胡和解”，载于《寻求历史的谜底——近代中国的政治与人物》，北京首都师范大学出版社 1993 年版，又，台北文史哲出版社 1994 年版。

② 《蒋介石日记》，1933 年 3 月 20 日，转引自《总统蒋公大事长编初稿》卷 2，台北中国国民党中央委员会党史委员会印，1978 年，第 285 页。

观点，并非偶然灵感，而是经过较长时期思考的。蒋介石之所以坚持“剿共”方针，阻碍他作出正确决定的是对南京国民政府和自身命运的忧虑。

正是出于这种忧虑，在相当长的时间内，蒋介石认为内忧重于外患，视中共为头号敌人。1933年4月6日，他从河北保定匆匆赶回江西，即在抚州发布命令称：“外寇不足虑，而内匪实为心腹之患。”[①] 同月11日，他在南昌军事整理会议上发表讲话称：“中国存亡之关键，不在外患，而在内忧，不在步步侵入的日本帝国主义，而在盘据国内为国家心腹之祸的土匪，目前我们只要能安内，则攘外就不成问题，把匪剿清以后，来对付日本帝国主义。”[②] 有时，他甚至把中共看成“惟一之大患”[③]。当时，国内许多部队纷纷要求北上抗日，广东、广西、福建三省曾准备组织联军，北上参战，但都遭到蒋介石的阻止和拒绝。

4月15日，他致电陈济棠说：“赣匪殊不可轻视，似不如先其所急，分工合作，南中倾全力以剿共，华北负专责以御侮。”[④] 21日，再电陈济棠称，共产党一旦突围成功，必然“国本动摇，立蹈明末覆辙，虽有善计，亦无法收拾，为祸之烈，或较日寇侵略而有加”[⑤]。当时国民党和中共之间有巨大的政治分歧，但无论如何，总是“兄弟阋于墙”，在民族敌人面前属于内部矛盾。蒋介石视中共为“心腹大患”，视日本侵华为“皮肤小病”[⑥]，将中共看成远比日本军国主义者更为危险的敌人，这就颠倒了内外矛盾之间的关系，违背了国人团结御侮的普遍愿望，一系列的错误也就由此而生了。

---

① “蒋委员长告各将领先清内匪再言抗日电”，载于《中华民国重要史料初编——对日抗战时期》绪编（三），中国国民党党史会1981年版，第35页。

② 秦孝仪总编纂：《总统蒋公大事长编初稿》卷2，台北中国国民党中央委员会党史委员会印，1978年，第293页。

③ 《蒋介石日记》，转引自《总统蒋公大事长编初稿》卷2，台北中国国民党中央委员会党史委员会印，1978年，第302页。

④ 秦孝仪总编纂：《总统蒋公大事长编初稿》卷2，台北中国国民党中央委员会党史委员会印，1978年，第296页。

⑤ 秦孝仪总编纂：《总统蒋公大事长编初稿》卷2，台北中国国民党中央委员会党史委员会印，1978年，第299页。

⑥ “革命军的责任是安内与攘外”（1933年5月8日），载于《中华民国重要史料初编——对日抗战时期》绪编（三），中国国民党党史会1981年版，第36页。

要抵抗外敌，必须以国家统一，国内安定团结为条件。这一点，对于弱国尤为重要。蒋介石1933年3月20日日记云："今日欲言抗战到底，则非举全国国民之心力汇集于一点，并统一全国之内政、财政、兵力、听命于中央，不能有效。"这段话说得并非全无道理。问题是：怎样才能实现统一？是以武力削平异己力量呢，还是求同存异，团结对外？遗憾的是，蒋介石在很长时期内采取的是后者。他置日益严重的民族危机于不顾，将本应对外的枪口首先用以对内，这就必然引起普遍的反对和抗议，最终迫使蒋介石不得不放弃这一政策。1934年底，蒋介石指派陈果夫、陈立夫兄弟着手解决中共问题。次年6月，双方代表在香港会见，开始了国共两党间的艰难谈判。[①] 这一举措，反映出蒋介石从安内为重到攘外为重的策略转变。

蒋介石的改变根源于多方面的因素。一是日本军国主义者对中国侵略行为的不断加深，二是国内各阶层救亡图存呼声的加强。但是，他改变的并非攘外必先安内的政策，而是安内的方法，从"围剿"共产党改变为承认共产党，从而实现了在抗日旗帜下的国内大团结。

秘密准备，以"剿共"为抗日之掩护，经营西南根据地

30年代，日本军国主义者对中国的侵略得寸进尺，民族危机日益严重，蒋介石不得不作抗战准备。1933年初，蒋介石在日记中写下了几则短语："东南国防计划。购炮雷弹计划。备油避机计划。"[②] 反映出他在思考国防建设问题。这以后，他不断下达备战指示。

2月，指示在长江沿岸马当、田家镇、武穴等要塞构筑防御工事。

3月，指示在江苏、安徽、江西、湖北等省江岸分散布置潜伏炮兵，

① 杨天石："陈立夫与国共谈判"，载于《海外访史录》，社会科学文献出版社1998年版，第395～401页。

② 《蒋介石日记》（仿抄本），1934年1月27日。

以扼制敌舰行动。

4月，指示参谋本部次长贺耀祖迅速修建南京附近各地要塞联络道路。

6月，限令军政部于1936年底前建立江防、航空、通信、新兵工厂的独立生产基础。

进入1934年之后，蒋介石对国防建设要求加快。当年2月，蒋介石致电贺耀祖，限于当月制订完成东南国防、以南京为中心的防空以及东南空军作战等计划，同时要求勘定江防、海防各要塞附近的步兵阵地，绘成地图。自此，各地国防工程全面启动。至1937年2月，全国各地已筑成机关枪掩体、小炮掩体、观测所、掩蔽部等各类工事3374个。① 这一切说明，蒋介石在认真地准备对日抗战了。

东南国防计划的目的是为了防御，但是，既然对日战争是一场长期战争，就必须有后方，有根据地。1932年11月，蒋介石等提议，切实进行长安陪都、洛阳行都的建设。② 1933年8月，他和戴季陶议事，再次讨论迁都西安问题。③ 次年1月24日日记云："国防据点，分东北与西北两部乎？"建设东北据点，目的仍在防御，但建设西北据点，则是为了加强后方。此际，国民党正在召开四届四中全会。会议期间，蒋介石决定将国民经济中心逐渐西移。为此，他提出：国家及私人大工业今后避免集中海口；开辟道路、航路，完成西向干线；建设不受海上敌国封锁的出入口；于经济中心区附近不受外国兵力威胁之地区，确立国防军事中心地；全国大工厂、铁路及电线等项建设，均应以国防军事计划及国民经济计划为纲领等。该会在宣言中提出"救亡图存大计"，要求集中国力、充实国力，巩固国家统

---

① 据"何应钦部长对五届三中全会军事报告"统计，载于《中华民国重要史料初编——对日抗战时期》绪编（三），中国国民党党史会1981年版，第355~361页。

② 《中华民国重要史料初编——对日抗战时期》绪编（一），中国国民党党史会1981年版，第549~550页。

③ 秦孝仪总编纂：《总统蒋公大事长编初稿》卷2，台北中国国民党中央委员会党史委员会印，1978年，第347页。

一，完成一切建设，以立御侮之根本。[①] 1934 年 10 月 18 日，蒋介石飞抵兰州，日记云："黄河形势雄壮，西北物产之丰，倭俄虽侵略备至，如我能自强则无如我何也，极思经营西北，以为复兴之基地。"次年，他下令在河南进行军事演习，构筑永久工事。此后，他又陆续下令建筑武汉、青岛、济南等地的要塞工程。

在更多情况下，蒋介石倾向于以西南为根据地。1934 年初，他在日记中为自己列出了多项任务，其第 34 项为"决不任总统与行政院长，专心建设西南"[②]。同年 10 月，中国工农红军撤离苏区，开始长征。蒋介石决定经营四川，11 月 23 日日记云："如经营四川，应注重驻地，以对倭、俄寇与两广皆能顾到为要也。"

兵不厌诈。战争中要讲究虚虚实实，借以迷惑敌人，备战也同样如此。蒋介石 1933 年 8 月 17 日日记云："大战未起之前，如何掩护准备，使敌不加注意，其惟经营西北与四川乎！"次年 12 月 29 日日记云："若为对倭计，以剿匪为掩护抗日之原则言之，避免内战，使倭无隙可乘，并可得众同情，乃仍以亲剿川、黔残匪以为经营西南根据地之张本，亦未始非策也。当再熟筹之！"这则日记透露出，蒋氏企图在追剿红军的掩护下大力建设西南，以之作为日后抗战的根据地。

此后，蒋介石一面在西南地区追击长征中的红军，一面加紧建设西南，统一四川、云南、贵州三省。1935 年 2 月 4 日，蒋介石在庐山规划国防工业方案，电令赶筑西南各省公路。次月，蒋介石亲自入川，在重庆发表演讲，提出"四川应为复兴民族之根据地"。当时，四川政治、经济混乱，蒋特别致电孔祥熙：告以日军在华北"似有箭在弦上之势力"，同时告以"我方军事与政治中心全在四川"，要他从速确定四川金融政策。[③] 接着，

---

① 秦孝仪总编纂：《总统蒋公大事长编初稿》卷 3，台北中国国民党中央委员会党史委员会印，1978 年，第 6 ~ 7 页。

② 《蒋介石日记》（仿抄本），1934 年卷首。

③ "蒋委员长致孔祥熙电"，载于《中华民国重要史料初编——对日抗战时期》绪编（三），中国国民党党史会 1981 年版，第 335 页。

蒋介石又陆续巡视贵州、云南等地，直到当年10月，才回到南京。1936年1月，蒋介石报告称：日本之所以在华北挑衅，就是因为害怕四川、云南、贵州三省的统一，成为中国复兴基地，因此千方百计干扰，而他“看穿日本的诡计，无论如何，驻在四川不动”①。日本军国主义者在华北挑衅的原因，未必如蒋介石所云，但他看出，统一西南三省，“国家民族的生存，才有最后的保障”，这是不错的。

以驻节四川、巡视云贵为起点，蒋介石积极整理三省的政治、经济，加强工业建设，发展交通，种种举措对于后来的抗战都起了重要作用。1936年6月，蒋介石在和李滋罗斯谈话时还说过：“当战争来临时，我将在沿海地区做可能的最强烈的抵抗，然后逐步向内陆撤退，继续抵抗。最后，我们将在西部某省，可能是四川，维持一个自由中国，以待英美的参战，共同抵抗侵略者。”② 可见，他在当时已经料到了后来战事的发展进程并为此作了准备。

中国现代军事学家蒋方震极为强调空军在战争中的作用，蒋介石接受了他的影响。1932年7月，蒋介石决定自任杭州中央航空学校校长。1934年决定将航空署改为航空委员会，自兼委员长。他在为航空学校书写《训教》时，特别提出“空军救国”的口号。凡此，都可见他对空军的重视。这一时期，他积极倡议购买飞机，派员出国考察飞机制造工业，在国内兴建飞机制造厂，建设机场，实行防空训练，为重要铁路枢纽及黄河铁桥配置防空设备，使中国空军和防空力量得到一定加强。1936年10月，蒋介石到杭州主持航空学校第五、第六届毕业典礼，对中国空军的发展感到满意，曾在日记中写道：“五年之内，期赶上倭国空军则可以保我国之安全矣！”③

---

① “对全国中等以上学校校长与学生讲话”，载于《中华民国重要史料初编——对日抗战时期》绪编（一），中国国民党党史会1981年版，第745~746页。

② Frederic Leith - Ross：Money Talk—Fifty years of International Finance. London，P. 221.

③ 《蒋介石日记》，转引自《总统蒋公大事长编初稿》卷3，台北中国国民党中央委员会党史委员会印，1978年，第337页。

结　语

“九一八”事变中，中国军队未作任何抵抗就丢掉了东北大片江山，蒋介石和南京国民政府因此受到了国人最严厉的批评和指责。此后，蒋介石和南京国民政府有所改变，其表现是：在淞沪地区和长城各口抗击来犯日军；在谈判桌上，南京国民政府也进行过若干抗争。但是，就其总体考察，这一时期，蒋介石和南京国民政府的对日外交仍以妥协和退让为特征。蒋介石实行这一政策，有其错误的、应予批评和谴责的方面，也有弱国面对强国时的无奈与不得已。它是一种政策，也是一种谋略。蒋介石在对日步步退让的同时，又以勾践卧薪尝胆的精神激励自己，进行抗战准备：对内，调整政策，比较妥善地解决了和地方实力派以及和中共的矛盾，同时，建设西南基地；对外，广交朋友，联络盟国。这些，都为后来的抗战胜利打下了基础。

“约法”之争与蒋介石软禁胡汉民事件

南京政坛的一次强震

自 1931 年 2 月上旬起，蒋介石日记中逐渐出现对胡汉民的强烈不满和攻击之词。

2 月 9 日日记云：“见人面目，受人束缚，小人不可与共事也。纪念周时几欲痛泣，而又止，何人而知我痛苦至此耶!”① 这里，蒋介石仅用了“小人”一词，没有点名，但是，这位“小人”在第二天的日记中就登场了。10 日日记云：“胡专欲人为其傀儡而自出主张，私心自用，颠倒是非，欺罔民众，图谋不规〔轨〕，危害党国，投机取巧，妄〔罔〕知廉耻，诚小人之尤者也。惟余心暴躁发愤，几忘其身矣，戒之!”② 从这一段日记可以看出，蒋介石认为，“胡某”也者，罪大恶极，他使得蒋介石“暴躁发愤”，“几忘其身”。

其后，蒋介石在日记中对“胡某”的攻击就接连不断。13 日日记指责其“挑拨内部，诋毁政治，曲解遗教，欺惑民众”③。15 日日记指责其“破坏党国，阻碍革命”，“以‘司大令’（斯大林）自居，而视人为‘托尔斯基’（托洛茨基）”④。25 日日记则称：“今日之胡汉民，即昔日之鲍尔廷

---

①②③④ 《蒋介石日记》（手稿本）。

(鲍罗廷)。余前后遇此二大奸，一生倒霉不尽。鲍使国民党徒受恶名，而共产党受其实惠。今胡则使国民党受害，而彼自取利。鲍使国民党革命破坏，不能建设，胡则使国民党革命阻碍，不能进取。"① 十几天之中，由"小人"，而"胡某"，而直书"胡汉民"，标志着蒋介石怨愤的迅速加深和增强。

这一时期，胡汉民问题使得蒋介石性情乖戾，难以自制。18 日日记云："近日躁急，恐将偾事。"② 25 日日记云："为胡事又发愤怒。"③ 26 日日记云："在汤山俱乐部痛述某之罪状，几为发指。"当日中午，蒋介石与邵力子谈起胡汉民的"罪状"时，再次动情，日记云："心为之碎，自知失态。"④

也就在 25 日，蒋介石制定了一个处理胡汉民的十四点计划。前四项对胡本人：①请胡到家；②监视护兵；③令警察监视其家；④请孙科往见，在"公开审判"和"自行辞职"两者中问胡自愿；同时要胡保荐立法院正副院长，并要胡函慰立法院各委员，使其安心供职；最后将胡迁往中山陵。其他十项为善后，其内容为：明告中央委员；开国民党中央临时政治会议；开中央常务会议，推任立法院院长；由监察委员提起弹劾，令国府紧急处分，严重监视；监察院提起政治弹劾；通告各地党部与各军队等。当然，蒋介石也没有忘记控制新闻，"令各报不准登载中央未发表之消息"。其中还包括"请立法委员组长明午吃饭"一条，考虑得相当周密。⑤

28 日晚，蒋介石以宴客为名，邀请胡汉民到自己的住所晚餐。胡汉民到后，便从首都警察厅长吴思豫手里得到了一封蒋介石列数其"罪状"并有其亲笔修改手迹的信件⑥，又从邵元冲口里得知："蒋先生想请胡先生辞立法院院长。"胡汉民坚决要求蒋介石出面，蒋出面后，两人激烈辩论到深夜。第二天，胡汉民具书"辞职"。当日，移送汤山软禁。3 月 8 日，移回

---

①②③④⑤ 《蒋介石日记》(手稿本)。

⑥ 《蒋介石致胡展堂书》原件，中国第二历史档案馆藏，以下行文，简称《蒋致胡函》或《致胡函》，不一一注明出处。

南京，仍然处于软禁状态中。

这就是20世纪30年代初著名的胡汉民“被囚”事件。早在同盟会时期，胡汉民就追随孙中山，献身革命，长期充任孙的助手，堪称“党国元老”。他当时任国民党中央常务委员、南京国民政府委员、立法院院长。“事发以后，举世骇然”①。他被软禁无异是南京政坛上的一次强震。

20年代末期至30年代初期的“党治”与“法治”之争

要了解蒋胡之争，首先必须了解孙中山的有关思想和蒋胡之争的历史环境。

孙中山是伟大的民主主义革命家，他的目标一开始就定位在将中国建设为世界上的头等民主国家。但是，他又认为，这个境界不可能一蹴而就，必须循序渐进。还在同盟会时期，孙中山和他的战友们即将中国实现民主和法治的进程分为军政、训政、宪政三个阶段。军政时期适用于革命军初起之时，军民共同受治于军法。训政时期适用于三年之后，各县军政府将地方自治权归之于当地人民，由人民选举地方议会议员及地方行政官员，同时制订约法，规定军政府和人民之间各自的权利和义务。宪政时期适用于全国实行约法六年之后，其特征为制定宪法，由国民公举大总统，公举议员，组织国会，一切国事，均依宪法而行。此后，孙中山对他的“三阶段论”作过多次说明，其大原则虽始终如一，但也出现了某些相异或模糊之处。

辛亥革命后，南京临时参议院迅速制订了相当于宪法的《临时约法》，它规定了此前中国从未出现过的一系列民主原则。但是，曾几何时，《临时约法》即被袁世凯和北洋军阀扔进了字纸篓。为了捍卫《临时约法》，孙中山曾多次发起护法运动，但是，也均一无所成，护法的旗号反而为曹锟、

① 《第四次全国代表大会与中国国民党之复兴》，国民党中央执监委员非常会议印行，1931年9月。

吴佩孚辈所利用。这种情况，其主要原因在于，中国社会源远流长和根深蒂固的封建传统和当时社会中强大的封建势力。但是，晚年的孙中山总结经验，却认为其原因在于人民没有经过必要的训练，“未经军政、训政两期，而即入于宪政”，他说：“不经训政时代，则大多数之人民久经束缚，虽骤被解放，初不了知其活动之方式，非墨守其放弃责任之故习，即为人利用陷于反革命而不自知。”他甚至说：“辛亥之役，汲汲于制定《临时约法》，以为可以奠民国之基础，而不知乃适得其反。”[①] 这一时期，他接受苏俄经验，比较多地强调“以党治国”，即所谓“党治”。

1924年1月，孙中山起草《建国大纲》时仅云：“（训政时期）得选举县官以执行一县之事，得选举议员以议立一县之法律”，没有出现“约法”二字。[②] 这就为后来滋生论争留下了缝隙。

1928年6月，蒋介石、冯玉祥、阎锡山等人所率领的国民革命军和平占领北京和天津，奉系军阀退出关外。至此，虽有东北和新疆的易帜问题有待解决，但大体上完成了全国统一。1928年8月，国民党召开二届五中全会，宣称军事告终，训政开始。会议决议，遵照孙中山“遗教”，迅速起草并颁布约法。[③] 10月3日，国民党中央常务会议通过胡汉民、孙科提出的《训政纲领》。该纲领规定：训政期间，以中国国民党全国代表大会为国家最高权力机关，代表国民大会行使政权；平日则将政权付托国民党中央执行委员会，由该委员会中的政治会议指导国民政府施行重大国务。同日，通过胡汉民等提出的《中华民国国民政府组织法》，规定国民政府设行政、立法、司法、考试、监察五院，其正副院长均由国民党中央执行委员会选任。这样，国民党就提出了一个完整的以一党专政为特征的政治体制。胡汉民的《训政大纲提案说明书》将这一点表述得很清楚、很坦率：“一切

---

① “制定建国大纲宣言”，载于《孙中山全集》第11卷，中华书局1981版，第102页。

② “国民政府建国大纲”，载于《孙中山全集》第9卷，中华书局1981版，第127页。

③ 荣孟源主编：《中国国民党历次代表大会及中央全会资料》（上），光明日报出版社1985年版，第534、543页。

权力皆由党集中，由党发施。"[①] 次年的有关决议甚至说"中国国民党独负全责"[②]。

1929 年 3 月 13 日，国民党第三次全国代表大会召开。胡汉民在开幕词中声称："总理给我们的遗教，关于党的，关于政的，已非常完全，而且事实上都已条理毕具。我们只要去奉行，只要摸着纲领，遵循着做，不要在总理所给的遗教之外，自己再有什么创作。"[③] 在这一思想指导下，会议"确定总理所著《三民主义》《五权宪法》《建国方略》《建国大纲》和《地方自治开始实行法》为训政时期中华民国最高之根本法"[④]。这样，孙中山思想就被凝固化、绝对化、法律化，而不能允许有任何发展和匡正。会议并就此作出说明，声称民国元年的《临时约法》当时就"不惬总理本意"，所以后来总理即"不复以约法为言"[⑤]，这就明确否定了训政时期有制订"约法"的必要，也否定了二届五中全会的决议。

胡汉民、蒋介石等推行的"党治"受到了自由知识分子和国民党内非主流派以及部分地方实力派的反对。

早在 1928 年 8 月，上海 48 个商业团体就曾组织请愿团，向国民党中央党部提出十项要求，其第一项即是"颁布约法"[⑥]。1929 年 5 月，胡适发表《人权与约法》，批评当时中国社会严重缺乏人权的现象：无论什么人，只须贴上"反动分子""土豪劣绅""反革命""共党嫌疑"等招牌，就可以任意侮辱其身体，剥夺其自由，宰制其财产；无论什么书报，只需贴上"反动刊物"的字样，就可以禁止。他要求制订宪法，至少，也应该制订训政时期约法，用以"规定政府的权限"和"人民的'身体、自由及财产'

---

① 《革命理论与革命工作》，第 416 页。

② 《革命文献》第 76 辑，台北中国国民党党史会 1978 年版，第 82 页。

③ 《国闻周报》，第 6 卷第 11 期。

④ 荣孟源主编：《中国国民党历次代表大会及中央全会资料》，光明日报出版社 1985 年版，第 654 页。

⑤ 荣孟源主编：《中国国民党历次代表大会及中央全会资料》，光明日报出版社 1985 年版，第 655 页。

⑥ 《商业请愿团请愿书》，上海钱业公会档案，卷 66。

的保障"①。

7月20日，胡适进一步发表《我们什么时候才可有宪法》，对孙中山手拟的《建国大纲》提出疑问。该文认为，民国十三年的孙中山"简直是完全取消他以前所主张的'约法之治'"。该文由此进一步地批评孙中山"根本不信任中国人民的参政能力"，其言论中有"根本性大错误"。文称："民国十几年的政治失败，不是骤行宪政之过，乃是始终不曾实行宪政之过；不是不经军政、训政两时期而遽行宪政，乃是始终不曾脱离扰乱时期之过。"胡适明确地要求迅速制订宪法。他说："我们不相信无宪法可以训政；无宪法的训政只是专制。"②

胡适的呼吁受到他的朋友罗隆基、马君武、张元济等人的支持。罗隆基称："人权破产是中国目前不可掩盖的事实。"他尖锐地提出："明火打劫的强盗，执枪杀人的绑匪"，其"蹂躏人权"的危害，"远不如某个人、某家庭或某团体霸占了政府的地位，打着政府的招牌，同时不受任何法律的拘束的可怕"③。同年12月，胡适将他自己和朋友们的文章编辑为《人权论集》。

胡适、罗隆基等人的批评锋芒直指国民党的"党治"，在当时的思想界掀起了要求民主、人权和法治的波澜。继胡适等人之后，国民党内的非主流派和地方实力派相结合，进一步掀起批判独裁，要求实行民主和法治的潮流。

国民党三大之后，以蒋介石、胡汉民为代表的国民党主流派掌握中枢，权倾一时，但是，以汪精卫为首的改组派和以邹鲁为代表的西山会议派则处于失势地位。他们以反对蒋介石的"专制""独裁"，要求"民主""法治"为名，积极进行反蒋活动。和他们站在一起的有晋系阎锡山、西北军冯玉祥、桂系李宗仁等地方实力派。1929年1月编遣会议后，他们的利益、

① "人权论集"，载于欧阳哲生编《胡适文集》(5)，北京大学出版社2006年版，第529页。

② "我们什么时候才可有宪法"，"人权论集"，载于欧阳哲主编《胡适文集》(5)，北京大学出版社2006年版，第539页。

③ "人权论集"，载于欧阳哲主编《胡适文集》(5)，北京大学出版社2006年版，第548页。

权力、地盘受到损害，因此，力图武力倒蒋。

1930年2月10日，阎锡山首先发难，提出“礼让为国”，要求蒋介石与自己同时下野。3月15日，冯玉祥部鹿钟麟等人通电，拥护阎锡山为陆海空军总司令。自然，南京国民政府视此为叛逆，下令通缉阎锡山，并于5月1日发布讨伐令，持续6个月的中原大战由此展开。同年7月13日，反蒋各派在北京联合成立国民党中央党部扩大会议。汪精卫等在《联名宣言》中指责蒋介石“背叛党义，篡窃政权”，将民主集中制变为个人独裁。宣言称：“本党目的在扶植民主政治，蒋则托名训政以行专制。人民公私权利剥夺无余，甚至生命财产自由一无保障。”①

8月7日，再次发表宣言，指责蒋介石借党治名义实行独裁，“号称训政，于今三年，而约法一字亦未颁布”。宣言称：“吾党提出民主政治四十余年，民国成立亦已十九年，而仍滞于极端专制之境，此诚吾党之大耻，而国民之大不幸。”宣言表示，决于最短期内按照孙中山遗教筹备召集国民会议，制订约法。② 汪精卫为此特别说明，孙中山晚年所批评的是民初制订的“实际即是宪法”的《临时约法》，至于《孙文学说》中所说“训政时期的约法”，其目的在于确定政府对人民的关系，限制政府对于人民的权利的干涉程度，仍为革命时代所必要。③ 汪精卫不是胡适，他不敢对孙中山稍有批评，只能在其学说的范围之内做文章。

9月1日，“扩大会议”诸人在北平成立以阎锡山为主席的“国民政府”。15日，成立包括罗文干、周鲠生等六名法学家在内的约法起草委员会，负责起草约法并向全国征询意见。其间，曾计划聘请胡适为起草委员，胡也认真地和罗作过讨论，意见“大致相投”④。

---

① “联名宣言”，载于荣孟源主编《中国国民党历次代表大会及中央全会资料》（上），光明日报出版社1985年版，第839页。

② 荣孟源主编：《中国国民党历次代表大会及中央全会资料》（上），光明日报出版社1985年版，第843、844、845页。

③ “起草约法的意义”，载于荣孟源主编《中国国民党历次代表大会及中央全会资料》（上），光明日报出版社1985年版，第881页。

④ 《胡适的日记》，1930年9月12日、10月11日，台北远流出版事业股份有限公司影印本。

在南北两个“国民政府”兵戎相见的关键时刻，张学良支持蒋介石，率兵入关。阎锡山被迫退回山西。汪精卫、邹鲁等眼看失败在即，决定抓紧时间演出最后一幕，向南京政权作一次“悲壮”的宣传战。10月27日，“扩大会议”在太原继续开会，通过约法起草委员会所拟《中华民国约法草案》，用以作为“宪法未颁布以前的根本大法”。该草案所规定的人民人身、财产、居住、集会、结社、言论等“私权”和选举、罢官、创制、复决等“公权”，在相当程度上体现出现代民主思想，与胡适等人权派的观点一致，而与南京国民政府一党专政下的情况迥然相反。《大公报》曾评之为“从理论言，此项草案实有许多优点”，“极合人权法理”，“比较任何国家现行宪法为周密”①。同日会议即将草案公布，“征求全国人民真实意见及正当评判”②。次日，汪精卫等人离开太原，转到天津、上海等地活动。

“扩大会议”的组成人员很复杂，其中大部分人员并不是民主派，其反蒋目的也并不都很纯洁，但是，他们是非主流派或在野派，在和主流派斗争时，有可能看到主流派所不可能看到或不愿意承认的现实，为争取民心，他们所批判的、所用以作为旗帜的，也可能反映出人民的某些要求或愿望。民主和法治是现代国家的基本特征。应该承认，“扩大会议”诸人对南京国民政府以“党治”为名而以专制、独裁为实的批判，对民主和法治的呼喊，以及太原“约法”的起草，等等，都在不同程度上曲折地反映出近代中国的历史发展要求。

胡适等人权派的出现，中原大战的爆发，“扩大会议”的召开，这一切表明，在当时的中国，要求制订约法不仅已经形成一股思潮，而且形成了一股势力，威胁着南京国民政府的统治地位。

---

① 《大公报》社评，1930年11月1日。

② 荣孟源主编：《中国国民党历次代表大会及中央全会资料》（上），光明日报出版社1985年版，第849页。

蒋胡在制订“约法”问题上的分歧与冲突

面对自由派知识分子和“扩大会议”派的“法治”要求，国民党主流派内出现了两种不同的态度。蒋介石企图接过胡适等人的口号，召集国民会议，制订约法；而胡汉民则坚持一贯主张，反对在当时召开国民会议，制订约法。

胡适要求制订宪法、批评孙中山的文章发表后，招来了国民党对自己的一场颇具声势的“围剿”，极端分子甚至要求将胡适逮捕法办。但是，蒋介石特予“优容”，没有采取任何措施。1930 年 10 月 3 日，蒋介石所率领的南京“讨逆军”克复开封，阎锡山、冯玉祥、汪精卫等人的失败已成定局。同日，蒋介石致电南京国民政府，前所未有地首先作出自我批评，声称“中正自维凉德，诚信未孚，对人处事，每多过误”。电报建议，在军事大定之后，赦免陈炯明、阎锡山之外的所有军事、政治上的“罪犯”，“取消通缉，复其自由”。电报甚至提出，共产党员个人如能“悔过自新”，“得有切实保证人”，可以“暂予缓刑”，三年之后，实无“犯罪行为”时，得确定赦免之。① 同日另电国民党中央，要求在短期内召集四中全会，讨论提前召开国民党第四次全国代表大会，以便进一步讨论召集国民会议，起草宪法，“准备以国家政权奉还于全国国民”等问题。蒋并提出，在宪法未颁布以前，先行制订训政时期适用的约法，“使《训政纲领》所规定，与《第一次全国代表大会宣言》中之《政纲》，益能为全国人民所了解”②。上述两电，通常称为“江电”。10 月 10 日，蒋介石发表文告，进一步作出革新姿态，声称“负责建国之中央，则尤必于讨逆胜利之后，紧接之以政治之刷新”③。

---

① 《中央日报》，1930 年 10 月 3 日。

② 《中央日报》，1930 年 10 月 8 日。

③ 秦孝仪：《蒋公总统大事长编初稿》卷 2，台北中国国民党中央委员会党史委员会 1984 年版，1978 年，第 331 页。

蒋介石的"江电"受到部分舆论赞许，视为"制度上之重要改革"，"开政治的解决之端"[①]。但是，却遭到胡汉民的顽强抵制。胡面谕中央通讯社负责人，"要等到中央常委会讨论决定后才能公开"[②]。该电到10月8日方见于《中央日报》。11月13日，国民党中央委员会三届四中全会开幕，蒋介石的提议虽被列为主席团提案，但在会前审查时，由于胡汉民力持异议，作了很多修改。15日，张群等人提案，支持蒋介石，要求采纳"扩大会议"等"反对者的意见"，立即召开国民会议，制订约法。提案称："今日通称党国，固非党高于国，或党即国之解释；党与国的机关，不能混合。"又称：召开国民会议，可以密切国民党和人民的关系，增进与人民的团结。该提案还对三全大会将孙中山遗教定为"最高之根本法"的有关决议明确地提出异议，认为孙中山的遗著"不含法律性质者亦复不少"[③]。但是，该案遭到胡汉民的强烈反对，胡称：该案已经三全大会决定，不必讨论。他并称：孙中山所指约法，乃是军政时期，对军政府而言；民元时期的"约法"就是宪法，"非我们之约法"，"总理在《建国大纲》内，就没有提到约法两个字，而单讲训政了"[④]。

胡汉民在国民党三届四中全会的有关发言不是偶然的。早在1928年，他就在《训政大纲提案说明书》和有关演说中批判民初制订《临时约法》的举措，强调必须坚持孙中山设计的"训政程序"，反对"躐等而上"[⑤]。1929年9月23日，他在一天中两次发表演说，重申孙中山晚年的观点，指责民初制定《临时约法》，"不遵守总理训政方案，已误国家"。他说：人民必须首先受训练，"到了能运用自治民权，方能有宪法"；如果"人民不知如何运用参政权，宪法岂不是假的"。他并以三全大会的决议为依据，不

---

① 社评"蒋请开国民会议之江电"，胡适存剪报，见《胡适的日记》，1931年10月7日。

② 程思远：《政坛回忆》，广西人民出版社1983年版，第43页。

③ 国民党三届四中全会速记录，转引自蒋永敬《胡汉民先生年谱》，台湾商务印书馆1981年版，第493~494页；参见《中国国民党第三届中央委员会第四次全体会议记录》，中央执行委员会秘书处编印，第19页。

④ 蒋永敬：《胡汉民先生年谱》，台湾商务印书馆1981年版，第496页。

⑤ 胡汉民：《革命理论与革命工作》，上海民智印刷所1932年版，第411、403页。

点名地批评胡适等人，声称“总理的一切遗教就是成文的宪法”，“如再要另外一个宪法，岂非怪事”[①]！

1930年1月，南京国民政府法制委员会委员长集易堂提出《人权法原则草案》13条，拟作为“实质约法”的一部分，但是，在胡汉民主持召开的国民党中常会上，此案也以上文同样的理由被决定“缓议”[②]。对于“扩大会议”诸人提出的制订约法的主张，胡汉民更斥之为“胡闹”，再次强调，孙中山的“主要遗教”已被定为“效力等于约法的根本大法”，不应将之“一齐搁开，另寻一个所谓约法”[③]！

由于胡汉民的反对，国民党三届四中全会未能就是否制订约法一事作出决定，仅议决于次年5月5日召开国民会议。会议通过的蒋介石有关提案也是模糊的。这次会议，蒋虽被加推为行政院长，但“江电”所提召开国民党四全大会等意见，或被否定，或被搁置。

三届四中全会结束后，蒋介石加紧筹备召开国民会议。1930年12月末，国民党中央常务委员会通过国民会议代表选举法，次年1月，成立国民会议代表选举总事务所，以戴季陶为主任，孙科为副主任。2月15日，加派陈立夫为总干事。按蒋介石的意思，这个国民会议仍然要制订约法。但是，胡汉民继续持反对态度。1月5日，胡汉民在立法院演讲，列述孙中山的有关主张，而不及约法二字。他说：“关于国民会议的一切，无论是会议前的召集，会议中的讨论，必须完全遵依总理的遗教。”[④] 他表示，希望大家“能深识国民会议的性质、组织效能，避免许多无谓的误解”[⑤]。话虽含蓄，意思是明确无误的。

2月24日，胡汉民、戴季陶、吴稚晖、张群等在蒋介石处聚会，商讨约法问题。张群力主“立宪救国”，受到胡汉民的强烈批驳。胡称自己是

---

① 《中央日报》，1929年9月24日。参见胡汉民“从党义研究说到知难行易”，载于《革命理论与革命工作》，第132~133页。

② 《胡适的日记》，1930年1月29日附存资料。

③ “国家统一与国民会议之召集”，载于《中央周报》第124期。

④ “遵依总理遗教开国民会议”，载于《中央日报》，1931年1月13日。

⑤ “遵依总理遗教开国民会议”，载于《中央日报》，1931年1月21日。

"真的为约法宪法而奋斗者"，但他坚持当时条件不够，"各项法律案还没有完备"，"军权高于一切"，"约法这件东西，寒不能为衣，饥不能为食，有而不能行，或行而枉之，只于人民有害"①。同日，《中央日报》记者访问胡汉民，征询胡对于国民会议的意见。胡称："我追随总理数十年，总理之重要著作，我亦曾参加若干意见，从未闻总理提及'国民会议应讨论约法'一语。"他提出，国民会议的议题只应限于孙中山手定的三项：谋中国之统一；谋中国之建设；废除一切不平等条约。② 这就将他反对国民会议讨论约法的态度彻底公开了。

胡汉民的态度使蒋极为愤怒。2 月 25 日胡汉民谈话见报的当天，蒋介石即在日记中写道："彼坚不欲有约法，思以立法院任意毁法、乱法，以便其私图，而置党国安危于不顾。又言国民会议是为求中国之统一与建设，而不言约法，试问无约法何能言建设！"28 日，他在《致胡汉民函》中尖锐地责问说："遍查各国历史，在革命政府成立而统一亟需巩固之时期，是否均有一全国国民公守之大法？今即退一步而政府不提出训政时期之约法案于国民会议，亦必由国民会议自身决定应否议及约法，乃先生必欲剥夺国民会议提及约法之权，是直欲限制国民会议，压迫国民会议，使国民会议之真意全失，仅欲为捣乱者再留一为约法而战之题目而已。"③

蒋介石高度评价约法的作用，称之为"本党与中国生死存亡之最大关键"④。他认为，孙中山晚年并无不要"约法"的主张。日记云："总理革命，不欲民国元年参议院之约法，而主张重订训政时期之约法，重订革命之约法，而非不欲约法也。"⑤ 他和汪精卫一样，也只能在孙中山思想的范围内做文章。

蒋介石虽然早年就参加辛亥革命，但始终并无多少民主思想。他此际

① "胡汉民自传续编"，载于《近代史资料》1983 年第 2 期，第 54 页。
② "胡院长谈国民会议意义"，载于《中央日报》，1931 年 2 月 25 日。
③ 《蒋介石致胡展堂书》，亲笔修改本。
④ 《蒋介石关于胡汉民辞职的报告》，中国第二历史档案馆藏。
⑤ 《蒋介石日记》（手稿本），1931 年 2 月 25 日。

之所以重视约法，主要是中原大战和北平扩大会议的刺激。《致胡函》称：他的“江电”是“积数十万将士之鲜血、战地无数人民之牺牲，疮痍满目，痛定思痛，惩前毖后，滴滴血泪之所成”。这段话虽不无美化自己之嫌，但道出了他的“政治刷新”主张和中原大战之间的关系。同函又称：“两年以来，党国多故，叛变纷起”，“不能不为拔本塞源之计，以求战祸之永不复行”。这段话比较真实地道出了问题的实质。中原大战是国民党统一中国后第一次大规模的军阀混战。双方动员兵力高达160万人，其中“逆军”伤亡20万，“讨逆军”伤亡近10万。它不仅造成了人民生命财产的巨大损失，也严重威胁着以蒋介石为首的南京国民政府的统治。在这种情况下，蒋介石不得不接过政敌的口号来，力图以此争取人心，剥夺反对派的借口，从而稳固自己的统治。

这一时期，蒋介石思想中确有某些“刷新”的念头。除赦免军事、政治犯、制订约法外，废除国民党代表大会的指定和圈选制度亦是一例。

国民党采用指定或圈选制由来已久。第三次全国代表大会共有代表406人，其中指定者211人，圈定者122人，选出者仅73人。当时就受到不少地方党部的反对。三全大会甫经闭幕，所谓“护党救国第一方面军”等反蒋力量即乘时而起。北平扩大会议宣言更称：“本党组织为民主集中制，蒋则变为个人独裁。伪三次代表大会指派圈定之代表数在百分之八十以上。”① 针对这种情况，蒋介石曾在日记中写道：今后“各省党部选举绝对自由，不再圈定，而一切议案亦绝对公开”。他还表示，即将召开的国民会议“必须自由提案，自由决议，不加限制”②。

尽管蒋介石的目的是“阏绝乱源”，巩固统治，但是，赦免军事、政治犯，制订约法，自由选举、自由提案，议案公开，等等，毕竟是在向着现代民主和法治前进。他在“江电”中重提曾作为国共合作基础的《国民党

---

① 荣孟源主编：《中国国民党历次代表大会及中央全会资料》，光明日报出版社1985年版，第839页。

② 《蒋介石日记》（手稿本），1931年2月15日。

第一次全国代表大会宣言》，也颇有耐人寻味之处，无奈蒋介石专制、独裁成性，一遇到反对意见，他就又用起老套路来了。

蒋胡矛盾的其他方面

除了约法之争，蒋胡矛盾还有其他一些方面：

第一，胡汉民多次批评国民党、国民政府行政院和蒋介石本人。南京国民政府成立后，即以“造成廉洁政府”相号召。2月16日，胡汉民发表演讲，指出四年中不曾检举过一个贪官污吏。他质问道：“我们能相信今日之政府，是真实廉洁了吗？政府之下的公务人员，是真实都奉公守法了吗？不待言，是一个绝大的疑问。”① 同日，又在国民党中央党部发表演讲称：“目前我们党的生气，似乎一天一天在那里消沉了。”“从前国民党包办一切，不许人家来染指，现在则包而不办，形成了一个特殊的阶级。”② 胡汉民当时此类言论很多，最尖锐者为批评南京国民政府“政不成政，教不成教”，这使蒋大为不满，指责其“谤毁行政院”，“漫肆讥评”，“若必欲使中央信用丧失，革命无由完成而后快者”③。在国民党历史上，胡汉民是老资格，而蒋介石只是后生小辈，因此，胡汉民对蒋介石批评、教训起来也常常不留余地，蒋介石对此尤为恼火，指责其“以政治一切罪恶推于中正一人之身，而以军人不懂政治之诽谤，诋之于中外人士之前”④。

第二，胡汉民反对召开国民党第四次全国代表大会，要求蒋介石辞退国民党中央组织部长一职。“江电”中：蒋要求提前召开国民党四全大会，胡反对；及至法定时间已到，胡仍然反对。其原因，据蒋称，是由于胡要求蒋辞退国民党中央组织部长一职未能如愿。《致胡函》称：“先生尝对中正等自诩政治手腕，惟史太林差可比拟，其不欲第四次代表大会早为召集，

---

① “监察权意义及其运用”，载于《中央日报》，1931年2月20日。
② “党的训练问题”，载于《中央日报》，1931年2月23、24日。
③ “蒋介石致胡展堂书”，载于《蒋介石日记类钞》，1931年2月25日。
④ 《蒋介石关于胡汉民辞职的报告》。

是否以强迫中正辞退组织部未遂所欲，乃致先生之个人布置未周妥，所以模仿史太林者尚须逐渐准备?”

第三，胡汉民企图以立法院牵制以蒋介石为首的行政院。胡汉民认为：“立法者只该忠于党，忠于国，忠于由法律案所产生的政治设施。”① 他企图以立法来限制行政，补救行政的过失。对此，蒋介石指责其为“阻碍革命，破坏《建国大纲》之精神”②。《致胡函》称：“今先生对于政制之应单纯简捷者，必使之复杂纷纠，以致一切政治皆东牵西制，不能运用自如。”“必欲以五院院长牵制行政，且皆欲以立法院主张是从，而以立法院为国民政府之重心。”

第四，立法院搁置《邮政储金法》。1930 年，行政院交通部曾将《邮政储金法》交立法院审议，但胡汉民认为，邮政储金关系国家财政的周转和挹注，因此，持审慎态度，该案始终未获通过。对此，蒋介石指责说：“行政院要案，有搁置一年之久不得通过者。”③

第五，立法院对《中日关税协定》提出质疑。南京国民政府统一全国后，即推行“改订新约”运动，企图修改近代以来列强陆续加在中国身上的不平等条约。其内容之一是改订关税条约，实现关税自主。但是，南京国民政府的这一正当要求却遭到了日本政府的蛮横拒绝。经过艰难谈判，直到 1930 年 5 月，日本才在列强中最后一个与中方签署协定。中方承诺每年从海关税收中提取 500 万元，用以偿还北洋政府向日方的借款，同时允诺三年内不提高日本对中国出口的主要货物的关税率；日本则承认中国的关税自主权。④ 由于让步较大，立法院提出质问，蒋介石当时在前方，命人询问胡汉民：“军情紧急，胡先生这样干，是不是想推翻政府?”⑤ 胡对来人答称：“签订法律案，不经立法院认可，是违法。”他指责主持谈判的外

---

①② “胡汉民自传续编”，载于《近代史资料》1983 年第 2 期，第 56 页。

③ 《蒋介石致胡展堂函》，中国第二历史档案馆藏 。

④ 王铁崖：《中外旧约章汇编》第 3 册，生活·读书·新知三联书店 1982 年版，第 798 ~ 805 页。

⑤ “胡汉民自传续编”，载于《近代史资料》1983 年第 2 期，第 49 页。

交部部长王正廷"昏聩糊涂，擅签协定"，建议撤职查办。[①] 对此，蒋介石指责为"反对外交，妨碍税法，搁置要案，不与通过"[②]。

第六，胡汉民反对以官职为手段拉拢东北将领。1930 年，为了动员张学良出兵攻打"扩大会议"诸人，蒋介石曾于当年 6 月提名以张为陆海空军副司令。中原大战结束后，张学良于同年 11 月到南京，蒋介石又准备提拔张的部属为国府委员及部长，对胡表示："要与汉卿合作，非这样办不可。"但胡立即驳蒋说："在一个政府的立场，不应该用这种拉拢凑合的卑劣手段"，"合作并不在分配官职，国家的名器也不应该这么滥给人，而且既然是一个中央政府，在'中央'的意义之下，对于国内的任何个人，都谈不到什么'合作'。"[③] 对此，蒋介石指责为"阻碍和平，破坏统一"。《致胡函》称："当统一告成，东北竭诚拥护中央，我中央正宜开诚相与，示以大公，使各省心悦诚服，怀德知威，不致再启纠纷，贻祸党国，使我人民得有休养生息之机。乃先生褊狭怀疑，必曰东北无诚意，严防固拒，屏诸化外，凡有提议东北之人与东北之事者，先生必从中阻挠，竭力反对。推先生之意，若必欲使中央失信于东北，引起东北对中央之恶感，使中央原定之和平政策不能实现，军政不能统一，党国永无安宁之日，诚不知先生是何居心也?"

第七，反对蒋介石提出的"赦免军事、政治犯"的方案。胡汉民认为，蒋的方案过于宽大，在制订《政治犯大赦条例》时没有完全采纳其意见。对此，蒋介石指责说："其对于赦免政治、军事犯亦多不赞成，今《大赦条例》与余'江电'条例相左甚多，以胡同志要主张如此，故中央同志亦无所异议。"[④]

蒋介石对胡汉民的指责尚多，如"任意破坏财政"，包庇援引廖仲恺案

---

① 《近代史资料》，1983 年第 2 期，第 49 页。

② 《蒋介石日记》（手稿本），1931 年 2 月 25 日。

③ "胡汉民自传续编"，载于《近代史资料》1983 年第 2 期，第 47 页。

④ "蒋介石关于胡汉民辞职的报告"；参见"香翰屏揭破蒋中正挑拨离间电"，载于《为什么讨伐蒋中正》，国民党广东省党部执行委员会宣传科编印，1931 年，第 66 页。

的嫌疑分子，引用许崇智，接济曾计划谋害蒋介石的陈群、温建纲等。或无事实，或非事实，本文不拟一一列举。

南京国民政府成立后，蒋胡之间曾经有过一段密切的合作时期，也逐渐积累了若干矛盾，涉及许多方面。但是，在各项矛盾中，胡对蒋的批评和牵制则是招致蒋不满的主要原因。一直到1934年，蒋还在日记中恨恨地写道："五院制乃总统集权制之下方得实行。否则未得五权独立之效，而必起五院斗争之端；未得五权互助相成之效，而反生五院牵制纠纷之病。胡汉民不明此理，专以私心自用，竟至党国衰败，而无法建立健全之中央，其肉岂足食乎！"① 蒋是个独裁主义者，追求、神往的是大权在握、个人专断的"总统集权制"，岂能容得别人的批评、牵制和反对呢！

软禁胡汉民事件的影响

软禁胡汉民的当晚，国民党中央执行委员全体到蒋宅赴宴，得知胡汉民的"罪状"后，相顾失色，"皆噤不作一言"②。蒋称："诸同志既认展堂举动不对，应即请其辞职。"他提议于明日召集中常会，推举林森继任立法院院长，邵元冲继任国民政府委员兼立法院副院长。诸人仍不敢开口。蒋称："诸同志既一致同意，明日即照此办吧！"③

陈立夫依仗他和蒋多年的密切关系，客散后拉着叶楚伧去见蒋，叶仍然一句话不说，陈也不敢提出相反意见，只劝蒋"就此罢手，千万不要走极端"，"再予监禁是不妥的"。但蒋一不做，二不休，盛气表示："已经做了，就没有办法再掩饰了。"④ 3月2日，蒋介石在国民政府纪念周报告，"面带怒容"⑤，指责胡汉民"在中央未有具体决议以前，徒凭个人见解，

① 《蒋介石日记》(手稿本)，1934年6月9日。
②③ 《邵元冲日记》，上海人民出版社1990年版，1931年2月28日。
④ 《陈立夫回忆录》，台湾正中书局1994年版，第174页。
⑤ 《国闻周报》，第8卷第9期。

发为国民会议不当议及约法之言论”[①]。蒋报告后，国民党中央随即召开临时常务会议，通过蒋介石、戴季陶、于右任、蔡元培、孙科等12人提议，决定召集国民会议，“排除一切困难与谬见”，确立约法，推吴稚晖、王宠惠等11人为约法起草委员。会议同时通过决议，声称“胡汉民同志因积劳多病”，“不足膺重要繁剧之任”，辞去本兼各职。[②] 据孙科回忆，会议情况是：“半点钟之久，无一发言，后蒋作默认，糊涂通过。”[③] 3月9日，蒋介石再次在国民政府纪念周报告，一方面继续用“辞职”说掩盖暴力软禁的真相，一面大肆鼓吹“党员、官吏无自由”论，声称：“革命的党和革命的政府，因为革命的需要”，“随时可以限制党员与官吏各人的自由”，“所以胡同志的行动是否自由，不是什么重大的问题”，云云。[④]

软禁胡汉民是中国30年代初期的一次典型政治事件，国民党的一党专政进一步发展为个人独裁。自此，南京国民党中央和国民政府仅存的一点民主气氛扫地以尽。国民党元老们记取教训，“咸袖手结舌，莫敢一言”[⑤]。

然而，任何独裁统治的力量又都是有限的。人们在辇毂之下的南京无法吭声，但是，在蒋介石鞭长莫及的地方就无所顾忌了。

从3月3日起，属于改组派系统的上海《华东日报》连续发表评论，抨击蒋介石的“独断专行”，认为“欲谋解放，除彻底反对个人独裁，实现民主政治外，绝无他道可循”[⑥]。天津《大公报》也发表评论，认为“政治意见既不能无争，要当以言论为工具，以多数决从违”，“轨道内之论争，无论党治、法治之国家胥应允许。盖不如此，则政治必腐化，国家必退

---

① “蒋主席报告约法问题”，载于《中央日报》，1931年3月4日。

② 《国民党中央执行委员会第130次常务会议记录》，油印本，台北国民党党史会藏；参见《中央日报》，1931年3月3日。

③ “胡展堂先生被扣事件发生之经过”，载于《为什么讨伐蒋中正》，国民党广东省党部执行委员会宣传科编印，1931年，第100页。

④ 《反蒋运动史》，台湾李敖出版社1991年版，第260~261页。

⑤ 孙科：“致蒋介石电”“反蒋运动史”，第300页；参见《陈立夫回忆录》，台湾正中书局1994年版，第175页。

⑥ 《华东日报》，1931年3月16日。

步”[1]。8 日，上海各省公团驻沪联合办事处通电指出：“专制民主，誓不两立”，要求南京各院长，各部长，“去职远引”，“勿为一姓之走狗”[2]。同月底，中国国民党党权运动总同盟发表《讨蒋宣言》，要求开除蒋介石党籍，撤销其本兼各职。[3]

古应芬是胡派重要人物，软禁事件发生后，他最早致电蒋介石表示不满，旋即在广东联络陈济棠、邓泽如、萧佛成等人组织“策划机关”，研究救胡及组织“西南政府”方案。[4] 4 月 30 日，邓泽如、林森、萧佛成、古应芬等 4 人以国民党中央监察委员会委员身份联名通电，弹劾蒋介石有“违法叛党”等六大罪状。5 月 3 日，陈济棠以第八路总指挥的名义，率领所部陆海空各军将领联名通电，要求蒋介石“引退”。11 日，桂系李宗仁、白崇禧率张发奎等全体将领通电，声援陈济棠等，声称“本军业经下令动员”，愿与各方袍泽“趁时奋起，会师长江，底定金陵”。

“扩大会议”诸人自离开太原后，反蒋活动的重点转入舆论宣传方面。汪精卫于 3 月 14 日发表宣言，指责蒋介石“一面摆酒请客，一面拔枪捉人，以国民政府主席，而出于强盗绑架之行径”[5]。其后，连续发表文电，以“颠覆个人独裁，树立民主政治”及“恢复民主集权制”相号召，呼吁各反蒋派系联合起来。[6] 他探悉粤方酝酿反蒋后，即积极表示愿意参加。广东方面秘密征询胡汉民的意见，胡表示同意。[7]

南京国民政府内部此际也发生分化。孙科原是蒋倒胡依靠的人物，但他由于看不惯蒋的作为，离宁赴沪，消极抗议。5 月 5 日，致电蒋介石称：“历代各国元首罪己，事本平常”，要蒋“自讼自劾”[8]。21 日，秘密偕唐

---

① “政治之正轨与常道”，载于《大公报》，1931 年 3 月 5 日。
② 《反蒋运动史》，台湾李敖出版社 1991 年版，第 274 页。
③ 《反蒋运动史》，台湾李敖出版社 1991 年版，第 273 页。
④ 《程天固回忆录》，香港龙门书局 1978 年版，第 226 页。
⑤ 《反蒋运动史》，台湾李敖出版社 1991 年版，第 282 页。
⑥ 《反蒋运动史》，台湾李敖出版社 1991 年版，第 297、314 页。
⑦ 《程天固回忆录》，香港龙门书店 1978 年版，第 231 页。
⑧ 《反蒋运动史》，台湾李敖出版社 1991 年版，第 301 页。

绍仪、许崇智、陈友仁离沪赴港，和汪精卫、白崇禧等会面，讨论两广合作讨蒋问题。此后，他即成为西南反蒋阵线中最激烈的人物，演说中有云："蒋不是寻常老鼠，是一个疫鼠，传染甚速，倘我们不忍些痛，急扑杀之，则全国皆亡不可！"①

联络既有端绪，唐绍仪、邓泽如、古应芬、林森、萧佛成、汪精卫、孙科、陈济棠、许崇智、李宗仁、陈友仁等于25日联署，通电要求蒋介石在48小时之内下野。27日，汪精卫、孙科、邹鲁等在广州召开"国民党中央执、监委非常会议"，成立"国民政府"。除了原北平扩大会议的人马之外，又新增了一批反蒋分子，形成国民党内非主流派系的更大联盟。一个北平，一个广州，前后两个反蒋的"国民政府"，用以号召的旗帜都是"民主"与"法治"。

由于"九一八"事变的爆发，广州非常会议所成立的"国民政府"虽然很快撤销了，但是，宁粤对立的局面却一直延续到1936年，长达五年之久。

余 论

"民主"与"法治"是国家现代化的重要内容，也是现代历史的基本走向。法律不是万能的，但是，在现代社会生活中，法律又是极为重要的。其中，约法、宪法等"根本大法"规定国家和社会生活的基本民主原则，规范执政者和人民彼此的权利义务，就尤为必要而不可缺。在强权统治下，法律有时会成为具文，但是，它提供了人民保护自己、揭露强权的武器，还是比无法好。因此，20世纪20年代末，胡适等人要求在国民党统治下制订约法或宪法，保障人权，虽有其局限，但却是中国现代化进程中的合理要求。扩大会议承继这一要求，以之作为反蒋口号，正是看到了这一不可逆转的历史趋势。蒋介石将这一口号接过来也是看到了这一不可逆转的趋

① 《为什么讨伐蒋中正》，国民党广东省党部执行委员会宣传科编印，1931年，第102页。

势，但是，中国长期处于专制统治之下，个人专断和独裁已经成了一种思维定式和行为定式。当蒋介石与胡汉民发生政见分歧时，既不能诉诸民主的协商和讨论，又不能诉诸辩论与表决，而是无限上纲，暴力软禁。原本是追求民主和法治的努力（虽然是表面上的和形式上的），却变为反民主、反法治的演示。这一事件深刻地说明了现代中国民主进程的长期性和复杂性。

胡汉民与蒋介石的矛盾不仅是复杂的，而且是多重交叉的。就胡汉民将孙中山“遗教”绝对化，反对在当时制订约法来说，他不懂得现代的民主和法治，但是，他又企图运用现代的多权分立制度来反对蒋介石的个人独裁。就蒋介石来说，他准备召开国民会议，制订训政时期约法，显示出他企图迈上民主和法治的道路，或者说，他企图以民主和法治来装点门面，但是，当他遭到牵制，面临反对意见时，他又用粗暴的办法践踏了现代民主的原则。

附记：对胡汉民事件，蒋介石后来曾多次追悔。1941年4月5日《上星期反省录》云：“对溥泉斥责事，愧悔不知所止。此为余每十年必发愤暴戾一次之恶习。回忆民十对季陶，民廿年对汉民，而今民卅对溥泉之愤怒，其事实虽不同，而不自爱重之恶习则同也。”又同年6月9日日记云：“（民国十九年冬）当时讨平阎、冯叛乱以后，乘战胜馀威，应先积极统一各省军、民、财各政，而对中央内部谦让共济，对胡特予信任与尊重，以国府主席让之，则二十年胡案不致发生，内部自固矣。”

蒋介石拒绝以蒋经国交换牛兰夫妇

蒋介石1931年12月16日日记云：

苏俄共产党东方部长，其罪状已甚彰明。孙夫人欲强余释放而以经国遣归相诱。余宁使经国投荒，或任苏俄残杀，而决不愿以害国之罪犯以换亲儿。绝种亡国，天也，余何敢妄希幸免！但求法不由我毁，国不为我所卖，以保全我父母之令名，无忝此生则几矣。区区嗣胤，不足撄吾怀也。

这一则日记涉及当时的一项重大事件。

20世纪20年代，国共合作之际，苏俄和共产国际曾向中国派出过许多顾问，参与中国革命，加伦将军、鲍罗廷、罗易就是其中的重要代表。1927年，国共两党关系破裂，苏俄顾问回国。其后，苏俄即通过其在华使馆和各地的领事馆继续予中共以支持。1927年12月，因苏俄驻广州副领事哈西斯在幕后指挥中共在广州暴动，国民党军冲进领事馆，将其捕杀。南京国民政府随即宣布断绝与苏联的关系。此后，共产国际陆续召回了其在中国的代表。

1928年6月，中共在莫斯科召开第六次代表大会，向斯大林提出，要求共产国际继续向中国派出其代表。1929年2月，共产国际东方部在上海成立远东局，借此帮助中共中央工作，同时，负责联络东方各国共产党。远东局下设政治部与联络部。联络部主任为阿布拉莫夫（Abramor），其手下工作人员有牛兰（Hilaire Naulen）夫妇等。牛兰，原名雅科·然德尼科，又名保罗·鲁埃格（Paul Ruegg），原籍波兰，曾在共产国际南洋局工作，1930年3月奉调来华，在阿布拉莫夫手下当联络员，负责管理秘密电台、交通及经费等事项，同时兼任红色工会国际分支机构泛太平洋产业同盟秘书处秘书。1931年6月15日在上海四川路235号寓所内被公共租界巡捕房逮捕。8月9日，在上海高等法院第二法院受审。14日，由上海警备司令部移解南京。

牛兰夫妇被捕后，国民党当局以为抓到了一个大人物。他的职务被说成为共产国际远东局负责人，不仅指挥中共南方局，而且指挥中共长江局及北方局，就连印度、菲律宾、马来亚、朝鲜、安南、日本等地的共产党，也均在其管辖之下，每年活动经费有50亿元之巨云云。上引蒋介石日记所称“苏俄共产党东方部长”，即指牛兰。

为了营救牛兰夫妇，中共保卫部门和苏联红军总参谋部上海站迅速共同制定了计划，由潘汉年和该站工作人员里哈尔德·左尔格共同负责。此后，宋庆龄即与他们密切配合，为营救牛兰夫妇做了许多工作。

宋庆龄于1931年7月因母丧自德国回国，8月13日到达上海。没过几天，即接到德国著名作家德莱塞、劳动妇女领袖蔡特金以及珂勒惠支教授等多人来电，要求宋庆龄设法营救牛兰夫妇。蔡特金在电报中说：“因为您是伟大的孙逸仙理想的真实的承继者，我希望你会热心努力地救援泛太平洋产业同盟秘书局的工作人员。”蒋介石日记表明，宋庆龄曾于当年12月到南京，面见蒋介石，提出以遣返蒋经国作为释放牛兰夫妇的交换条件。

蒋经国为毛氏所生，蒋纬国为日女重松金子所生。在这两个孩子中，蒋纬国由于活泼天真，更多地赢得蒋介石的疼爱，但是，蒋经国是蒋介石的亲骨肉，因此，蒋介石对他的希望最大，教育也抓得最紧。不妨摘录蒋介石日记及其部分家信：

1920年2月7日：“下午，与枕琴先生定经儿课表。”

1920年3月4日：“下午，定经儿课表。”

1920年4月2日：“写示经儿函。”

1920年8月30日：“经儿在江天轮次谒省，其言语举止，颇为明亮着重，心甚爱焉。”

1920 年 11 月 30 日：“下午，谈起教育经儿事，母言陈腐，此儿恐为所害，言之心痛。”

1922 年 3 月 3 日：“经儿已考入万竹小学四年级，颇为喜慰。”当日，致函蒋经国，要他每日印写楷书一二百字，并用心学习英文。

1922 年 9 月 13 日，寄函蒋经国，要他勤奋读书、习字，熟读《论语》《孟子》等“四书”以及《左传》《庄子》《离骚》等书。函称：“目今学问，以中文、英文、算学三者为最要，你只要能精通这三者，亦自易渐渐长进了。”

1923 年 2 月 24 日：“经儿去沪就学。”

1923 年 8 月 10 日：“复谕经儿。近日经儿学业颇有进步，可慰。”

1923 年 11 月 27 日：“致经儿长幅书。”函称：“凡是所学的东西，总要能够应用才好。如其单是牢记其方法成句，而不能应用，那学问也就枉然了。”

1924 年 5 月 1 日，寄函蒋经国，询问其“曾看曾文正家训否”。

1924 年 5 月 30 日，寄函蒋经国。函称：“曾文正公言办事、读书、写字，皆要眼到、心到、口到、手到、耳到，此言做事时，眼、心、口、手、耳皆要齐来，专心一志，方能做好。”

1925 年 8 月 13 日：“经儿今日与汪婴侄等去沪，北上就学。”

1925 年 10 月 1 日：“复谕经儿，准其赴俄留学。”

蒋经国赴苏后，进入莫斯科孙中山大学留学，时年 16 岁。次年，他曾写信报告学习情况，蒋介石很高兴，6 月 13 日日记云：“接经儿禀，文理甚有进步，递与静江兄阅之。”1928 年，蒋经国进入列宁格勒苏联红军军政大学学习，1930 年毕业。1931 年，因与驻共产国际中共代表王明对立，被送至莫斯科郊外的石可夫农场劳动。次年，又被送到西伯利亚。至此，蒋经国离开中国已经五六年了。

尽管 1927 年“四一二”政变后，蒋经国曾痛骂蒋介石，宣布与其断绝父子关系，但是，蒋介石还是怀念这个儿子。

1931 年 1 月 25 日日记云："余少年未闻君子大道，自修不力，卒至不顺于亲，不慈于子，迄今悔已难追。"

同年 11 月 28 日日记云："迩来甚念经儿。中正不孝之罪，于此增重，心甚不安。"

又，12 月 3 日日记云："近日思母綦切，念儿亦甚。中正死后，实无颜以见双亲也。"

又，12 月 14 日日记云："晚间，以心甚悲伤，明日又是阴历十一月初七先妣诞辰，夜梦昏沉，对母痛哭二次。醒后更念，不孝罪大。国乱身孤，痛楚而已。"

又，12 月 15 日日记云："余心剧度凄酸，以手造之国家，辛劳八年，死伤部下 30 余万，犹亲生扶长之子欲使一旦放弃不能相见。经国赴俄不归，民国犹在孩提。今日又为先母六十八岁诞辰。呜呼！于国于党为不忠，于母为不孝，于子为不慈，自觉愧怍无地，未知以后如何为人以报答亲恩与党国也。"

又，12 月 27 日日记云："尝思传世在德行与勋业，而不在子孙。前代史传中圣贤豪杰、忠臣烈士每多无后，而其精神事迹，卓绝千秋，余为先人而独念及此，其志鄙甚。经国如未为俄寇所害，在余虽不能生见其面，迨余死后，终必有归乡之一日。如此，则余愿早死，以安先人之魂魄。"

又，12 月 31 日日记云："心绪纷乱，自忖对国不能尽忠，对亲不能尽孝，对子不能尽慈，枉在人世间，忝余所生，能不心伤乎！"

这一段，大概是蒋介石一生中最倒霉的时期之一。由于软禁胡汉民，汪精卫、孙科等在广州造反，另立国民政府；由于采取不抵抗政策，日寇轻易地占领了东三省。因此，蒋介石不得不引咎辞职。正像他在日记中所述，心情极度悲凉。他不仅痛惜失去了民国的元首宝座，也想起了留俄不归的儿子。古语云："夫不孝有三，无后为大。"蒋介石是儒学伦理的遵奉者，他担心拒绝宋庆龄的建议，会导致苏方加害于蒋经国，使自己陷于"无后"境地。不过，尽管如此，他还是坚决拒绝以蒋经国交换牛兰夫妇，显示了他坚决反共和性格中的倔强一面。

以蒋经国交换牛兰夫妇，这一主意显然来自莫斯科。牛兰夫妇被捕后，莫斯科不仅动员了许多国际知名人士出面营救，而且愿意以蒋经国交换，这一事实说明牛兰夫妇在共产国际中有相当重要的地位。同时，这一条件通过宋庆龄提出，也显示出宋和莫斯科方面的密切关系。有材料说，宋庆龄是共产国际发展的秘密党员，这是可能的。

蒋介石虽然拒绝了宋庆龄交换的建议，但是，他还是希望蒋经国能够回来，也相信能够回来。1934 年 2 月 13 日日记云："今日者母亡家破，子散国危。若不奋勉，何以对先人？何以见后嗣，勉之!" 同年 7 月 7 日，和宋美龄谈到自己死后的家事，立下遗嘱说："余死后经国与纬国两儿皆须听从其母美龄之教训。凡认余为父者，只能认余爱妻美龄为母，不能有第二人为母也。" 8 月 15 日日记云："近日病中，想念两儿更切，甚望其能继余之业也。" 可见，蒋介石虽然作了蒋经国在苏联被杀的最坏准思想备，但并不相信苏联会这么做。

当时，在日本帝国主义者的威胁下，中苏开始接近。蒋介石一面指令颜惠庆、顾维钧、王宠惠等与苏联谈判。企图恢复邦交，一面通过外交途径争取让蒋经国回归。1934 年 9 月 2 日日记云："与颜、顾、王等谈外交方针渐定，彼等或较谅解。经国回家事，亦正式交涉。此二事能得一结果，则努力之效渐见。" 同月 9 日，蒋介石与宋美龄游览江西石钟山，想起当年苏轼携带儿子苏迈同游的情景，不禁感叹经国、纬国不能随游。同年 12 月，蒋介石从苏方得到消息，蒋经国不愿回国，蒋介石一面感叹"俄寇之诈伪未已"，一面则自觉"泰然自若"。他在日记中写道："当此家难，能以一笑置之，自以为有进步也。" 1937 年 3 月，随着中苏关系的进一步缓解与和好，蒋经国终于携妻儿返国。

蒋经国回来了，牛兰夫妇却仍然关在国民党的监狱里。

1932 年 7 月 1 日，南京国民政府以"危害民国"罪审讯牛兰。7 月 2 日，牛兰以绝食相抗。11 日，宋庆龄偕同牛兰夫妇的辩护律师陈瑛意到江宁地方法院看守所探视牛兰夫妇，劝他们进食。同日与蔡元培、杨杏佛、斯诺等组织牛兰夫妇上海营救委员会，宋庆龄任主席。其英文宣言称："我侨与欧美各国之著作家、医学家、法学家、科学家、艺术家、教育家及政治家，凡关心牛兰案者，共同联络，为人道正义及不可侵犯之政治自由权，而请求应准牛兰夫妇之请求，将案移沪，或将其全部释放。此种请求须立时应允。今日为牛兰夫妇在南京绝食之第十日，世界最高思想所系之二人之生命，国民政府视之如儿戏；牛兰夫妇果因绝食而死，任何歉意，任何理解，皆不能涤此污点。我侨欣然与世界营救总会合作，以达成功。”

7月12日，宋庆龄亲自找汪精卫和南京国民政府司法部部长罗文干交涉。17日，由宋庆龄、蔡元培具保，国民党司法当局允许牛兰夫妇到南京鼓楼医院就医，牛兰夫妇同意停止绝食。8月19日，江苏高等法院判处牛兰夫妇死刑，不久改判无期徒刑。1933年4月5日，宋庆龄与杨杏佛、沈钧儒等到江苏第一监狱，探望牛兰夫妇，询问在狱中生活情形。12月，牛兰夫妇再次绝食，30日，宋庆龄致电汪精卫、居正、罗文干等，要求立即释放牛兰夫妇。次年1月12日，因坚持绝食的牛兰夫妇已濒临死亡边缘，宋庆龄再次致电汪精卫等，重申前项要求。电称：“君等若始终不欲牛兰夫妇复食，不应允渠等之要求，则全世界革命舆论、自由主义舆论皆将指牛兰夫妇之死为国民党所预谋杀害，皆将指此种谋杀仅与希特勒式之野蛮残酷差可比拟。”电发，没有任何反应。同年3月，鲁迅在《关于中国的两三件事》一文中感叹说：“牛兰夫妇，作为赤化宣传者而关在南京的监狱里，也绝食了三四回了，可是什么效力也没有。”直到1937年12月，日本侵略军占领南京，牛兰夫妇才得以乘乱越狱。

可见，蒋介石始终没有同意莫斯科方面通过宋庆龄提出的以蒋经国作为交换的条件。

胡汉民的军事倒蒋密谋及胡蒋和解

——读美国哈佛燕京学社所藏胡汉民档案

1990年7月，我访问美国哈佛大学哈佛燕京学社，承图书馆吴文津馆长、善本室主任戴廉先生热情接待，惠允披阅该馆珍藏的胡汉民晚年往来函电。这批函电分订数十巨册，或系原件，或系抄稿。不少函电字迹潦草，未署时间，或所署不完整，而且大量使用隐语、化名，例如四工、工、延、福、门、门神、蒋门神、阿门、容甫、水云、远、马、马鸣、衣、力、黄梅、秋梦、不、不孤、跛、跛哥、桂矮、矮仔、某兄、爵、马二先生、香山后人、渔洋后人、八字脚等。但是，一旦突破这些困难，人们就会从中发现大量30年代中国政坛内幕，特别是一个迄今尚不为人所知的秘密——胡汉民晚年，基于抗日和反对独裁的需要，曾经广为联络，组织力量，一再准备以军事行动推翻以蒋介石为代表的南京政权。

笔者在哈佛访问时间仅两周，匆匆披阅，匆匆摘录，以下所述，系对这批资料进行初步研究后的一点收获。

逼迫蒋介石下野

1931年初，因制订“训政时期约法”问题，胡汉民与蒋介石之间的矛盾尖锐化。2月28日，胡汉民被蒋介石软禁于南京汤山。胡汉民是国民党元老，时任立法院院长。蒋介石的这一蛮横做法立即激起了巨大政潮。4月30日，国民党中央监委邓泽如、林森、萧佛成、古应芬等于广州联名通电，弹劾蒋介石，诘责其“违法叛党”，“究以何职权而得逮捕监禁中央大员”。5月27日，汪精卫、孙科、邹鲁、陈济棠、邓泽如、萧佛成、古应芬、李宗仁等在广州成立国民政府，形成宁粤两个政权对立的局面。同年，“九一八”事变发生，东北大片国土沦于日本侵略者之手。蒋介石在举国震撼，呼吁团结对外声中，派蔡元培、张继、陈铭枢赴香港与汪精卫会谈，决定两个国民政府同时取消，召开和平会议，产生统一的国民政府。10月13日，蒋介石迫于粤方压力，释放胡汉民。

1927年蒋介石“清共”之后，胡蒋之间有过一段比较密切的合作关系。汤山被囚使胡汉民既愤怒又沉痛。释放后，胡即决意反蒋。他在一封密札中说：

门及门系为中国致命一大毒疮，能请西医割去，是一治法，否则用中医拔毒，什么内托外消、打消方剂，亦或见效。除却二者便无是处也。①

这里的“门”，和其他密札中的“门神”“蒋门神”，均指蒋介石，盖取《水浒传》中“武松醉打蒋门神”之义。这封信道出了胡汉民对蒋介石的认识，也道出了他晚年政治活动的根本目的及其策略、手段。

10月14日，胡汉民抵达上海。15日，致电非常会议委员汪精卫、陈济棠、李宗仁等，认为外患急迫，为甲午战争以来所未有，其原因在于“党内纠纷迭乘，政治举措失当，人每欲扶党内之一部力量为已有”。他鼓励非常会议的委员们“彻底觉悟，力图团结”，改正过去种种错误。② 16日，对报界发表谈话，批评南京政府“以无办法、无责任、无抵抗之三无主义，为应付日本之唯一方针，则必至国亡种灭而后已”③。25日，又致函广东省市党部，认为国民党已到了非进行彻底改革不可的时候；不改革，不但无以对国民，而且等于自掘坟墓。函称：

---

① 《胡先生亲笔函电及批注》，哈佛燕京学社图书馆藏。本文凡未注明出处的未刊函电，均藏该馆，不一一注明。

② 《致粤非常会议各委员电》。

③ “亡国之三无主义”，载于胡汉民《胡汉民先生争论选编》，广州先导社1934年版。

自袁世凯以来，军阀不一，其始莫不骄横一时，而其罪恶既显，终莫不相继仆灭。历史可信，公理不诬。①

胡汉民这里明骂袁世凯等，暗斥蒋介石。他要求粤省国民党人“不为利诱，不为威胁”，警惕“阴谋分拆手段”。上述电函及谈话表明，胡汉民甫经释出，立即高揭抗日旗帜，准备团结广东国民党人的力量，与蒋介石周旋。

“九一八”以后，冯玉祥忧心国事，派代表到上海与胡汉民接洽。10月27日，胡汉民复函冯玉祥，认为“辽吉事起，知非举国一致，无以御外侮”。当时，宁粤双方代表正在上海召开和平统一会议。胡汉民称：“结果如何，似难预料，惟默察形势，则暗礁孔多。”② 同月28日，古应芬逝世。30日，胡汉民致电在广州的妻兄陈融（协之），请其转告陈济棠、李宗仁、白崇禧、萧佛成诸人：

一、此间决坚持不挠，以继湘翁之志；二、无论如何，弟与汪决不入京；三、迫某辞职，并促制度上限制个人权力，打破独裁。③

“湘翁”，指古应芬，他是广东方面的反蒋中坚。“某”，指蒋介石。“弟与汪决不入京”云云，表明胡汉民正和汪精卫联盟，摆开和蒋决战的阵势，力图迫蒋辞职，并对国民党的体制进行重大改革。此电可以看作粤方代表参加和平统一会议的斗争纲领。会上，粤方代表攻势激烈，以致宁方代表蔡元培等人不得不一再以私人资格表示：“蒋下野不成问题，要盼广东同志不要相迫太紧，不要给他面子太难过。”④ 在党政改革案中，粤方代表提出军人不能担任政府主席，不得为五院院长，废除陆海空军总司令职位等建议，显然都体现着胡汉民的意图，其矛头直指蒋介石。

① 《致粤省市党部函》。

② 《致冯玉祥》。

③ 《致粤中央》。

④ 孙科：“广州中国国民党第四次全国代表大会开幕词”，载于荣孟源主编《中国国民党历次代表大会及中央全会资料》（下），光明日报出版社1985年版，第83页。

宁粤和平统一会经过激烈争吵，确定分别召开国民党第四次全国代表大会，选出同等数量的中央委员，进而谋求合作。在广州“四大”上，要求蒋介石下野仍然是重要议题。胡汉民除主张“精诚团结，共赴国难”外，又提出“推倒独裁，实行民主政治”的口号。12 月 5 日，会议选出的中央委员由胡汉民领衔通电，催促蒋介石下野，解除兵权，否则，决不到南京参加四届一中全会。

国难深重，加上蒋介石软禁胡汉民的做法极为不得人心，各方吹起了强烈的反蒋风。在粤方的坚持下，蒋介石于12 月 15 日通电辞去国民政府主席、行政院院长、陆海空总司令等本兼各职，胡汉民的“迫某辞职”计划取得胜利。

广泛联络，组织反蒋力量

蒋介石下野后，国民党随即召开四届一中全会，通过中央政治制度改革案，选举林森为国民政府主席，孙科为行政院院长，蒋介石、汪精卫、胡汉民三人为中央政治会议常委。1932 年 1 月 1 日，胡汉民等通电取消广州国民政府，成立中央执行委员会西南执行部、西南政务委员会。自此，胡汉民即留居香港，成为西南方面的精神领袖。

孙科内阁虽然成立了，但这个内阁既无权，又无钱。1 月 2 日，日军占领锦州，孙科无奈，电邀蒋介石重返南京，并于 25 日辞职，由蒋介石重掌大权。28 日，汪精卫背弃了“决不入京”的诺言，应蒋介石之邀出任行政院院长，从而形成蒋汪合作局面。

汪精卫出任行政院院长的当夜，日本军队进攻上海闸北，十九路军在陈铭枢、蔡廷锴、蒋光鼐等指挥下，奋起抗战。30 日，孙科密电胡汉民云：

宁方对十九路抗日事，最初主退缩，避免冲突。战事起后，则硬责将领，不得违背命令，擅起战端。嗣知军民一致，不可遏抑，乃表示抵抗，然仍令十九路将领只准抵抗，不必扩大云。预料日方援军日间必到，如京方仍无彻底决心，十九路必为牺牲。闻日方计划摧毁长江一带军事势力，结果南京中央必然崩溃，届时南方若无相当组织，中国将成无政府之局，望公与粤中筹继续存亡，以维民族生机。①

南京国民政府对淞沪抗战的爆发完全没有准备，缺乏坚决抗击侵略的决心和勇气，孙科对此有清晰的了解。他估计，南京政府将会崩溃，建议胡汉民在南方建立“相当组织”。但是，胡汉民却比较冷静，他考虑到南京国民政府已经宣布迁都洛阳，准备抵抗，特别是对十九路军是否继续支援等情况尚不清楚，“我方如决裂过早，反使其有所藉口”，主张“暂时审察”②。

尽管胡汉民一时还不准备在广州另立政府，但是，他却在广泛联络，组织力量，待机倒蒋。其联络重点，一是湖南与西南各省，二是华北，三是海外。

当时，湖南与西南各省分别为何键、刘文辉、刘湘、邓锡侯、王家烈、龙云等实力派所统治，矛盾重重，各自割据。胡汉民企图将他们统一起来，形成一支和南京政府抗衡的力量。2 月 2 日，胡汉民致函何键，试探其态度。函称：

幸十九路军持正不屈，上海得不为辽沈之续，而政府当道未闻筹战守之策，遽以迁都洛阳闻。国难益迫，陆沉无日，丁兹时会，不识先生将何以教之?

十九路军由于得不到南京国民政府的有力支援，在腹背受敌的情况下被迫于 3 月初撤离上海。5 月，中日《淞沪停战协定》签字，胡汉民派杨芷泉携函西行，联络刘文辉、王家烈。函称：

今宁中当局所以谋分拆我西南者，其惟一方策在以西南制西南；弟则反之，以为惟有以西南结西南，始足以确实齐一西南各省之步骤，以自保

① 《广州转上海来电》。
② 《展跋广州转上海来电》。

此干净土，亦即为来日推进大局地。

在此前后，胡汉民又致函龙云称：

弟以为今后欲复兴革命，推展大局，首在党务之整理，次则为政治上之改革，而西南之精诚团结，力谋建设，尤为当务之急。

自1932年起，胡汉民还曾派出使者会见刘湘、邓锡侯、田颂尧等人，目的都在于调解各实力派之间的矛盾，结成西南反蒋联盟。

华北方面，胡汉民的主要联络对象是冯玉祥。1932年3月，冯玉祥得知南京政府正在上海与日本侵略者谈判，准备签订密约，非常悲愤，命部属张允荣密函胡汉民，告以北方情况，要求西南方面联络闽、赣、湘、鄂等省，合谋举兵。函称：

蒋氏谋粤之急，已自胡宗南等入浙可睹。惟奸憝毒计，对粤亦将对北，韩遂当其冲。方亦心愤于沪败与东北之亡，颇思及时举义，因请焕公于适当时间入鲁主持北方局面。至将来与事诸军，宋、梁等部已有约定，他在〔者〕尚在协商。设西南能呼应于闽、赣、湘、鄂，因对日之失，动全国之听，蒋氏可倒也。①

"向方"，指韩复榘；"宋"，指宋哲元；"梁"，指梁冠英。中原大战后，冯玉祥隐居汾阳峪道河，北方反蒋势力暂时蛰伏。此际，由于不满南京政府对日妥协，又企图乘时发动。此函写于3月18日。24日，冯玉祥自徐州到达泰山，隐居普照寺。过去，人们只知道是为了养病、读书，"努力充实学问"。此函说明，冯玉祥此行是应韩复榘之请，目的在于准备北方起义。

对于冯玉祥的反蒋计划，胡汉民自然是支持的。5月5日，胡汉民复函称："过去四五年，只见有个人，而不见有党"，"凡所措施，无不出于个人私意"。他表示希望知道得更具体一些：

---

① 《张允荣致展堂先生函》，1932年3月18日。

亦欲稍闻方略，俾得先事预图，南方同志精神团结，意志不移，遇有举措，必竭诚襄助也。①

自此，冯、胡二人声息相通，联系日益密切。当年9月，冯玉祥决定以张家口为抗日基地。胡汉民派曹四勿赴泰山，发展冯加入新国民党，并提供经费一百万元。②

冯玉祥之外，胡汉民与张学良、韩复榘、阎锡山、孙殿英、石友三等人之间也均有信使往还。11月13日，胡汉民致函孙殿英，首称："今日党国外遭于方张之寇，内劫于独裁之魁，前途危险之极。"次称："南北当一致而不当分歧，在动作上，南北当互相促进，而不当各存观望。"可以看出，胡汉民期望，一旦举事，能够出现一个南北并起的局面。

华侨历来是革命党人的支柱，因此，胡汉民十分重视对国民党海外支部的工作。1932年，他致函美国总支部，指责蒋介石为"劫持本党之军阀"。函称：

过去所施行者，实为民国以前相承一贯之军阀之治，而非本党之党治。盖在事实上，本党以军阀为梗之故，实未尝一日得行是政策也。

同年，又再次致函美国总支部，指责蒋介石等对日妥协。他说："苟政府当局甘冒天下之大不韪，而实行屈辱，则为党为国，必须严重反对。盖我人可一致于抗日，不能一致于降日也。"胡汉民的这些观点，符合海外华侨的民主、抗日要求，因此日益赢得美国、加拿大、日本、南洋等地国民党组织的支持。

当时，国内出现不少抗日或反蒋组织。公开的如东北民众抗日救国会、东北民众讨倭军，秘密的如黄埔革命同学会、浙江革命同志互助社、中华民族自救会、励进社、青年军人社等，胡汉民均一一联系，予以支持。

---

① 《胡汉民致冯玉祥》。

② "曹四勿回忆"，引自谢幼田《谢慧僧先生年谱长编未刊稿》。其具体时间则据曹四勿先生向本文作者面述情况考定。

胡汉民一贯标榜党治，在广泛联络各地反蒋力量的同时，便着手组建新国民党。他在复蒋振函中说："所列重建本党之十问题，弟亦表同意，刻正分途进行，务以严明之纪律，团结同志，恢复民十三年以前一种自动革命之精神。"该组织秘密活动，以胡汉民为主席，邹鲁为书记长，"只要反蒋最坚决的人"①，入党须宣誓，有自己的中央和地方组织。中央领导机构称为"中央干部"，地方领导机构称为"地方干部"。其建立时间，大体在1932年初。当年4月29日，邹鲁致胡汉民函云："①观民兄已入党，请示以方针。②冯处各事，托观民兄进行，请指示以机宜。③津部各事并嘱观民兄同裴、蒋诸同志共负责。"② 可见，当时新国民党已发展到一定规模，并在天津建立了分支组织。

新国民党中央设于广州，上海及天津等地设有"地方干部"。上海"地方干部"由陈嘉祐、熊克武、柏文蔚、程潜、刘芦隐任"干部委员"，以刘芦隐为书记长，其工作范围为苏、浙、皖、赣、湘、鄂、川七省，每省再设分部，设"分部委员"若干人。不设分部的省份则设有特派员。天津"地方干部"由裴鸣宇、曹四勿、蒋景瑞、张岱岑等组成。

胡汉民的"新国民党"虽建立在旧国民党的基础上，但实际上是一个独立的新组织。

派遣部队北上，"以抗日为倒蒋"

蒋介石的对日妥协政策日益为国人所不满，胡汉民由于主张抗战，逐渐争得国民党内部抗战派的拥护。1932年12月，张学良派秘书陈言赴港，会晤胡汉民。19日，胡汉民复函，鼓励其振作精神，坚决抗日。函称：

比月以来，外侮日深，晏处覆巢，宁有完卵。所期兄以决死之精神为民族求生路。桑榆之失，断可收于东隅，至于内政意见及南中同志意，经

---

① "曹四勿回忆"，引自谢幼田《谢慧僧先生年谱长编未刊稿》。

② 《邹鲁致展兄函》。函中所称"观民"，指熊观民；冯，指冯玉祥；裴，指裴鸣宇。

与陈同志详谈，俱托归报，希深察为幸。

1933年1月1日，日军突袭山海关，3日，山海关及临榆县城失守，张学良命陈言致电胡汉民，表示决心抵抗之意。2月4日，胡汉民因不见张的实际动作，派陈中孚携函北上督促。函中，胡汉民分析日本侵华的特点与中国面临的危险说："弟谓日之于中国，其侵略方式为吞食而非鲸吞，故经一度之攻城掠地，即出之以延宕和缓之手段，巧为解脱。当局受其愚蒙，国联受其欺骗，而日人之计乃大售。苟不能窥破此点，积极抵抗，并进而收复失地，则日人本此政策进行，华北殆将沦亡，中国且为日有。""九一八"事变之后，张学良备受国人指责，有口难言，但他曾将个中情况含蓄地告诉胡汉民。对此，胡汉民表示：

兄前以不抵抗而丧失东北，兹又以不抵抗而丧失榆关。长此以往，国将不国。虽示负最终之责任者当别有人在，顾兄身当其任，究何以自解于国人？纵不为个人计，独不为数百万人民之身家性命计耶！

胡汉民称：西南虽主张抗日，但限于地域，效命无所，希望张学良能团结华北将领，振奋一心，抗击日本，自己将力为应援。2月25日，张学良复函胡汉民，表示抗日御侮的坚决意志，希望西南能从精神、物质两方面给予鼎助。函称：

良以不才，遭值多难，只思少裨艰局，庸敢计及一身，御侮决心，誓当不二。

然而，事情并不决定于张学良个人。3月4日，日军占领热河省会承德，进迫长城脚下。7日，张学良致电国民党中央，引咎辞职，不久出洋。

当时，蒋介石专注于"剿共"。但是，他不能不顾及华北的危急局势。3月8日，蒋介石抵达石家庄。胡汉民认为蒋介石的北上将加强对华北的控制，危及将领间已经形成的联合局面。同月，胡汉民致函陈济棠、萧佛成、邹鲁、李宗仁、邓泽如、刘芦隐等六人称："某为不抵抗主义者，华北为某所有，则抗战之希望已成灭绝。在此时对内对外，非设法打破某在华北之阴谋必无以策善后。”他提出以下四项对策。

(1)选派军队北上，参加抗日。胡称这一行动的目的在于：“一以示西南抗日之诚，一以作华北将领之气，亦以戢某对日妥协之谋。”胡并指示：“此项部队对内对外必须与华北将领取同一之态度。”

(2)成立华北军事组织。西南方面除同情赞助外，还须调遣人才，接济经费，作实际促进。

(3)华北军事组织必须“以抗日救国为名”，并须笼罩鹿钟麟、韩复榘、阎锡山、冯玉祥及东北各旧部，西南方面亦应选派军事人员参加。

(4)在北方成立西南统一办事机构，委派富有资望、能力的同志前往主持，统筹外交、政治、党务、军事各方面的工作。

函末，胡汉民表示：“万不能更持徘徊观望之态度”，“惟有投袂奋起，知其不可而为之”①。

《淞沪停战协定》签字后，十九路军被调往福建“剿共”，但蒋光鼐、蔡廷锴等不忘抗日，逐渐与胡汉民等结合。1933 年 1 月下旬，李宗仁、白崇禧、蔡廷锴等聚集广州，议定于 2 月 2 日成立包括广东、广西、福建三方的国防委员会，以陈济棠、李宗仁、白崇禧、蒋光鼐、蔡廷锴、林云陔为委员，电邀四川、湖南、云南、贵州等省加入，同时，经济委员会也在酝酿中。邹鲁对此抱有极大希望，致函胡汉民称：“二事妥，则西南局面定矣。以后当按美国旧例，有赞成之省逐一加〔入〕，可以不战而定全国。”②

西南国防委员会成立后，胡汉民陆续致函冯玉祥、宋哲元、孙殿英、石友三等，建议华北能建立同样的组织，以便“整齐抗日步调，俾南北两方于捍卫国家能互相促进”③。3 月 1 日，方振武变卖家产，在山西介休成立抗日救国军，首树义旗，誓师援热。当时，华北将领大多主张抗战，旧西北军方面并推鹿钟麟为总指挥。同月 24 日，鹿钟麟致电胡汉民、李宗仁

① 《致伯南、佛成、海滨、德邻、泽如、芦隐》。

② 《致展兄》，1933 年 2 月 1 日。

③ 《致韩复榘、石友三》。

等，欢迎西南方面“雄师北指”。电称：“此次西南若能从速出兵，督促作战，必能转移局势，确定抗日大计。”① 鹿自中原大战反蒋失败后即闲居天津。25日，胡汉民复电鹿钟麟，对他的“投袂奋起”表示欣慰，告以西南方面正在选派军队，对于华北将领的“自救救国”行动，愿提供“实际之援助”②。

在胡汉民的倡议下，广东、广西、福建迅速筹组西南联军。胡汉民并致函刘湘、王家烈等，要求同时出动。3月下旬，福建援热部队自漳州、龙岩出发，计划经潮汕、东江至粤汉路与粤、桂两省部队会合后通过湖南北上。4月4日，方振武部经过艰苦跋涉，抵达河北邯郸。15日，胡汉民致函陈济棠、李宗仁、蔡廷锴三人，认为联军北上问题，期在必行，但联络北方抗日军队亦不可缓。③ 同月，胡汉民派其女木兰访问程潜，争取支持。当时，正是陈诚进攻中央苏区惨败之后。23日，程潜复函称：

木兰侄来，敬悉一切。关于各方情况，尽告木兰侄面达。自陈诚失败后，庆父大露恐怖之象，为西南出兵抗日最好时机。若失此机，经彼多方弥缝，将来必更棘手也。④

“庆父”，借指蒋介石。古语云：“庆父不死，鲁难未已。”信中，程潜不仅支持西南出兵抗日，而且表达了强烈的反蒋情绪。5月18日，胡汉民复函陈嘉祐、程潜，告以一项绝密计划：

西南抗日军队出发，以贤初为总师之任。渠以抗日为倒○［蒋］，如能师出武汉，北局有变，一切正可相机而动。⑤

胡汉民要求程潜密告湘军将领，“忍受此一关，以静俟大局之推展”，“华北局势必有急变”。“贤初”，蔡廷锴的字。他于4月12日被推为西南

① 《广州转李德邻先生转季雨农先生》。
② 《致鹿钟麟》。
③ 《致伯南、德邻、贤初》。
④ 《致展公》，1933年4月13日。
⑤ 《致护黄、颂云》。

抗日军总指挥。此函表明，胡汉民、蔡廷锴等准备在师出武汉之后，与北方协同动作，掀起反蒋高潮。

由于蒋介石坚持对日妥协，因此，当时不少爱国人士（包括中国共产党人在内）都认为抗日必先倒蒋，胡汉民等人的上述绝密计划，正是这一思想主张的体现。

支持华北抗日力量，筹备粤桂闽三省独立

华北果然动作了。

热河省会承德失陷后，中国军队在长城一线进行了英勇的抗战。但是，南京国民政府勇于对内、怯于对外，仍然专注“剿共”，无心对日本侵略作坚决、持久的斗争。5月15日，黄郛受命北上，谈判停战问题。在何应钦支持下，黄郛于22日与日方达成协议。26日，冯玉祥、方振武在中国共产党支持下，与吉鸿昌等在张家口成立察哈尔民众抗日同盟军，宣布“结成抗日战线，武装保卫察省，进而收复失地”①。

华北既经动作，胡汉民就准备把他的“师出武汉”计划付诸实施。5月29日，胡汉民在《致衮尧》函中说：

手书到时，宁府之对日屈辱已成事实。此间同志早经决定，联合华北将领一致反对。焕章同志刻已于二十六日就任民众抗日同盟军总司令职，统率长城外各路义军及西北军旧部。西南抗日军亦积极北进，同时则大举剿共，使西南兵力推入长江。

胡汉民并准备在适当时期回到国内，宣布讨蒋，主持一切。同函又称：

须察省外交、军事、财政各事准备完竣，然后对误国、卖国之奸徒声罪致讨，方易收旋转乾坤之效。弟现正努力为根本之规画，诸事就绪，自必返国亲行主持一切也。

---

① “冯玉祥就任民众抗日同盟军总司令通电”，载于《国闻周报》第10卷第32期。

31日，塘沽协定签字，事实上承认日本占领东三省与热河，胡汉民极为愤怒，立即向察哈尔民众抗日同盟军拨款，并密电冯玉祥云：

请公立振义师，先就北平擒拿经手订立妥协之何〇〇、黄〇〇，即行讨蒋以抗日……此间当即一致动作。刻拨充〇〇元。[1]

末署“延、马、远、衣”。“延”为胡汉民，“马”为萧佛成，“远”为邓泽如，“衣”为邹鲁。[2] 电稿中所称“何〇〇”“黄〇〇”，当指何应钦与黄郛（膺白）。

福建援热部队出发之后，广东派出了独立第四师，广西派出了第二十四师，准备联袂北上，何键并电令沿途各县妥为招待，但是，塘沽协定签字之后，蒋介石电令蔡廷锴，命援热部队火速回闽。当时，福建援热部队已经抵达湖南郴州、耒阳一带，不得已忍痛回师。6月1日，方振武所派代表到粤，通报称，冯玉祥的计划已得韩复榘等北方将领支持，变化在即。同日，邹鲁致电蒋光鼐，报告此讯，电云：

蒋、日妥协，我抗日军正应挺进，以表民族正气。况焕章已起于北，盼我军呼应正切……奈何撤回抗日之师，以阻全国之气耶！必不得已，亦请屯师原地，俟真如、贤初二兄到粤，商定大计后再定行止。千万千万！

邹鲁等一面阻止三省联军回撤，一面积极做陈济棠的工作。当时，在粤、桂、闽三省实力派中，李宗仁、白崇禧、蔡廷锴、蒋光鼐、陈铭枢等对抗日讨蒋都持积极态度，只有陈济棠犹疑不定，因此，南方要一致动作，必须首先说服陈济棠。6月3日，萧佛成致电胡汉民云：

昨与爵密谈约三小时之久。弟反复开陈，谓讨蒋不但可以救国，亦且可以巩固其个人地位。[3]

---

① 《致焕公》。

② 延为胡汉民自署；马，马鸣，萧佛成化名，取佛教中马鸣菩萨之义；远，邓泽如化名，邓字远秋；衣，邹鲁化名，取邹、鲁为衣冠文物之邦之义。

③ 《广州来电》。

“爵”，指陈济棠。对于陈济棠来说，最重要的是巩固他已经取得的地盘和“南天王”的地位，要他参加抗日讨蒋，不是一件容易的事。在萧佛成反复开导之下，“爵似大觉悟”，表示了讨伐蒋、汪的决心，但同时声称，必须待蔡廷锴、陈铭枢、李宗仁、白崇禧等来粤共商。7 日，陈铭枢、蒋光鼐、李宗仁、李品仙等抵达广州，萧佛成再度与陈济棠商谈，提出：①西南独立，与南京脱离关系；福建公开加入西南；若福建出兵浙江，军饷由粤担任。②华北、华中各将领仍须派员与之联络，若能先由彼方发动为佳。当日下午，萧佛成、邹鲁、邓泽如、唐绍仪、李宗仁等会谈。邹鲁问李宗仁，如果三省独立，粤不出兵而闽出兵，桂当何如？李宗仁初时感到难以回答，继而慷慨表示说：“不惟牺牲我们，且牺牲全省人民之利益以从其后。”[①]在此期间，邹鲁、萧佛成、陈融等与陈铭枢也进行了紧张的会谈。陈铭枢称：“抗日、剿共必要倒门神”，“门神现时虽未倒而等于倒，倒之后，应如何办法，我们应极注意。”陈并再三声明，他自己并未组织社会民主党。邹鲁等人对陈铭枢的态度很满意。6 月 10 日，陈融致函胡汉民报告说：“跛兄连日所谈，均甚接近。”[②] 1931 年陈铭枢在香港时，所住旅馆失火，从窗口跳下，足部受伤，自此不良于行，胡汉民等因此在密札中称之为“跛兄”或“跛哥”。

蔡部回闽，胡汉民的师出武汉计划便遭到挫折，但他仍积极活动，力图把握时机。6 月 17 日，派程天固东行，探询对美外交；23 日，派曾伯兴北上，联络阎锡山；7 月 3 日，致函叶夏声，建议将各方捐赠援热部队的款项移赠方振武部。29 日，致电海外国民党人黄滋、陈雨亭、李白俦云：

今两粤业已一致，福建方面尚有饷项问题未能解决，如磋商完善然后正式揭露，一面树立党政中枢，号召全国，一面组织联军，北出长江。长江、华北各军半有接洽，推倒国贼，指顾间也。

---

① 《陈融致福兄电》。

② 《黄梅致福兄》（陈融致胡汉民）。

可见这时候，胡汉民还在准备“北出长江”，并准备“树立党政中枢”，“推倒国贼”，公然和南京政府对着干。电中说明：“福建方面尚有饷项问题未能解决”，显然包含着向海外募捐的意思。

在粤、桂、闽三省实力派中，粤方最富，桂、闽比较拮据。倘使陈济棠不肯拿出钱来，桂、闽二省很难长期支持一场对蒋介石的恶战。据蒋光鼐复邹鲁电云：

所示办法，本无不可，但未审已否商得桂方同意？本军穷饿，倘无两月积粮，不敢轻动……乞予一次先拨百万，以资应付。①

末署“光。文。”文为12日。此电虽未署确切月份，但所述内容可与上述胡汉民电相印证，其时间当不会相距很远。

有几天，财政问题似乎不大了。8月1日，胡汉民致函陈嘉祐云：

今财政问题粗告解决，惟西南军事动作如何进求一致，财政问题如何筹划挹注，俾达粤、桂、闽三省联军分出长江之目的，仍在详密规画之中。

然而，胡汉民乐观得太早了，财政问题不是轻易可以解决的。果然，8月18日，胡汉民《复衮尧》电又云：

此间一切仍在计划推进中，粤将领所视为困难者厥为财政，故一切措施，遂未能放手做去。至内部意见，虽有小小不同，然于倒某救国一点固甚一致也。

电中所称“粤将领”，当指陈济棠，这位财神爷不肯拿钱，其他种种，当然无法“放手做去”。正当胡汉民在南方为财政和内部“小小不同意见”而苦恼之际，北方却风云突变。冯玉祥成立察哈尔民众抗日同盟军后，浴血苦战，迅速收复察北大片失地，进而准备规复东北四省。然而南京政府一面组织大军“围剿”，一面分化瓦解，同盟军的境况日益艰难。8月5日，冯玉祥通电收束军事，交出察省军政大权，随即回泰山隐居。冯的失

① 《秋梦致福兄函》（陈融致胡汉民）。

败给了胡汉民巨大打击。24 日，胡汉民电冯云："左右入鲁，抗日工作亦由此告一段落。观察大势，时局更新，似尚有待。" 30 日，致电柏文蔚，除了希望他继续维系"长江军事"外，特别说明，"广东方面推动不易，今方别寻途径"[①]。可见胡汉民对陈济棠已经很失望了。

冯玉祥退入泰山以后，中共河北"前委"决定支持冯部方振武、吉鸿昌两军继续奋斗。方、吉将抗日同盟军易名抗日讨贼军，明确揭起反蒋旗帜，准备沿热察边境，经十三陵、小汤山等地，东进冀东。[②] 9 月 20 日，方、吉两军进入河北。23 日，方部进占牛栏山，作袭击北平准备。对抗日讨贼军，胡汉民曾力图予以支援。9 月 25 日，致电萧佛成等，声称方部"且进取密云，当不忍其给养之不给，坐视其覆亡"。29 日，方振武致电胡汉民，宣称"在钧座指导下抗日讨贼"。"即令牺牲万有，亦所不辞"。方并称，华北外交关系重要，要求胡选派干员，常驻天津主持一切。[③] 10 月 5 日，方振武致电胡汉民，报告在南口、昌平、汤山一带的胜利，声称计日可达北平城郊，要求胡汉民"推动各方火速出兵，以收南北夹击之速效"[④]。6 日，再电胡汉民：

不日直捣北平，务希火速推动，群起讨贼，国家幸甚！倚戈陈词。[⑤]

方振武的崛起再一次燃起了胡汉民的希望。他致电陈融说："假如其遂能入北平，或可造一与西南同样局面，为联军会议制以待各方之进展耳。"[⑥] 6 日，胡汉民决定以广东后援会名义一次拨给方部军费三万元至五万元[⑦]，但是，这笔款项未及寄出，方军即因孤立无援失败。

尽管冯玉祥、方振武先后失败，但是，胡汉民仍然认为，华北是具有

① 《致烈武》。
② 《吉鸿昌将军牺牲五十周年纪念辑》，河南人民出版社 1984 年版，第 50 页。
③ 《天津来电》。
④ 《广州来电》。
⑤ 《广州来电》。
⑥ 《致力兄》。
⑦ 《胡汉民致陈济棠》。

潜力的地区。10 月 19 日，胡汉民任命何子佩为华北军事联络专员，要求他代为慰问华北同志，说明胡的内政、外交主张以及对于全国的规划。胡汉民为其规定的工作方针如下。

（1）切实团结华北革命将领，通电讨贼，并肃清盘踞北平之反动势力，树立华北之中心救国组织。

（2）以相等于政务委员会、军事委员会之组织为最宜。华北将领之通电发出，组织成立，西南即树立党政中枢，正式宣告与卖国政府断绝关系，并领导华北及长江之革命力量，声讨独夫，从事抗日。

（3）为外交上之运用计，不妨暂以安定华北为主张，而不以抗日为标榜，但华北将领之通电必须痛数独夫罪状，示与卖国政府绝缘，无复有妥协余地。

（4）华北将领通电发出、组织成立后，此间即派遣大员北来，规划一切。其财政外交上之责任，纯由西南革命政府负之，但华北将领必须于抗日目标下切实坚持并接受西南革命政府之领导，完成讨贼抗日之全功。①

在派出何子佩的同时，胡汉民又分函阎锡山、冯玉祥。致阎函总结前数月失败的经验教训，认为“不独南北未能一致，即北与北间亦多隔阂”，要求阎“领导群伦，使华北力量团结，与西南为一致”②。致冯函则通报南方情况，说明“此间主旨，仍在团结粤、桂、闽诸省，相时而动”③。

福建事变期间

胡汉民计划中的西南独立，由于陈济棠迁延犹豫等原因，终于未能发动，然而福建方面却终于等不及了。

十九路军调福建“剿共”后，陈铭枢遭到蒋介石、汪精卫的压迫，无

① 《胡汉民致何子佩》，1933 年 10 月 19 日。

② 《致阎锡山》，1933 年 11 月 2 日。

③ 《致冯玉祥》。

法在南京立足。1933 年 1 月，愤而赴欧洲考察，同年回国，活动于香港、福建之间，联络李济深、蒋光鼐、蔡廷锴等人，计划反蒋，同时派人与中国共产党联系，讨论合作问题。9 月，与红军订立抗日反蒋协定。10 月，陈铭枢、李济深等在香港聚会，决定在福州成立反蒋抗日的人民革命政府。11 月 16 日，李济深派其弟李济汶持函面见胡汉民，函称：

深南归，已历一载，本意在追随吾师之后，团结西南各省，共同讨贼救国。顾蹉跎一载，数失良机，而有实力之当局者持重如故，循此而往，势不至任国贼断送国家不止。而十九路军以处境较困，责任较明，有义无反顾，迫不及待之势。连日得其函电，促往商讨讨贼大计，照连日报章上所载情形，亦似有即行发动讨贼之趋势。故深决定即行前往观察督促，进行一切。

李济深要求胡汉民“督促西南各省同时响应，共同讨贼”，并对闽中各事随时加以指导。18 日，李济深与陈友仁、徐谦等到达福州。20 日，召开中国人民临时代表大会，议决废除中华民国年号，成立中华共和国人民革命政府。21 日，李济深等通电脱离国民党，旋即组织生产人民党。同日，陈铭枢、李济深、蒋光鼐、蔡廷锴四人联名致电胡汉民、萧佛成等，指斥蒋介石独裁祸国，媚日残民，追述三省近年来共谋反蒋的历史。电报以“陈涉发难于先”自喻，以“沛公继起于后”喻胡，要求胡汉民等“本历来之主张，为一致之行动”①。

三省联合倒蒋本来是胡汉民梦寐以求的事。但是，福建方面改国号，造新党，特别是联合共产党等做法，都超出了胡汉民所允许的范围。因此，最初他颇为迟疑，不知道应该如何答复陈铭枢等人的来电：“措词太硬，则宁方得意，桂方怀疑；太软则虑跛等有以藉口为反宣传，发生其他之不利。”② 经过反复考虑，他决定了如下对策。

① “陈铭枢等来电”，载于胡汉民《胡汉民先生政论选编》，广州先导社 1934 年版。

② 《致力兄》。

对宁闽——两罪两责而偏于责宁。11 月 27 日，胡汉民致电冯玉祥称："大致对宁对闽，今后将同在我人反对之列。"同日，又致电杨虎城称："闽中之变，亦实南京卖国政策激之使然，否则何至铤而走险，自弃其抗日剿共之历史至于此极，故我人固宜罪闽，然尤当罪宁也。"当时，广东有人主张蒋介石下野，胡汉民赞成这一主张，认为这样可以：①示天下以公道；②消释十九友（指十九路军——笔者）一部分之热愤；③使桂方及其他反蒋者同情于我。[①] 西南执行部和西南政务委员会根据胡汉民的意见，曾经发电要求蒋介石、汪精卫"避路让贤"，电称："推寻祸始，不能不深咎于独裁政局之罪深恶极也。"

对粤桂——"救正调和"。陈济棠和陈铭枢有矛盾，因此，他的兴趣一在于防闽，二在于防共；李宗仁则急于反蒋，福建事变后立即致电陈济棠等，建议三省合兵，开府广州，树立中枢。[②] 胡汉民对这两种态度都不满意，他曾在一封信中说："爵专心对闽，故反蒋不敢太着力；不专心对蒋，几欲与闽附和而忘却共匪之为祸。"[③] 这里说的"不"以及其他密札中的"不孤"，均指李宗仁。11 月下旬，广西方面两次派人会晤胡汉民，催促行动。第一次，胡汉民答以"派人与各方接洽，为召集各省代表一致反蒋之预备"；第二次，胡汉民答以"讨蒋以桂为前方，粤为后方；防共以粤为前方，桂为后方"[④]。

尽管胡汉民对福建方面的做法不满意，但是，事变的发生毕竟造成了一种形势，使他觉得有机可乘，因此，一度考虑过组建政府问题。11 月 30 日，他致函陈融说：

开府地点是一问题，而第一步似以广西为适当，其理由有五：人心信仰，无复怀疑一也；素无财富之名，则不必铺排，而各方来者易于应付二

---

① 《致力兄》。

② 《致福兄》。

③ 《致力兄》。按，李宗仁，字德邻。《论语 · 里仁》有"德不孤，必有邻"的说法，故胡汉民等以"不孤""不"作为李宗仁的代名。

④ 《致力兄》。

也；因湘鄂吃紧易于联络应援三也；外交较易应付，不遽为红毛、矮子之威胁四也；敌用飞机袭击及闽中大军之使用俱不便五也。[①]

胡汉民并告诉陈融，闽变初起时，他曾就此和李宗仁商量过，如果现在陈济棠仍以先发为难，不愿意在广州开府，则不如选择广西。12月中旬，他又致电在上海的陈群、孙科、何士桢等人称："前此欲以组府号召天下讨蒋，今则当促动与联合反蒋之战线进行，至蒋势穷蹙，然后组府。"[②] 18日，致驻美国三藩市总干部电称："组府一事，尚非今兹所可实行。"显然，胡汉民的"组府"计划碰到困难，不得不向后推延了。

福建事变后，南京政府企图拉拢胡汉民及西南实力派。12月11日，张继等到港，与胡汉民会谈，呼吁团结，邀其入京。胡汉民答称："你们请我到南京，我想请你们出南京，何以故？因为要你们认清自身的地位，尊重自身的人格，不附和军阀去叛党卖国。"他提出，南京当局是导致事变的"罪魁"，必须实行政治和党务的根本改革。[③] 15日，胡汉民发表《对时局宣言》，提出解决国是的八项主张，声称："今日中国政治之现象，一绝对的军阀统治之现象也。枪之所在，即权之所寄。"《宣言》称："独裁卖国之南京军权统治，叛党联共之福建统治，必同时清除之，以组织一真能代表国家人民利益之政府。"[④]《宣言》并提出"带兵者绝对不得干预政事"，"中央与地方实行均权制度"等主张。22日，张继等访问粤、桂后回港，再次与胡汉民会谈。关于此次会谈内容，胡汉民密告陈融说：

弟见渊时，已动以闽事无论如何必先赤化而终落倭人之手，倭得闽则两广亦将为其他之某国之染指，故此时粤桂难以坐视，而桂尤不能久忍，故惟有政治解决之一途。[⑤]

---

① 《致力翁》。
② 《工致力翁》（胡汉民致陈融）。
③ 胡汉民："政治上之责任问题"，载于《三民主义月刊》第3卷第1期。
④ 胡汉民：《胡汉民先生政论选编》，广州先导社1934年版。
⑤ 《工致松兄》（胡汉民致陈融）。

"渊"，指张继[①]。所谓"政治解决"，胡汉民概括为"蒋汪下野，福建回头"八字。当时，南京政府积极准备对闽用兵，胡汉民担心此举会使十九路军与共产党的关系进一步加深，竭力加以反对。他说：

如此，不论胜负，闽军与八字脚之结合必愈深而无从自拔矣。彭德怀、朱德附八字〔脚〕后已使门神办不了，假如十九号赤化……走险愈深，岂易收拾耶！[②]

同月28日，胡汉民在《复袁冠新等》函中又说：

人民生计垂绝，国脉危于累卵，凡可以循和平轨道以贯革命之主张者，皆当遵从。总之，南京统治弟以为实不足定。

此函表明，在军事倒蒋屡屡失败之后，胡汉民"政治解决"的意识再度萌生了。

福建事变领导人之间一开始就存在着矛盾。12月中旬，十九路军将领致电胡汉民，声称"事先未明真相，全为一二野心家包办，致铸此错"[③]，要求胡派人前往指示办法。胡旋即派黄河鲤〔澧〕前往，指示以"复国徽、复党籍为先决，捕八字脚为贡献"[④]。所谓"复国徽、复党籍"，即要求废止中华共和国称号，恢复国民党党籍；所谓"捕八字脚"，即反共。1934年1月，南京政府对十九路军发动"讨伐"，福建人民政府日益危急，李济深、陈铭枢电告胡汉民，表示愿按其办法，"取消一切组织，回十九路军本来，连属西南"[⑤]。胡旋即致电在上海的程天固，请其迅速与孙科商量，设法使蒋军停止进攻。[⑥] 但是，第十九路军已呈土崩瓦解之势。1月21日，沈光汉、毛维寿等通电"脱离人民政府，拥护中央"。其后，胡汉民曾

① 《礼记·中庸》："溥溥渊泉，而时出之。"张继，字溥泉，胡以渊代指。
② 《工致松兄》。
③ 胡汉民：《驻三藩市总干部》，1933年12月18日。
④ 《工致力翁》。
⑤ 《致力、海》（致陈融、邹鲁）。
⑥ 《致力、海》；参见《邹鲁致展兄》（1933年12月21日）。

为保护十九路军的残余力量做过一些工作。24 日，胡汉民致电阎锡山云：“现闽中荒谬之政党组织已无形解体，故于善后一切，正督促各方进行，务使此抗日讨贼之力量得以保护。”

2 月 2 日，陈济棠派人至龙岩会晤蔡廷锴，接洽收编十九路军残部，得到蔡的同意。该部旋即改编为粤军独立第三旅。

再次联络张学良

胡汉民一直将东北军视为重要的抗日反蒋力量。1933 年 3 月，张学良决定下野出洋，12 日，抵达上海。25 日，胡汉民派何思毅持函劝阻，函称：

自热河沦陷，吾兄去职，华北局面，日趋混沌。兄典军东北，久历岁时，今为人所乘，有怀莫白。闻将有远适异国之志，弟以为个人权力为轻，党国安危为重，遽然远行，似非其时。即不得已而行，亦须力策善后，挽回危局。是非所在，天下不乏同情，此间同志正具决心为兄后盾也。

4 月 8 日，张学良复函，对胡汉民的关怀表示感谢，声言决不敢抛弃救国责任。函称：

良乍息薪劳，闭门自讼，乃蒙远垂记注，勖以方来，高谊殷隆，曷胜感奋。抚时多艰，耻痛毋忘，苟图少补涓尘，敢委匹夫之责。

但是对于胡汉民的建议，张学良却完全没有任何答复，仅说：“尚祈时锡教言，俾其待罪之身，多叨宏益。”

福建事变爆发，张学良得到来自国内秘书的电报：“现在有一种动向在拉我们加入反对蒋介石的派系，务请立即返回。”[①] 于是，张学良决定东归。他一面派陈博生赴闽表示支持，同时电派陈言赴港向胡汉民致意。12

① 傅虹霖：《张学良的政治生涯》，辽宁大学出版社 1988 年版，第 98 页。

月 23 日，胡汉民派刘显丞迎接张学良，报告国内政情及胡的意图。1934 年 1 月 6 日，张学良、胡汉民在香港会晤。8 日，张学良抵达上海。12 日，陈言北返，邀刘显丞同行。胡汉民委托二人再次向张学良陈述自己的意图，劝张“彻底做去”，函称：

至对大局主张，亦断不以环境之转变而有所移易也。国事至此，有救亡之责者，不当狃于目前之小利，惟宜彻底做去，则中国庶有可为，想存亡绝续之间，先生必能熟之。

刘显丞抵沪后，张学良为了躲避特务的注意，于深夜在一个外国人的家里约见刘。张称：“已下决心为将来北方之主动，目前则仍与汪蒋敷衍，免其猜忌。”张并称该计划“须与两广互为呼应”，嘱刘显丞回港报告，如西南方面主张仍前不变，则东北当密派军事代表来粤切商。① 胡汉民得到刘显丞的报告后，即致函陈融，命其与陈济棠密商。函称：“弟意我人此时宜厚结广西而密与北方联络，沉机观变。如伯兄意亦谓然，弟当令刘秘密上省，以备伯兄面询一切。”② 3 月 1 日，张学良就任豫、鄂、皖三省“剿匪”总司令部副总司令，胡汉民认为此事“利害各半”，再次致函陈融说：

我已嘱刘显丞可即与小张切商军事之联络，小张就“剿匪”职，其部队将来必调长江上下游，此点利害各半，利在与南方联络，而害在易被分割、分化也。③

3 月 27 日，陈济棠在广州召开国民党西南执行部、西南政务会联席会议，李宗仁自桂前来出席，他积极赞成联络张学良的方针。会后，陈融致函胡汉民说：“此间联小张，亦政策之一变，此事不孤亦甚著力，言非合南北之力以挟门神不可。”④ 西南的反蒋派们一直渴望着能演出《水浒传》中

---

① 《四工致松兄》（胡汉民致陈融）。
② 《四工致松兄》。
③ 《致力翁》。
④ 《致延兄》。

“武松醉打蒋门神”的痛快淋漓的场面，张学良的归来使他们增添了几分希望。

哈佛所藏胡汉民档案中没有胡、张之间进一步联系的资料，看来是张学良逐渐怀疑反蒋抗日而倾向于拥蒋抗日了。

开赴西北与军事倒蒋梦想的破灭

福建事变失败后，胡汉民一面联络张学良，一面将目光注视到西北。

胡汉民和阎锡山之间信使往来频繁，和杨虎城也早有联系。6 月 7 日电杨，希望他“内除奸凶，外抗暴日”。8 月 26 日，再电云：“望团结各同志，密为策进。”11 月 27 日，三电云：“尚希一致奋起，共为主义效力。”同日，致电吉鸿昌云：

今后救国大计，厥惟归本主义，致力于西南，西北之联络。今平津各地势为暴日所必争，曷若萃我主力，树军事力量于西北。①

此电表明，胡汉民的目光在向西北转移了。

1934 年 1 月，孙殿英率部西进宁夏，准备就任青海西区督办一职。在 1933 年的长城抗战中，孙殿英部曾在赤峰英勇阻击日军，得到舆论好评，因此，中国共产党派南汉宸、常黎夫等人随孙部工作，准备在适当时机，会同红军与杨虎城的西北军，摧毁宁夏、青海的回军，通电反蒋抗日。② 胡汉民不了解上述情况，但他也企图依靠孙殿英，联络阎锡山、杨虎城，开府西北。1934 年 2 月 10 日，胡汉民致电孙殿英，指示其“巩固宁夏，进图甘肃。倘有可为，宜图进取；否则保存实力，期为后此之抗争”。同月 15 日，胡汉民致函陈融说：

孙殿英势力似不可侮，晋阎为助，已成分开之秘密。局面展开，或有

① 《致世五总指挥》。

② 米暂沉：《杨虎城传》，陕西人民出版社 1979 年版，第 56 ~ 57 页。

如梯云所云，晋、陕、桂联合倒府、组府之望。[1]

“梯云”，指伍朝枢。“晋、陕、桂倒府、组府之望”云云，反映出胡汉民等屡遭失败之后的新寻求。

然而，胡汉民过于乐观了。宁夏、青海一直是马家天下，南京政府命令孙部西进，一是为阻止孙部和冯玉祥等抗日力量结合，二是为了借刀杀人。孙军一进入宁夏，即与马鸿逵部交火，屡战不利。同年2月，何应钦下令对孙部实行围剿，孙殿英饷尽弹缺，一再致电胡汉民、陈济棠呼吁援助。陈济棠本已答应资助数万元，但不见行动，口惠而实不至。20日，胡汉民再函陈融，要求由总部拨借20万元。函称：

孙之成败，实与南北大局攸关。未审伯南兄前许之数万元已汇去否？弟意此时牵制，不使即以全力对我者惟此一路，且可因此牵动晋、陕抗△〔蒋〕，最低限，阎、韩、杨、孙亦不能不因此团结自保。[2]

2月21日，胡汉民致电李自立，提出孙部给养断绝，希望杨虎城与晋绥当局予以实际援助。3月7日，胡汉民再电孙殿英，指示其团结西北陕、绥、晋诸友军，“逐渐酝酿，形成一革命集团”。

在西北各种军事力量中，杨虎城是愿意援助孙军的。孙、杨之间约定，共同通电，呼吁抗日反蒋，稿子已经拟好并经孙殿英签字，未及发出，孙殿英就失败了。[3] 3月20日，孙殿英通电下野，离开部队。

在旧中国，完全缺乏从事公开的民主政治活动的条件，各派政治力量的角逐最后都不得不取决于军事。胡汉民是一介文人，他所依靠的主要是各地军阀和地方实力派。这些实力派，各有山头，各有利益所在。他们往往把保存自己放在第一位，很难形成一股统一的力量。

抗日讨贼军失败后，方振武南逃香港，吉鸿昌隐居天津，但二人都斗

---

① 《四工致松翁》。
② 《四工致松兄》。
③ 米暂沉：《杨虎城传》，陕西人民出版社1979年版，第57页。

志弥坚。方振武草拟了一份在黄河、长江流域的军事工作计划，经胡汉民、邹鲁等同意后，自动申请去广西、湖南边境活动。[①] 吉鸿昌则与南汉宸等组织中国人民反法西斯大同盟，积极联络各地抗日反蒋力量。胡汉民一度派熊克武去天津活动，准备在当地建立“北方军事委员会”[②]。1934 年 9 月，又派刘少南北行，联络于学忠、吉鸿昌等。[③] 11 月 9 日，吉鸿昌等在天津国民饭店研究工作，被国民党军统特务包围，刘少南当场牺牲。[④]

在一次次的失败之后，胡汉民的军事倒蒋梦想终于破灭。

抵制五全大会

在胡汉民的支持下，西南不仅长期维持着半独立状态，而且在党务上，也对南京国民党当局采取不合作政策，尽力抵制各种会议。

还在 1932 年 3 月，国民党在洛阳召开四届二中全会，胡汉民即以“政见不同”为理由，拒绝参加。[⑤] 1933 年 3 月，国民党中常会筹议于 7 月 1 日召开临时全国代表大会。同月 20 日，胡汉民致电阎锡山说：

> 今日当局对日既出于不和、不战、不守、不走之一途，大势所趋，惟归屈辱，欲嫁其屈辱之罪责，则必力求为分谤计，故召开临时全国代表大会之说，遂为南京党部所决议。西南同志于宁中此议，固持反对，如反对不成，则惟有为对抗会议之筹备。

4 月 4 日，唐绍仪、胡汉民等通电反对，认为召集全国临时代表大会“不独无此必要，且不当行”，迫使南京方面取消此议。

根据国民党党章，第五次全国代表大会应于 1933 年 11 月召开。当年 8

① 《胡汉民致邹鲁函》，1934 年 5 月 16 日、1934 年 6 月 2 日；《致佛成、海滨》，1934 年 6 月。
② 《胡汉民致萧佛成》，1934 年 1 月 4 日。
③ 《胡汉民致于学忠函》，1934 年 9 月 21 日。
④ 《吉鸿昌将军牺牲五十周年纪念专辑》，第 59 页。
⑤ “对十九路军以援绝撤退淞沪之谈话”，载于《远东日报》，1932 年 3 月 4 日。

月，唐绍仪、萧佛成、陈济棠即致电国民党中央反对，迫使南京方面不得不宣布展期一年。

1934 年 1 月 20 日，国民党在南京召开四届四中全会。会前，胡汉民、邹鲁等策划了一项“倒汪”计划，企图由邓泽如出面提出弹劾汪精卫的议案。邹鲁致胡汉民函云：“事虽对容甫，实意仍在沛公。”① 可见，该计划虽以弹劾汪精卫为名，而实际矛头仍指向蒋介石。不过，邓泽如的弹劾案未能提交会议讨论，而萧佛成等 26 人提出的“改革政治”案则得以修改通过。该案第二条称：“对于东北四省领土仍未恢复，本党应引以自责，更应精诚团结，集中国力，充实中央，共救危亡。”第三条称：“政府之目的在努力维护国权，解放民权。故对外必须抵抗帝国主义之侵略，以保障国家之独立；对内应依法确实保护人民言论、出版、集会、结社一切自由，同时遵依《建国大纲》，实行地方自治，使人民有参与政治之机缘及其能力。”这些地方，显然反映出西南派政治主张的部分胜利。

1934 年 7 月，胡汉民鉴于五全大会召开期近，于 23 日致电陈雨亭、李白俦说：

关于五全会问题，海外支部不妨准备参加。倘西南发动能早，不参加固无问题，否则亦可运动各方拟具重要提案，根据党纲，就现状抨击其殆〔贻〕误党国。

8 月 12 日，南京方面宣布将于 11 月 12 日召开五全大会，讨论召集国民大会、修改总章、推进党务、确定施政方针等四项议题。胡汉民仍然反对召集这样一次会议。24 日，他致电李烈钧等，表示将“从根本上破坏”宁方计划，但如来不及，也准备派人参加，提出西南方面的根本主张。9 月 8 日，胡汉民、陈济棠、李宗仁等 21 人致电国民党中央，认为南京方面所提议题，“空洞落漠”，“无一及于当前救亡之大计”。胡等自提议案四项，要求“整饬政治风纪，惩戒丧权辱国之军政当局”，“确立外交方针并

---

① 《邹鲁致展兄函》，1934 年 1 月 21 日。

国防计划，以维护国家之生存”①。该电通称“齐电”，发出后，南京方面“置而不议，受而不答”，严禁各地报纸登载。

8 月 25 日，胡汉民等 29 人再电国民党中央，提出两项要求：①履行本党“人民有言论出版自由权”之政纲，容许一般人民对于政治、外交之建议及批评。②厉行本党民主集权制，予中央委员及海内外各级党部、党员对于党务、政治、军事、外交应有充分建议及批评之完全自由。胡汉民等激烈地批评南京方面“党同伐异，自为派系，钳制同志，变本加厉”。电称：“苟不能恢复党员对于时政之建议、讨论、批评之自由，则此种大会断不足以代表全党之意志，徒为少数人所把持，以施展其僭窃本党之阴谋。”胡汉民等并要求，给予党员以选举代表之完全自由权。该电通称“有电”②。

10 月 17 日，胡汉民发表《为五全大会告同志》，声称五全大会“只是军权统治的五全大会”，不是中国国民党的五全大会。③ 胡汉民作了宁方不接受“齐”“有”两电的充分思想准备，计划在必要时单独召开代表大会，宣布蒋介石、汪精卫等“叛党、卖国罪状”，“开除其党籍”，同时，建立新的党的“中枢”④。

对于胡汉民等人的做法，南京方面自然很恼火。但是胡汉民在国民党内拥有很高的威望，他的周围又团聚着一批老国民党人和地方实力派。南京方面不能无视这一股力量。为了促进宁粤合作，10 月 8 日，南京方面推孔祥熙出面致函胡汉民，声称五全大会开幕在即，邀请胡“早日命驾来京，主持一切”。10 月中旬，王宠惠携孔函南下，面见胡汉民、萧佛成等。王称：“此来只以第三者之资格，作双方意见之传达，绝非代表北方任何人或任何方面。”⑤ 又称：“南京中央同志很盼望和平，希望西南同志对于南京

---

① “齐电”，载于《三民主义月刊》第 4 卷第 4 期。

②③ 《三民主义月刊》第 4 卷第 4 期。

④ 《致南洋英属总支部整理委员会函》，1934 年 9 月 25 日；《致邹鲁等函》，1934 年 9 月 30 日。

⑤ “萧佛成先生关于宁粤合作之谈话”，载于《三民主义月刊》第 4 卷第 5 期。

种种举动，予以谅解。”[①] 王并称：“汪对胡展堂先生毫无恶意，蒋则力促余迅速南下，征求西南对时局意见，以使合作问题得以早日解决。”[②]

10 月 28 日，胡汉民对法报记者发表谈话，对王宠惠此行表示不满。胡称：“当道诸人仅于口头上希望余等对彼所实行之政策予以谅解，忽略事实及国家之危机，而趋重私人之情感方面，以求私人间之谅解。此种态度，恰与余历来对事不对人的主张相反，极为余所不取。”胡并进一步指责：“南京政府之上，尚有一南昌之太上政府，彼以一军事领袖，在行政上而可以擅自发号施令，并擅自召集各级文官训话，又可以组织蓝衣党，企图以法西斯主义代替三民主义。”[③]

自 1933 年 1 月起，胡汉民即在香港创办《三民主义月刊》，作为反蒋舆论机关。王宠惠南来前后，胡汉民多次致函《三民主义月刊》和邹鲁等人，要求加强对法西斯主义的研究与批判。10 月 18 日函提出“就时局现状及本党主义、历史，总论南京军阀蓝化中国政策之荒谬”，同时指定《三民主义月刊》第 4 卷第 5 期为“反蓝专号”。胡汉民并亲为该刊撰写《武汉统治者的法西斯蒂运动》，指责蒋介石“保存着中国国民党的招牌，变更中国国民党的实质”，“以三民主义为标榜，而实际推行的，乃是武力统治的独裁专制主义”。

召开五全大会本来是汪精卫的主张，蒋介石的兴趣并不很大，西南方面既然强烈反对，蒋介石也就主张从缓，指示南京方面宣布五全大会延期，于 12 月 10 日先行召开四届五中全会，以便腾出时间，继续做胡汉民等人的工作。胡汉民再次胜了一个回合。

王、孙说合与蒋、胡通信

胡汉民既不肯入京，又不同意召开五全大会，蒋介石只好作让步的准

---

① “和平运动”，载于《三民主义月刊》第 4 卷第 5 期。

② “萧佛成先生关于宁粤合作之谈话”，载于《三民主义月刊》第 4 卷第 5 期。

③ “胡先生为宁粤合作对法报记者之谈话”，载于《三民主义月刊》第 4 卷第 5 期。

备：一是部分采纳胡汉民的“均权”方案，二是设法使对日妥协、名声不好的汪精卫下台。

胡汉民被释后，即积极提倡“均权”。1931 年 11 月，他从上海到广州，在非常会议和国民政府联合纪念周上发表演说称：“满清以集权而亡，袁世凯以集权而死，今之人以集权而乱。”① 广州“四大”中，胡汉民又与孙科、陈济棠、李宗仁、伍朝枢共同提出“实行均权以求共治案”。1934 年 2 月至 3 月，他连续发表《论均权制度》《再论均权制度》等文，提出具体方案，同时指责南京方面标榜集权，实为“集权于南京军阀”。胡汉民声称：“实行均权制度，是中国今日唯一的需要。”

同年 11 月，蒋介石、汪精卫拟订了一项中央与地方“均权”的方案，提出：法制方面，中央规定政治原则，地方制定实施办法；用人方面，地方可选择保荐，由中央任命等。该方案于 27 日由蒋、汪以联名通电的形式发布。同月末，蒋介石派王宠惠、孙科再次赴港，会晤胡汉民。王、孙携有蒋介石、汪精卫、居正、叶楚伧、陈果夫、于右任等中央常委的函件。蒋函云：

> 兹请亮畴、哲生两同志代谒左右，商承党国大计，祈与详洽一切，并恳早日命驾莅沪，俾得面罄所怀。

蒋介石等六人函云：

> 党国大计，亟待解决，深盼先生驾临京沪，无任跂祷。

12 月 3 日，王、孙到港，次日会谈。王、孙“郑重”代表蒋介石要求胡汉民等人谅解，并称：蒋介石已认为内政外交确有改革必要。王、孙特别谈到蒋、汪 27 日通电系由蒋定稿，汪副署，声称其所以要求与胡见面，乃是为了“当面决定一切方案，期于施行适当”。胡汉民则批评 27 日通电不是“根本办法”。王、孙又称，蒋介石的意思是“不只局部问题可以改

---

① “论均权制度”，载于《三民主义月刊》第 3 卷第 2 期。

造，即全个问题亦可改造，对水云不成问题”。“水云”，宋代词人汪元量的号，这里借指汪精卫；“不成问题”云云，暗示汪精卫可以下台。对此，胡汉民表示说：“我向来对事不对人，但以为如此可使一切事情圆滑易行，则我亦不反对。”① 在多年的矛盾冲突之后，蒋介石采取主动，派人道歉，胡汉民感到了某种满足，因此会谈气氛“和好”。

在此后的会谈中，胡汉民提出治本与治标两个方案。所谓治本，即要求蒋介石接受1931年粤方提出的党政改革案和“齐”“有”两电；所谓治标，即开放人民言论集会之自由，确定入川剿共，不作大兵压境之威胁，对于此间朋友同志，不得敌视，而猖獗杀人之组织须即解散。② 孙科和胡汉民有联盟反蒋的历史。某日下午，他和胡汉民作了一次深谈，孙称：“先去水云，终是一手段，且此时不须西南说话，只作为改用比较可以接纳西南政府之人，则两方接触，不致急剧。”孙并称，他本人无意重作冯妇，建议推孔祥熙出任行政院长，他说：“门之诚意，尚不可知，什么院长滋味，我亦不愿再尝，不如再用门之所呢，如庸之者。”胡汉民认为倒阁一类运动不足以救亡，撤去汪的院长，换汤不换药，也不足以求谅解，因此表示说：“此事我不反对，然亦不能说是赞同，至于门无诚意，则我看得甚为清楚。”③

12月8日，孙科先行北返，行前，孙科问胡汉民还有什么具体意见，胡称：“须先确定今后之政治基础为军权统治，抑为民权统治”，把这个问题解决了，和平便有了途径，协作也有了头绪。④ 他托孙科带一封信给蒋介石：

自民二十年后，久阙音问。亮俦、哲生两兄来，藉获手书，甚感关注。第三年养疴海隅，而时受风寒侵袭，血压久治未低。闻尊体近日亦不能无

---

① 《胡汉民致松兄》。

② 《胡汉民致松兄》，1934年12月17日。

③ 《工致力兄》。

④ “和平协作之真伪”，载于《三民主义月刊》第5卷第1期。

小病，视以前精力稍逊，诚为兄系念不已。国家大计，弟以为总理已垂示甚周，故数年来仍悉心体认而莫敢外。此次与亮、哲两兄所谈，亦惟此旨，即托其一一面达，其间亦非片楮所能尽也。

这封信有原则，有礼貌，冷淡中略露几分情谊，显示了胡汉民对宁方的合作要求既不接受，又不拒绝的态度，留有充分的伸缩余地。

但是，在其他场合，胡汉民对蒋介石的攻击火力并未减弱。12 月 15 日，胡汉民发表文章指责南京方面“剽窃总理之均权主张，希望在军权统治之下实行其均权制度”[①]。然而，这不过是一种姿态。1935 年 1 月 20 日，王宠惠分访蒋介石、汪精卫，商谈迎胡入京及合作问题。28 日，胡汉民派李晓生北行，与王宠惠、孙科会谈。2 月初，蒋介石接见李晓生，11 日，蒋介石致函胡汉民称：

弟决入川剿赤，以后道途日远，关山间隔，徒切想念。党国危急，四顾茫茫，甚盼后方同志，无间彼此，以谋团结，以挽垂危之局，弟所望者惟此而已。晓生同志转述厚意，故人情殷，敢不心领，亦望先生为国珍重。

表示“入川剿赤”，算是答应了胡汉民的一项条件，“故人情殷”云云，算是表达了重修旧好的愿望。

本来，在王宠惠等开始说合之际，胡汉民密告何士桢等称：“必须掀起更大的风潮，形成分裂、对抗，乃有效果。”现在，经过王、孙说合之后，胡汉民的态度变化了。3 月 5 日他复电李晓生说：

入川剿赤与对日坚持，皆与我人意见上已渐趋近，而彻底改革一切错误政策更为必要，惟有暂以分工为合作。[②]

虽然还强调“分工”，但毕竟出现“合作”的字眼了。

---

① “军权与均权”，载于《三民主义月刊》第 4 卷第 6 期。

② 《四工致晓兄》。

拒绝日本侵略者的引诱

中国的分裂状态有利于日本侵略，因此，日本帝国主义者使用各种手段，力图加深并扩大中国的分裂。福建事变后，日本方面不断派人拉拢胡汉民，表示愿意提供武器和金钱的支援，甚至以支持胡汉民当总统相饵。胡汉民的原则是，坚决要求收复东三省，可以接受日方援助，但不接受任何附加条件。

1934 年 2 月，日本有几个武官到港，“问候”并探询胡汉民对中日前途等问题的主张，胡答称：

日本是侵略国，中国是被侵略国，中日两国要恢复友好关系，唯一的办法只有日本自动交还东三省给中国。

日本武官诡称：“日本并没有侵略满洲，满洲独立，是三千万满洲国人民的愿望，这种民治精神，日本不能干预。”这几句话引起胡汉民的厌恶，他立即正颜厉色地斥责说：

你们来是拜候我的吗？来拜候我，是应该讲实话的，不讲实话，就请你们出外去。我不知道甚么是“满洲国”人民的民治精神，只知道东三省是中华民国的领土。你们做这种假戏来欺骗世界，还把这假戏来向我巧辩吗？①

其后，胡汉民即发表文章，阐明孙中山“联合世界上以平等待我之民族共同奋斗”的思想。他宣称：中国的外交政策，应当确立于“保障中国领土主权完整”这一基点上。“凡能帮助中国达到这个目的的，德谟克拉西的国际也好，希〔布〕尔什维克的组织也好。我们不妨同情协作。”② 还在 1933 年，胡汉民就鼓励西南方面与苏联发展贸易关系，并派陈群赴沪致力此事。这里，联俄制日的思想就更加明确了。

①② 胡汉民：“国际现势观察远东问题”，载于《三民主义月刊》第 3 卷第 3 期。

日本武官的初次探询失败。同年4月8日，又由萱野长知出面致函胡汉民，鼓励中国实行“不战”政策。函称：

今东四省已成独立，而外蒙、伊犁、青海、新疆、康藏等处，亦归英俄竞夺之区。云南一角，忽成英国势力范围，东亚危机实不堪寒心也。弟以为保全中国之道，唯有不战二字而已。

同函并称：救国之大策，在于继承犬养毅与孙中山的遗教，实行“日华和平的合作。”萱野说：

世界大和平者，即在国境之撤废，在世界大同，是吾人之最终理想也。但现在缔结日华两国关税互惠条约，为平等资格而实行木堂、中山两先辈之遗志，打世界的大和平之先手，长江南北皆可望风合流无疑也，则是和平统一之初步。

萱野声称：如胡汉民赞成此意，“即应宣布西南独立，进就总统之职，弟必行积极之援助，亦运动敝国迅速承认西南政府”。他表示，将于5月上旬来华接洽。①

萱野是孙中山的老朋友，同盟会时代曾积极支援中国革命。胡汉民的复信称：

手教诵悉，言及孙总理平生之主张，尤令人感慨不已。盖现实之状态，去之益远，其责任果谁负耶！

言外之意是，蒋介石和南京当局违背了孙中山的主张，中国现状和孙中山的遗愿相距甚远。胡汉民表示：“足下能来一游，至所欢迎。”

同年，日本特务土肥原贤二策划在中秋节前实现“华北自治”，疆域包括长江以北各省及山西、陕西、甘肃、青海、新疆、察哈尔、绥远与宁夏等地，由吴景濂负责政治，吴佩孚负责军事。计划确定后派唐宝锷赴粤，与邹鲁商谈，声称如粤方军队讨伐蒋介石，可提供军械，并借款五千万。②

---

① 此函仅署4月8日，年代据内容及萱野行踪考定。

② 《力致福兄》。

此事胡汉民未予理睬。

这一时期，到广东活动的还有日本特务和知鹰二，由曾任广州市市长的刘纪文接谈。胡汉民指示说：

弟处无论如何仍抱定收复失地之议，而地方局部之接洽，纪文等既已进行，则其无条件而可为物质之大助者，自不妨与之斟酌也。①

一方面反帝，一方面又希望从帝国主义得到援助，这是胡汉民的悲剧，也是近代中国不少爱国人士的悲剧。

对于日方的拉拢和引诱，胡汉民一概采取“推而远之”的应付办法，他曾在一封信中说：

去年以来，矮子之俦，多方求门路，弟皆推而远之，与谈三民主义，与谈日本立国之精神，与言反对军国主义，反对法西斯蒂。②

1935 年 3 月 2 日，土肥原亲自到香港会见胡汉民，标榜“中日提携”，企图挑动两广出兵倒蒋，以便日本出兵华北；胡汉民则阐明孙中山的“中日亲善”思想，“实以中日平等为基础”，要求日本改变侵华政策。③ 土肥原密询日俄交战时，中国孰为左右袒，胡称：“须交还满洲。”福建事变时，陈铭枢等和日本方面有联系，胡汉民告诫亲信说：

福建信使往还，门神乃详知之以为口实，而跛哥等则未食羊肉，先惹一身臊也。故外交无定则，惟视本身利害如何而定，不可遂失政治之立场一也；不可上当如跛哥二也；粤与英密切，不使猜疑而敌视三也。④

胡汉民是个有操守的政治家，他在和日本方面的交往中，确实不曾丧失民族立场。

---

① 胡汉民手迹，未署年月。
② 胡汉民手迹，末署：工，十六日。
③ 胡汉民：“论所谓‘中日提携’”，载于《三民主义月刊》第 5 卷第 3 期。
④ 胡汉民手迹，末署：工，十六日。

出国与归来

塘沽协定后，日本帝国主义加紧侵略华北，“精诚团结，共赴国难”日益成为全国人民，包括国民党内爱国分子的迫切要求。同时，由于形势逼迫和各方推动，蒋介石也在作抗日准备。1935年春，邹鲁向胡汉民建议，改变西南与中央的关系，帮助蒋介石抗日。① 胡汉民接受邹鲁的建议，于6月9日离港赴欧。行前，发表谈话，声称此行目的在于“易地疗养”，“外间传言种种，殊非事实”，“余之主张政策，亦不以时地为转移而有所变易”②。

在国外期间，胡汉民和国内始终保持密切联系。8月8日，邹鲁致函胡汉民，报告各方动态。当时，日本军国主义者正在唆使华北实力派“讨蒋”，借以分裂中国，邹鲁则针锋相对地提出一项旨在“实质抗日”，联络“各省各方”的大团结计划。函称：

蒋之问题，系政治好坏问题；日之问题，系民族存亡问题。况今之华北讨蒋皆受日指挥或迫胁，靡论不能成，即成亦成日人世界也。

邹鲁的这封信，将民族利益置于派系利益之上，预示着国内各派政治力量与蒋介石和解，共同抗日的前景。

要抗日，就必须坚决反对南京妥协派的主要代表汪精卫。自1934年1月国民党四届四中全会起，胡汉民、邹鲁、邓泽如、萧佛成等人即谋划倒汪。此事得到南京方面不少国民党元老的呼应。1935年9月12日，黄季陆致胡汉民函云：

陆定明日启程赴沪一行，目的在对时局有较深之观察，以便应付，同时颇欲乘宁方倒汪失败之后，对宁渐呈离心之势力者必多，能乘时利用，或于吾人之进展不无裨益也。陆之所虑者为宁方对日外交似渐有头绪，若待其成而后反对，不利殊甚。今次所定之计划，惟一目的即在鼓动政潮，明显对立，

① 邹鲁：“回顾录”，载于《邹鲁全集》（二），台湾三民书局1976年版，第454页。

② “出国谈话”，载于《三民主义月刊》第5卷第6期。

一面造成汪精卫卖国政权之不稳，同时即所以使其屈辱外交之不易进行也。

当年6月19日，蔡元培在中央政治会议上率先向汪精卫发难，质问其“对日外交究持何策”。吴稚晖、于右任、戴季陶、孙科等继起响应。30日，汪精卫称病休养。7月24日，中央政治会议决定，由孔祥熙代理院务。但是，日本方面随即施加压力，蒋介石不得已，只好请汪精卫复职。函中所称“宁方倒汪失败”指此。从此函可以看出，汪精卫复职后，西南方面决定继续斗争，掀起更大的政潮。

7月16日，萧佛成、陈济棠、李宗仁致电国民党中央，旧话重提，要求将1934年9月8日“齐电”所列“惩戒丧权辱国之军政当局”等案列入五全大会议题，但南京方面仍然以种种理由加以推拒。其后，西南方面又要求重选代表，并提出：“党的精诚团结，当团结于大会合法进行之下；不当团结于一二人玩弄党权之下；国家之精诚团结，当团结于有效救国方针之下，不当团结于一二人丧权辱国之下。”① 11月1日，国民党召开四届六中全会，汪精卫在致开幕词后即遇刺，妥协派遭到一次打击。会议通过了冯玉祥、李烈钧等22人提出的救亡大计案，国民党的内外政策开始发生变化。

为了打开僵局，蒋介石于11月4日派戴季陶、马超俊飞赴广州，会晤陈济棠、李宗仁、萧佛成等，敦促留粤中委参加五全大会，一面派王宠惠的亲信魏道明赴欧，邀请胡汉民归国，共同主政。戴、马之行大致顺利，魏道明则碰到较多困难。胡汉民态度强硬，不忘旧嫌。他委托程天固与魏会谈，程提出：“倘胡先生在党的地位得到解决，其他一切问题便可迎刃而解。”又称：“（胡先生）现在主张以抗日救国为唯一主旨，故一切政治措施应以军事之准备为至要，而负此责任者，他早已认定非蒋氏莫属。党与军之责，各有攸关。其他问题，自易商量。我信党军分负责任一点，为蒋胡归好之先决问题，不得不先向蒋氏说明，并须得其同意之确实表示。”②

---

① “西南中央根据齐有两电主张向五全大会从新提出议题之铣、巧、东、文四电”，载于《三民主义月刊》第6卷第5期。

② 《程天固回忆录》，香港龙门书店1978年版，第284～287页。

魏立即致电蒋介石请示，蒋复电赞成。

11月12日，五全大会开幕，蒋介石声称："绝对不订立侵害我们领土主权的协定，并绝对不容忍任何侵害我们领土主权的事实。"[①] 12月7日，五届一中全会选举胡汉民为中央常务委员会主席，蒋介石为军事委员会委员长兼行政院长。胡汉民听到这一消息时，"面有悦色"，随即与程天固等草拟改组中枢计划，拟以王宠惠为行政院长，颜惠庆为外交部部长。[②]

在蒋介石及有关方面的一再电催之下，胡汉民于12月27日自法国启程回国。1936年1月6日，蒋介石派魏道明先期至新加坡迎接。其致胡汉民函云：

尊驾返国，欣感之怀，非言可喻。兹先请伯聪兄专程代表来新迎接，并候长途起居之劳，无任想念。务请即日莅临京中，共济时艰。伫候之诚，不尽缕缕，伯聪兄必能代致一切也。

1月15日，胡汉民抵港，在书面谈话中要求："党应恢复为有主义、有精神之党，力除过去灭裂涣散之错误"；"政府应改造为有责任、有能力之政府，力矫过去畏葸苟安之错误"。[③] 25日抵广州，多次发表谈话，批评南京国民政府"对于人民多务压抑，不务领导"[④]。他说："余今日之工作，为如何促进政府之觉悟，并如何团结全国抗战之力量，俾中华民族最后之自救。"[⑤] 从主张"反蒋抗日，推翻南京政府"，到主张"促进政府之觉悟"，"团结全国抗战之力量"，反映出胡汉民思想的巨大变化，也曲折地反映出近代中国历史即将进入一个重要的转折时期。

5月12日，胡汉民因突发脑溢血于广州逝世。

---

① 秦孝仪：《先总统蒋公思想言论总集》第14卷，书告，台北中国国民党中央委员会党史委员会1984年版，第381页。

② 《程天固回忆录》，香港龙门书店1978年版，第287～288页。

③ "抵港时书面谈话"，载于《三民主义月刊》第7卷第2期。

④ "在广东各界欢迎大会中之演说词"，载于《三民主义月刊》第7卷第2期。

⑤ "胡汉民先生对国事之谈话"，1936年2月22日，载于《胡汉民先生归国后之言论》（二），广州先导社1936年版。

一项南北联合打倒蒋介石计划的夭折

——台湾地区所藏阎锡山档案一瞥

阎锡山生前不仅注意保存自己的档案，而且还专门设立机构，截收民国时期的各方电报，因此，台北“国史馆”所存阎锡山档案内容极为丰富，可以说是研究民国史的一座尚待开发的矿藏。

我访问台湾期间，曾浏览过阎锡山档案的部分内容，兹就30年代一项南北联合打倒蒋介石计划的提出和夭折，略窥该项档案的价值。

20世纪30年代初，天津是华北的政治重地，各派都派有代表常驻。阎锡山在天津也设有联络处，其负责人为傅觉民，任务是与各方联系，收集情报，收转各方文电。当时，各方打给阎锡山的电报常常是先打给傅觉民，再由傅打给山西清乡督办杨爱源，由杨加以处理。本文所述，即为此类电报。

日军侵略华北，胡汉民等加紧倒蒋，争取阎锡山，支援冯玉祥

1933年3月，日军侵占热河，进攻长城各口。5月31日，中日双方在塘沽签订停战协定，南京国民政府让出察哈尔北部与河北东部大片国土，并在事实上承认了日本对于东三省和热河的占领。其后，日本帝国主义即在冀东建立伪组织，蓄谋进一步扩大侵略，建立所谓华北政府。

塘沽协定加深了华北危机，也加深了国民党内部的派系纠纷，以胡汉民为首国民党西南执行部和西南政务委员会（简称西南派）企图利用这一

时机，加紧反蒋活动，计划出兵北上。6月4日，傅觉民致电杨爱源，汇报西南情况云："塘沽签字丧权太甚，西南倒蒋，更为积极。惟对出兵事，须另定办法。"① 在日军侵略热河时，广东、广西、福建三省曾组织西南联军，以十九路军抗日名将蔡廷锴为总指挥，出师援热，但因蒋介石阻止，师至湖南郴州而返。本电所言出兵，指当时西南方面正在酝酿的新的倒蒋军事行动。

在30年代初期的反蒋派系中，最具实行精神的是冯玉祥。塘沽协定签字前几天，冯玉祥即在胡汉民等人的支持下，组织察哈尔民众抗日同盟军，奋起救国。第二天，西南派即通电支持，表示愿为后盾。塘沽协定签字后，李宗仁、陈铭枢、蒋光鼐等于6月7日在广州会议，就反蒋抗日问题达成初步意见。10日，胡汉民、邹鲁致电阎锡山，要求阎公开表态支持冯玉祥，并就近予以实际援助。电称：

焕公崛起，请公就近援应，并号召各方，与之一致，无使受各个击破，是所切祷！闽、桂、粤诸处，人已齐集广州，商讨蒋计划。乞示我周行，无任远盼。

西南派是一个复杂的派系，在反蒋抗日上虽然有共同语言，但其内部仍然矛盾重重。傅觉民将此电转报山西的同时，特别说明：胡汉民等西南元老派、在野的李济深、陈铭枢与广东陈济棠之间，"主张仍不能完全一致，故一时仍不易有开展作法"。阎锡山有鉴于此，决定暂时观望。

蒋介石和地方实力派之间本来就存在着种种矛盾。日本帝国主义对华北的侵略不仅加深了中华民族的危机，而且严重威胁着华北以至华东地区部分实力派的利益。为了自保，不少派系都有投入抗日反蒋潮流的动向。5月下旬，华北各实力派代表在天津会商，山东韩复榘的代表表示，将通电"数蒋误国之罪"，并与西南方面保持一致。其办法是：由阎锡山领衔；如阎有顾虑，则请杨爱源及山西将领参加联署；如杨爱源亦不便参加，则请

① 《天津傅觉民致杨督办定密支电》，029700，特种史料档案，第22卷，1932～1933年。

山西方面“尽力援助”[1]。电发，山西方面没有反映。

阎锡山统治山西多年，既工于权术，又老于世道。他虽然和蒋介石有矛盾，但中原大战时他已经有过反蒋失败的经验，要他再一次挑头反蒋，“号召各方”，自然不是一件容易的事情。

南北两方计划会师长江，共讨蒋介石

冯玉祥察哈尔举事之后，南北各派反蒋力量都曾计划有所行动。南方，胡汉民等准备组织与南京相对立的政府，成立西南联军，北出长江；北方，梁冠英等推中原大战时的前敌总指挥鹿钟麟为首，准备出兵武汉，与胡汉民等会师。7 月 6 日，傅觉民电杨爱源报告称：①西南出兵刻下积极进行，俟将来到达相当地方时，剿共、倒蒋即双管齐下。②冯玉祥就职多日，大家认清已无良好办法，但甚望他能支持下去，以待时局之变化。③梁冠英、张印相、上官云相等均有代表往返相商，俟西南出兵到湘，即拥戴鹿瑞伯（钟麟）进占武汉。傅觉民并称，李宗仁、白崇禧已派前同李宗仁夫人来过山西的瞿雨农来津，共商进行。傅电显示，一个南北同时出兵，会师长江，共同推翻南京国民政府的计划正在酝酿中。

胡汉民等企图成立政府，公开与南京抗衡，虽成立有日，而终成泡影

西南方面虽然积极准备成立政府，出兵北上，但是，并未能实行。其原因，7 月 10 日前后，西南方面曾致电傅觉民说明：“此间讨蒋，本已一致，只因军事、财政略有困难，故军事当局稍有踌躇，现已积极促开新局。”11 日，再致一电，较前电说得更为具体，略云：

---

① 《天津傅觉民致杨督办定密支电》。

此间剿共，因相持千余里，未能一时将军队抽回，加以金银价本年起落太钜，金融发生恐慌，遂致未能即时成立政府，宣布讨蒋。倘今后剿共仍成相持之局，将来即由闽、桂出师，湘、浙原定计划决不变更，请促各方一致奋起。千夫所指之蒋，决无不倒之理也。

当时，陈济棠周旋于两种政治力量之间，既支持胡汉民等反蒋，又接受蒋介石的“剿共”指令。当年6月1日，陈通电就任“剿匪”军南路总司令，布置对中国工农红军作战。本电所称因“剿共”，“未能一时将军队抽回”，以及所谓“金融发生恐慌”，均指陈济棠。看来，陈济棠的态度发生了变化。因此，胡汉民等不得不将希望转寄于福建、广西方面。“湘浙计划”云云，当指由广西、福建分别出兵进军湖南和浙江。

然而，世事正如浮云苍狗，在接连给华北方面发过两通令人沮丧的电报后，胡汉民等却突然派人到天津，给华北实力派们送来了一连串令人振奋的好消息。据称：陈济棠的态度坚定了，与陈铭枢、李济深、李宗仁的缓急之争也由于胡汉民的调停解决了。不仅如此，陈济棠还派人到香港表示，欢迎胡汉民入粤，组织政府。7月21日，傅觉民致电杨爱源云：

关于倒蒋抗日，伯南（陈济棠）与真如（陈铭枢）、任潮（李济深）、德邻（李宗仁）素来主张缓急不同，因胡汉民之从中调处，近已完全一致。伯南昨已派林翼中来港，谒汉民表示决心，欢迎汉民入粤，主持大计。胡汉民等主张于最近期间组织政府，陈济棠表示唯命是听。据来人言，西南政府不久即可组织，胡汉民不久即可入粤主持一切。①

消息既然如此之好，韩复榘便首先积极起来，他表示：“只要西南方面有具体办法，彼可起而响应。”②

其后，胡汉民、李宗仁等一再给傅觉民来电，声称“正积极筹备”③。

① 《傅觉民致杨爱源电》，1933年7月21日。括号中人名为本文作者所注。
② 《傅觉民致杨爱源电》，1933年7月25日。
③ 《傅觉民致杨爱源电》，1933年7月31日。

7月26日，胡汉民、萧佛成、邓泽如、邹鲁联名致电杨爱源称：“此间一切筹备已妥，日内即可发表。”胡等并称，已致电阎锡山：“请其领导北方同胞，一致动作”。在天津的各地实力派代表也纷纷表示拥戴阎锡山。8月4日，傅觉民电阎锡山称：“在津诸同人对我公之为人均深赞佩，除迳电我公外，并祝代为达意。”①

然而，华北的反蒋分子并没有高兴多久。过了几天，西南方面又来电称：“大计已定，不日发动，但因陈济棠一人关系，至今仍不能有所表现。”② 原来，问题还是出在陈济棠身上。

30年代初，陈济棠游移于反蒋与拥蒋之间，一方面，他挟胡汉民以自重，对蒋保持半独立状态，另一方面，他又不愿真正拥胡，以免胡等威胁他的地位。对此，后来李宗仁分析说：“陈济棠盘据广东，俨然是岭南之主。如在广东组织政府，则党中元老以及陈（铭枢）、蒋（光鼐）、蔡（廷锴）等人将接踵而至，这样则抗日反蒋未成，而陈济棠先已失去其在广东惟我独尊的局面。”③ 李宗仁的这一分析，是符合事实的。

西南方面既不能出兵北上，华北和各地的反蒋实力派自然不敢轻动。作为地方实力派，其中除部分人确实具有爱国思想，如冯玉祥外，其他不少人并无固定的政治主张，而是以割据和自保作为最高利益。为了自保，反蒋可，拥蒋亦可，抗日可，亲日亦可，完全视形势和条件是否于已有利而定。8月5日，冯玉祥因势单力孤，被迫交出察哈尔省大权，回泰山隐居，华北的抗日反蒋潮流暂时沉寂。

反蒋抗日乎？团结御侮乎？

为了使华北实力派不致过于失望，9月下旬，唐绍仪、萧佛成、邓泽

① 《傅觉民致杨爱源电》，1933年8月4日。

② 《傅觉民电》，1933年8月17日。

③ 《李宗仁回忆录》，政协广西文史资料委员会1980年版，第658页。

如、陈济棠、李宗仁、邹鲁以西南政务委员会名义联名致电北方将领，坚持必须讨蒋才能抗日。电称：

今日国势阽危已极，始为日本暴力所侵陵，继为蒋日密谋勾结所危害，乱亡之祸，不可终日，故必讨蒋始足以抗日，始足以救亡，已为举国所公认。或有以国难方殷，宜协力御侮，而不宜自起纠纷者，此其自误国，特为南京政府精诚团结，共赴国难之口号所蒙蔽，蒋氏反而利用国难，排除异己，卖国家以求独裁，自难再事容忍。①

从本电看，当时国民党内部也存在着两种意见，一种是“讨蒋始足以抗日”，一种是“协力御侮”。胡汉民等坚持前者，反对后者；要转移到后者方面来，还有一段过程。

日本帝国主义分子一方面不断制造侵华事件，企图扩大侵略；另一方面则扶持反蒋势力，企图制造纠纷，浑水摸鱼，以华制华。日本军方和特务机构有专人做胡汉民等西南派的工作。从阎档看，塘沽协定签字后不久，日本方面就表示：“愿助西南倒蒋。”② 7月，日本方面宣称，蒋虽让步屈服，而日本仍不愿从此了事，以后当更变更方略，与蒋为难。③ 8月中，又在华北派中表示“凡系确实倒蒋分子”，均将加以援助。④ 在日方一再拉拢下，西南派中一度有联日的主张。10月14日，傅觉民致电山西称：“西南年来以为倒蒋抗日并重，近来已变更主张，以为倒蒋必须连日。”⑤ 不过，由于胡汉民等坚持民族大义，西南派中的联日主张没有成为主流。北方的方振武即使处于困境，宁可失败也拒绝和日方妥协。⑥

---

① 《杨爱源致傅觉民》，1933年9月30日。
② 《天津傅觉民致杨督办定密支电》。
③ 《傅觉民致杨督办世电》，1933年7月31日。
④ 《傅觉民电》，1933年8月17日。
⑤ 《傅觉民电》，1933年10月14日。
⑥ 《傅觉民电》，1833年10月19日。

福建方面不能忍耐，决定甩开广东，联络广西，但最后只能单干

在南北反蒋潮流先后沉寂之后，福建方面不能忍耐了。李济深、陈铭枢等决定甩开陈济棠，与广西合作。他们先后派人北上称："陈济棠倘真不干，彼等将推李宗仁为西南军事首领，积极讨蒋。"① 资料表明，这以后，福建方面和阎锡山的谈判也似乎相当圆满。阎锡山提出注意对日外交、迎接张学良回国两点，福建方面完全接受。10 月 21 日，傅觉民致电山西云："闽虽一隅，而其势甚壮，宁府已乏善处之方。"傅并称："若再迁延日久，桂、粤亦将另有举动，而华北之孙（殿英）、韩（复榘），闻亦将有同情之表示。"这样，形势似乎又乐观起来。

果然，过了两天，李济深就派人通知华北各反蒋派系：闽桂联盟已经形成，经济问题也解决了。10 月 23 日，傅觉民致电山西称：

> 李与真如（陈铭枢）、李宗仁等已结合一致，得华侨经济之助，在闽、桂组府，暂不要党。先连合南北实力派，共同推动现在僵局。

在此情况下，阎锡山派人到天津，与福建代表进一步商谈。

11 月 20 日，福建事变爆发。但是，由于它另建国号，另建党派，并且联合共产党，因此，遭到胡汉民、陈济棠等人的反对。李宗仁虽与福建方面有约，但因广东方面反对，他也不敢贸然从事。关于此，陈济棠后来回忆说："余审度其所作所为，既不尊奉总理，又不要党，实感无限惊异，故当事变发生后数日，余即在西南政务委员会，提通过反对此次事变之议案。当会议进行之际，李宗仁曾持异议，谓不可遽而通过，主张暂时静观其变，余事先已接获情报，谓李宗仁与闽方已早有默契，今观此而益信，余遂决

① 《傅觉民致杨爱源电》，1933 年 8 月 17 日。

意及早表明余之态度，故不顾李之反对，力主通过，众亦赞成。”①

胡汉民等虽不愿与福建方面合作，但企图利用福建作为王牌，从政治上打击南京政府，逼迫蒋介石与汪精卫下台。12 月 8 日，傅觉民致电山西称：

黄建平昨日返津，谓两广实力派与元老派已商妥一种挽救时局及逼蒋、汪下野办法，特派代表北来，向各方商洽，过济时与韩晤商，韩极端赞同，并由赵式中代表随同赴并。

黄建平，广西李宗仁的代表。从本电看，胡汉民等已将该计划付之行动，联络过韩复榘，并准备进一步联络阎锡山等。12 月 14 日，傅觉民偕同黄建平、赵式中到达山西。② 只不过蒋介石迅速对福建方面取得了军事胜利，胡汉民等人就计无可施了。

孙殿英怀着与杨虎城联盟的希望孤军西进

在长城抗战中，孙殿英所部有较好表现。冯玉祥成立察哈尔抗日同盟军期间，南京国民政府一直竭力防范孙部参加同盟军，企图将孙部调往西北。6 月 15 日，蒋介石接受何应钦的意见，任命孙殿英为青海西区屯垦督办。同盟军失败之后，蒋介石进一步加紧了对华北、西北异己力量的防范。孙殿英与陕西实力派杨虎城陆续派人到天津，联络各方反蒋力量。孙、杨的代表都表示：自冯玉祥下野后，处境日益恶劣，决心共同讨蒋。孙殿英的代表并称：已多方请人与韩复榘接洽，“盼切实结合，造成一新局面”。

胡汉民的新计划失去了实施可能，孙殿英的联合韩复榘，开拓新局面的计划也因故未能成功。11 于下旬，孙殿英与马占山联合，准备进军西

① 《陈济棠自传稿》，台湾传记文学出版社 1974 年版，第 51～52 页。

② 《徐永昌日记》，1933 年 12 月 15 日。

北。[①] 其后，部分原东北义勇军投入孙部，但马占山并没有参加。[②] 孙殿英西进之后，原计划与杨虎城联盟，打下兰州，以便胡汉民在当地建立反蒋政府。不过，孙部在到达宁夏后也很快失败了。

---

① 《傅觉民俭电》，1933 年 11 月 28 日。

② “李纯华等致各方通电”，载于《民国档案》，1995 年第 1 期。

20 世纪 30 年代初期国民党内部的反蒋抗日潮流

——读台湾地区所藏胡汉民资料

1991 年，我曾根据美国哈佛燕京学社所藏档案写过一篇题为《胡汉民的军事倒蒋密谋及蒋胡和解》的文章，阐发 20 世纪 30 年代，胡汉民数度密谋以军事行动推倒南京国民政府的事实。[①] 1996 年，我访问台湾期间，又在国民党党史会及“国史馆”等处读到了一批文件，可以进一步加深对上述史事的了解。这些文件反映出，“九一八”事变后，由于对南京国民政府对日妥协政策的不满，国民党内或明或暗地翻滚着多股反蒋抗日的潮流。

陈铭枢、蔡廷锴、蒋光鼐

潮流之一是以陈铭枢、蔡廷锴、蒋光鼐为代表的十九路军势力。国民党党史会所藏陈铭枢致胡汉民函云：

昨承面示，十九路军饷经去电代为请求，谨代该军全体感谢。枢本晚返京，因无别情，不及再聆指诲。贤初、启秀尚在上海，经嘱伊等，不时踵教。区区所存，两人最能了悉，望先生不吝训督，无异枢之晤对也。[②]

---

① “抗日战争研究”1991 年第 1 期，收入拙著《寻求历史的谜底——近代中国的政治与人物》，首都师范大学出版社 1993 年版，又，台湾文史哲出版社 1994 年版。

② 本文所引，凡未注出处者，均为台北中国国民党党史会所藏资料。

此函无年月，仅署“十五夕”。按，胡汉民于 1931 年 10 月 14 日被释，自南京抵达上海，11 月 25 日离沪赴港。在此期间，陈铭枢曾于 11 月 3 日、18 日两次到沪。据此，知此函为 1931 年 11 月 15 日作。函中所言贤初，指蔡廷锴；启秀，指谭启秀，时任第十九路军补充旅旅长。

“九一八”事变后，陈铭枢、蔡廷锴所领导的第十九路军调驻沪宁，负责长江三角洲一线的卫戍任务。十九路军具有爱国思想，因此，得到胡汉民的支持。本函称：“十九路军饷经去电代为请求”，可知胡汉民在上海时曾积极设法解决十九路军的军饷问题。“去电”，当指向广东陈济棠方面发电。根据其他资料，后来陈济棠曾应胡汉民之请，按月为十九路军提供过部分军饷。①

1932 年 1 月，日军悍然进攻上海闸北，十九路军奋起抗战。5 月，南京国民政府与日本订立《淞沪停战协定》。其后，十九路军被调往福建“剿共”。同年，蒋光鼐致胡汉民函云：

> 日前已托瑞人兄再来港（廿四由沪启程）面陈，甚欲得一具体办法，到时请赐接见。此间环境日益恶劣，而财政关系又不能不迁就。拟于最短期间统一全省税收，稍有办法，即可放手做事。匆匆布复，未尽之言，统由河澧兄代达。

末署“晚光鼐拜上。十七。”所用为驻闽绥靖公署主任用笺。按，蒋光鼐被任命福建绥靖公署主任，时在 1932 年 7 月，但他不肯就职，一直托词休养，在广东故乡东莞办公益事业。直到同年 9 月 20 日，才因蔡廷锴等力劝，到福建就职。“瑞人”，指邓瑞人，银行家，十九路军与各方联系的使者；“河澧”，指黄河澧，胡汉民与福建方面的联系人。

十九路军调到福建后，仍念念不忘救国，并积极与在香港的胡汉民联系，合谋讨蒋抗日。从本函可知，蒋光鼐到福建后，一面从统一全省税收

---

① 蒋光鼐：“对十九路军与‘福建事变’的补充”云：“过去每月靠粤省补充费五十万元。”载于《蒋光鼐将军》，团结出版社 1989 年版，第 216 页；参见《中华民国大事记》1932 年 8 月 11 日，中国文史出版社版，第 402 页。

着手，借以充实经济力量，一面通过邓瑞人、黄河澧，与胡汉民商量合作办法。“而财政关系又不能不迁就”，“稍有办法，即可放手做事”云云，可见当时困扰十九路军，束缚其手脚的还是财政问题。

胡汉民在香港反蒋，依靠的是广东实力派陈济棠。同年 12 月 20 日，蔡廷锴致胡汉民函云：

瑞人、河澧两兄携回手谕敬悉。关于将来一切事宜，已复〔派〕瑞人兄与各前途接洽矣，但仍以伯南兄之意进行，请便中转知伯南兄为祷！余事已请河澧兄面呈。①

“伯南”，指陈济棠。据本函可知，邓瑞人、黄河澧带回了胡汉民的指示。根据胡的指示，福建方面又派邓瑞人与各方接洽，并再派黄河澧携蔡廷锴、谭启秀等人函与胡汉民磋商。“仍以伯南兄之意进行”，可见，陈济棠在西南反蒋派中的地位。

福建方面的动作，蔡廷锴的信讲得比较简单，谭启秀的信则讲得比较详细。谭信首称：“蒋氏以独裁之手段，每思压服全国以自雄，故对于两粤及十九路军多怀恶意。吾侪丁此时艰，当谋所以应付之策。”谭信继称：蒋光鼐（憬然）、蔡廷锴（贤初）二人认为：东南一带能与蒋介石相抗的只有粤、桂、闽三省，因此，已派邓瑞人前往广东、广西，动员陈济棠与李宗仁。其中，李宗仁“对于反抗独裁，早具决心，当然不成问题”，而陈济棠则“意志不坚，见利思迁，未敢深信”，但形势又不能不以其为中心，因此，蒋、蔡二人拟请胡汉民与邹鲁一起就近做陈济棠的工作，坚定其决心，谭称：

夫势分斯弱合乃成，就东南现势而论，惟有粤、桂、闽三省联成一气，则内可以 遏蒋氏之专横，外足以抗暴日之侵略，而衡其趋势，当然以伯南为中心。

① 本函所用为第十九路军总指挥部用笺，笺侧填有中华民国二十一年字样。

谭启秀希望以胡汉民的“德望威仪”，能够“感悟”陈济棠，“团结一致”，将三省的政治、军事、财政“同冶一炉”，从而形成三省同盟。谭称：倘能如此，“不特不忧蒋氏之独裁，而暴日、赤匪亦不足平也”。

谭函并称：福建地方饷项不敷，财政棘手，地丁钱粮已收至1924年，地方税亦抽收至1922年4月，因此要求胡汉民“以爱护十九路之诚”，向陈济棠陈请，在广东原允协助十九路军经费的基础上，每月加给二十万元。

除蔡、谭二函外，黄河澧还带去了蒋光鼐致胡汉民一函，内称：

文灿先生来，藉奉手教，拜悉一一。此间因匪军倾巢来犯，现正疲于应付，万一匪作殊死战，则前途未堪设想。窃念西南为整个集团，宜如何取得共同动作，以谋发展，此鼐等所日夜焦思者。今日之关键在伯南，倘伯南有决心，则鼐等当一惟其命，必无犹豫，望我公策动之。余情仍请文灿先生代陈。①

“文灿先生”，指黄河澧。“今日之关键在伯南”，蒋光鼐此函在寄希望于陈济棠，请胡汉民出面“策动”方面与蔡廷锴、谭启秀函并无二致，所不同的是多了一个“匪军倾巢来犯”问题。

蒋介石调十九路军到福建是为了和中国工农红军作战，因此，蒋光鼐等不得不两面开弓，即一面反蒋，一面“剿匪”。这种情况自然使十九路军处于十分尴尬、困难的局面。为了腾出手来反蒋抗日。蒋光鼐于1933年3月派李章达赴粤，与陈济棠、李宗仁等签订《三省联防约章草案》，继而又与陈铭枢同赴广州，商议脱离南京国民政府，“三省独立”，自福建出兵进攻浙江。② 同年9月、10月，派人去苏区，与红军签订《反日反蒋初步协定》。但是，由于陈济棠首鼠两端，犹疑不决，三省的反蒋抗日计划始终无法付诸实施。11月，蒋介石对蒋光鼐、蔡廷锴的活动有所察觉，于17日派

① 本函所用为福建省政府用笺，末署“晚蒋光鼐拜上，廿三。”按，南京国民政府于11月29日免去杨树庄的福建省主席职务，改任蒋光鼐为省主席兼民政厅长。

② 陈融：“致福兄电”，美国哈佛燕京学社图书馆藏，参见拙作“胡汉民的军事倒蒋密谋及胡蒋和解”，载于《寻求历史的谜底》，第576页。

自用飞机两驾到福州，接蔡廷锴到南昌会晤，责令表态。这样，就迫使蒋、蔡等仓促行动，与李济深、陈铭枢等共同发动“福建事变”。

12 月 17 日夜，蔡廷锴致胡汉民函云：

河澧兄带来钧谕及面述各件，均奉悉种切。此次我军发动倒蒋，略有错误，系一时激于义愤，但事前奉诸公电召，嗟〔磋〕商倒蒋大计，结果徒托空言，致使锴与十九路全体将士失望。当时锴与憬然处境已死而求生，走头〔投〕无路。蒋贼已派飞机两架，限锴飞南昌表示态度，否则作违令罪，为势所迫。我公所谓挺〔铤〕而走险者，亦系死中求生，望公恕宥。事至今日，只有向蒋贼决死战，虽死亦无恨。倘我公能推动西南即行倒蒋，锴负责一切，为〔唯〕我公是从。否则，党国前途绝望，宁可锴负人，勿以人负我。其余已与河澧详谈，已请其将锴意代为详报，尚恳特赐训诲，俾有遵循为祷！

胡汉民虽然支持三省联合反蒋，但他坚决不同意福建方面联共，也不同意福建方面改国号、造新党等做法，于是，即派黄河澧赴闽，要求福建方面“复国徽，复党籍”，“捕八字脚”（捕共产党人——笔者）[1]，蔡函所称“河澧兄带来钧谕及面述各件”，指此。函中，蔡廷锴要求胡汉民立即推动西南各实力派共同倒蒋，并愿归顺胡汉民麾下，“唯我公是从”。

胡汉民虽然为西南各实力派所拥戴，但他只是有名无实的精神领袖，陈济棠不点头，各事均无从进行。事变发生后，西南方面仍然处于无所作为状态，而蒋介石却雷厉风行，于 12 月中旬派十余万军队入闽，先后攻陷延平、水口等地。1934 年 1 月 14 日，蒋光鼐与李济深、陈铭枢、黄琪翔等撤离福州，抵达龙岩。当时，十九路军已完全处于劣势。胡汉民希望保存这一支抗日反蒋力量，向福建方面有所建议。20 日，李济深、陈铭枢、蒋光鼐致电胡汉民、邹鲁云：

尊电极以保全十九路军为念，感激之私，如何可言！但现与蒋敌短兵

---

① 《工致力翁》（胡汉民致陈融），美国哈佛燕京学社图书馆藏。

相接，无回旋之余地，请公设法使粤桂当局向蒋制止对闽用兵，十九路军归西南政务委员会节制，饷项有着，则一切谨如尊命，否则，蒋逆必欲消灭我军而遂其莫予毒之志。我军主力向〔尚〕完整，有与周旋到底，作伟烈之牺牲而已。贤刻在军前指挥，先此奉复，再伫明教。①

李济深等要求胡汉民等设法，由两广当局出面，使蒋介石停止军事行动，而将十九路军改归胡汉民等人的西南政务委员会。这当然是不可能做到的。

李济深等发出电报的当天，十九路军主力随毛维寿投蒋，福建事变彻底失败。

福建事变失败，蔡廷锴偕谭启秀等出国作环球旅行。1934 年 9 月 18 日致胡汉民、邹鲁、萧佛成、邓泽如等函云：

锴此次因环境所迫，不得已而亡命欧美，再图追随诸公之后。现国势至此，先派启秀兄回国听候诸公训示一切。锴所经过各国情形并由启秀兄面陈，仍望时赐教益，不胜祷盼！

蔡廷锴出国后，一路宣传十九路军事迹，声称“此世誓与日寇不两立，与国贼不共存，决心坚持一贯之主张，继续彻底抗日救国，矢志不渝”②。他派谭启秀先期返国，正是为了保持和国内抗日反蒋力量的联系。

冯玉祥

潮流之二是以冯玉祥为代表的原西北国民军势力。1929 年、1930 年两年，冯玉祥曾多次举兵反蒋，但均告失败，被迫隐居汾阳山村，但反蒋之志不减。“九一八”事变后，冯玉祥出于爱国热情，重新活跃于政治舞台。

1931 年 11 月 17 日致胡汉民函云：

---

① 末署：“深、枢、鼐。”“一月廿日下午二时卅分到。”旁有墨笔批注：“此跛、矮、小来电。”

② 《蔡廷锴自传》，黑龙江人民出版社 1982 年版，第 343 页。

先生离宁赴沪，举国欣慰，而一切言论，莫不以正义为指归，发奸擿伏，舆论翕然，遥企高风，钦敬无量。此次和平会议，全国属望，惟蒋氏不悛，灭绝信义，从中作梗，破坏统一，举国袍泽，莫不切齿。现四全大会，虽已分开，而未来艰难，仍多棘手。至希先生领导群伦，共筹至计，俾真正统一之政府早日实现，不仅弟个人所企望者也。现在北方情形无大变化，弟居此未敢自逸，倘能裨益党国者，当竭力赴之也。

胡汉民被释后，在上海积极发表抗战言论，抨击蒋介石的对日妥协政策，得到国民党内抗日力量的拥护。当时，宁粤双方正在上海召开和平统一会议，冯玉祥派张允荣（省三）等到上海与胡汉民联系，胡汉民于10月27日复函冯玉祥，对他的爱国热诚予以肯定。① 此函为冯玉祥复胡汉民之作。

上海和平会议决定宁粤双方分别召开国民党第四次全国代表大会，然后进一步谋求合作。冯玉祥此函表达了希望胡汉民出面，“领导群伦”，建立统一政府的愿望。

1932年3月13日，冯玉祥再致胡汉民函云：

国难日亟，积忧成痗，海天南望，益切钦崇，敬惟履祉咸吉为祝。祥喉病未见减轻，现住徐州医院。兹嘱熊观民弟赴港面谒，就聆榘诲，尚恳开示周行，俾有遵循为幸！余事统由观民面陈。

当时，十九路军正在上海艰难抗战中，3月9日，日本又操纵溥仪在东北建立伪满洲国，冯玉祥忧心国事，派熊观民到香港与胡汉民磋商办法。当日冯玉祥日记云：“抗日为第一要事；不抗日，唯死而已。”②

冯玉祥当时的计划是，联络韩复榘、宋哲元，由他自己主持北方，而由西南方面出面，联络福建、江西、湖南、湖北各省实力派，南北呼应，

① 《致冯玉祥》，哈佛燕京学社图书馆藏。

② 《冯玉祥日记》，1932年3月13日。

共同倒蒋抗日。[1] 胡汉民支持冯玉祥的计划，于5月5日复函，表示只要北方有所举措，南方同志一定“竭诚襄助”[2]。5月12日，冯玉祥再致胡汉民一函云：

顷托任、何两司志代致一函，计蒙鉴察。近辱国更甚矣！兹请张省三同志趋前面报一切，即请指示。

“任”，指任援道；“何”，指何世桢。二人均为胡汉民派往冯玉祥处的使者。当时，《中日上海停战及日方撤军协定》已经签字，该协定规定中日双方军队在上海周围停止一切敌对行动，日军撤至事变前原驻地区，受到各界人士的普遍反对，李宗仁等甚至以袁世凯的二十一条相比。冯函所称“近辱国更甚矣”，指此。

冯玉祥与胡汉民由于在反蒋抗日上立场相同，因此，双方使者往来频繁。1932年7月胡汉民派许崇灏北上。同月25日，冯玉祥致胡汉民函云：

顷承遣派许崇灏君北来，藉奉大教，备悉种凡。国事艰屯，外患环逼，自应修明内政，固结团体，方足以御敌侵掠而应潮流。慨自建国以来，我邦人士之本此精神终始如一者，厥惟中山先生。乃大乱敉平，哲人遽萎，每怀先烈，曷胜伤心！幸吾兄笃守正谛，南服宣勤。静珠海之波澜，谋神州之根本。高怀卓识，无让前徽；逖听风声，弥令倾倒。弟虽不敏，区区为国为民之愿，素抱不逾。有利于此，无不竭诚努力以从。

许崇灏，字公武，广东番禺人。曾任粤军总司令部顾问。1928年任两粤赈灾委员会委员。1929年12月兼代考试院秘书长。函中，冯玉祥表示：“区区为国为民之愿，素抱不逾。有利于此，无不竭诚努力以从。”这说明，二人在反蒋计划上已经达成共识。

1933年1月1日，日军突袭山海关，华北危急，蒋介石被迫派兵北上，但是，他的精神灌注所在还是江西的“剿共”军事。同月末，南京政府决

---

① 杨天石：“胡汉民的军事倒蒋密谋及胡蒋和解”，载于《寻求历史的谜底》，第569页。
② 杨天石：“胡汉民的军事倒蒋密谋及胡蒋和解”，载于《寻求历史的谜底》，第570页。

定将北平故宫文物南迁，装箱待运，舆论强烈批评其重古董而不重土地、人民。冯玉祥激忿地在日记中写道："古物已运往上海。这是什么政治，会有这样的糊涂混账啊！"① 2月14日，冯玉祥托凌昌炎携函面见胡汉民，尖锐地指责蒋介石。函云：

自榆关失陷以来，表面上虽有调动大军开赴前方之举，而实际上如兵站之设置，弹药之补充，军费筹拨等等，迄未举办，是无异赶十余万大军于绝境，此云抗日，真为欺人之谈。现在军队已怨言四起，军心既失，遑论应战。南京政府对于华北之漠不关心有如此者！对于古物南迁之事，虽经各方竭力反对，终不能打消其原议。其贱人而贵物，已属乖谬。近且以古物探借外债，藉以维持其政治生命。倘此事一成，恐国家将从此更多事矣！奈何奈何！

冯玉祥要求胡汉民迅速筹划，使西南方面一致行动，拯救华北。函称：

祥以为华北之存亡，南京方面早已置之不顾，如西南诸贤达应时势之要求，顺人民之意向，奋起救亡，颓势可挽。否则华北恐不保矣！

为了挽救华北，1933年3月间，胡汉民等决定组织西南联军北上抗日，冯玉祥等也决定在北方同时发动，不幸均先后失败。此后，冯、胡间仍然信使往来，不绝于途。1934年1月，胡汉民派曹四勿到泰山见冯。同月12日，冯玉祥派李兴中携函到香港见胡，函云：

曹四勿同志抵泰，道及尊况，不胜佩慰。国难日深，救亡图存，端赖荩筹。兹遣李兴中同志趋前候教，敬请指示一切。

自1933年1月起，胡汉民即在广州创办《三民主义月刊》，提出要根据三民主义"批判时事"，"评衡学术"，指责蒋介石所实行的"个人主义的寡头政治"。1934年10月，南京政府为了实现宁粤合作，派王宠惠携孔祥熙函南下，劝胡汉民北上参加国民党五全大会。11月27日，蒋介石与汪

① 《冯玉祥日记》，1933年2月9日。

精卫联名通电，提出中央与地方实行均权的五项原则。同时，再派王宠惠、孙科南下，劝说胡汉民等与中央“团结”“协作”。这一期间，胡汉民连续在《三民主义月刊》发表谈话或文章，提出与南京方面的合作条件，认为“在军权统治之下，不能实行均权制度”[1]。胡汉民的这些言论，深合冯玉祥的心意。1935 年 1 月 9 日，冯玉祥致函胡汉民云：

> 刘、熊二同志北来，得读手教，敬悉种切。至于所嘱指导与指挥之点，更为钦佩无已。近读《三民主义月刊》，知伟论益为光明正大。盖今日言团结则非此不可也。

“刘”，指刘定五；“熊”，指熊观民。1934 年 10 月，冯玉祥陆续派二人到广东、香港等地，分别会见陈济棠、胡汉民等人，就抗日反蒋等事有所商谈。11 月 23 日，胡汉民复函冯玉祥，主张“严切准备”。内称：“我人此时在革命工作之进行上，与其为局部之指挥者，不如为全部之指导者。”[2] 本函所称“至于所嘱指导与指挥之点”，指此。

程潜、陈嘉祐、柏文蔚、张知本、黄季陆等

潮流之三是以程潜、陈嘉祐、柏文蔚等为代表的长江中下游部分国民党元老、官吏和军人。

程潜于 1928 年被李宗仁拘禁，同年 11 月解除监视，其后，即寓居上海，逐渐成为湖南及上海地区反蒋派的领袖。当时，在他周围的有柏文蔚、黄复生、熊克武、张知本、黄季陆、何世桢、桂崇基及原湘籍军人、官吏陈嘉祐、陈嘉任等。

“一·二八”事变时，程潜目睹十九路军英勇奋战的事迹，十分振奋；但他深切了解蒋介石对外妥协，对内镇压的政策，因此，又十分沉痛。

---

① 胡汉民：“军权与均权”，载于《三民主义月刊》第 4 卷第 6 期。

② 《致冯玉祥函》，哈佛燕京学社图书馆藏。

1932 年 2 月 17 日，程潜致函胡汉民云：

我军御日，连战皆捷，民族前途，顿呈曙光，此诚可慰。惟自应战迄今，当局始终秉安外攘内之旨，牢持而未尝稍懈。盖国家将亡，必有妖孽，正谊宜其消沉矣！

他要求胡汉民早定计划，及时行动，函称：

际兹寇深魔长，存亡呼吸，谅公早储硕画，以为吾党人士救国之旨归。第就管见所及，居今日而欲党不自我毁，国不自我而亡，惟有树立中心，决定大计，集中革命力量，摧破腐恶势力，舍此更无术以幸存。吾党为国人诟病久矣，吾党主义则如日月经天，初未尝为国人所诟病也。是欲收集全民族对于吾党之信仰，要在树立三民主义以为之鹄，信受奉行，不涉虚伪。

函中所称“树立中心”，“集中革命力量，摧毁腐恶势力”，实为要求胡汉民自立政府，团结各派反蒋力量，推翻蒋介石的统治。函中所称“要在树立三民主义以为之鹄，信受奉行，不涉虚伪”，则是要求胡汉民实行孙中山真正的三民主义。

函件继称：

长江上下游表面似为妖氛所弥漫，其实人心未死，各部对于独夫，亦多心怀携贰，得此良机，促之反正，当不甚难。弟于此致力久矣，惜财力绵薄，尚未征诸实用也。方今千钧一发，系于西南，望领挈群贤，速定大计，树立中心以端本，团结实力以待时，庶有豸乎！引领南望，不尽瞻依。

程潜长期经营两湖，在当地广有力量，但他也因为财政原因，不能行动，因而寄希望于西南方面。

1933 年 2 月，日军进攻热河，汤玉麟不战而退。3 月 4 日，陈嘉祐致函胡汉民云：

此间各情，经历次电闻，当邀察悉。劭襄同志自北归，专程来港，必尤能备呈〔陈〕种切也。热战我军不败而退，日夕数百里，全热指顾将非我有，一般人对宁府之所谓抗战，咸识其为欺骗政策。吾人于此，不能不有积极之主张与行动，以慰众望。公及南中同志计必早筹及此，敬乞赐示，俾所遵循。鄙意托劲襄同志代达。

3 月 8 日，陈嘉祐再致一函云：

劲襄计已到港，顷石麐又自北归，谈北方情况甚详，兹来港面陈种切，想我公必有以指示之也。热河失陷，举国同愤，介石舍外以对内之野心，已为人所共见，吾人于此不能不有积极之主张，以慰国人之望。昨在沪同人曾有电陈左右，计邀察及。务乞我公提挈西南同志，急起直追，作有效之奋斗，甚所盼幸。

陈嘉祐曾任湘军第六军军长，国民党一大代表。北伐时期留守广东。30 年代初追随程潜反蒋，在湘籍军人中有一定影响。

同年 3 月 1 日，方振武在山西成立抗日救国军，于 4 月 4 日抵达河北邯郸，一面北进，一面派徐午阳及其弟方芷南二人赴沪，向程潜乞援。同月，程潜致函胡汉民，将二人转介于胡汉民。函云：

叔平兄能排万难，与独裁者相左，冲破此沉闷之空气，殊堪钦佩。现徐、方二君南来，月特介绍，乞赐接洽，并予以实际上之援助，俾得奋勇前进，至所感祷耳！

程潜函中所称“实际上之援助”，主要指的是经济，这一问题程潜无力解决，胡汉民也无力解决。徐、方二人到港后，胡汉民不得不为之向陈济棠、李宗仁、蔡廷锴呼吁。

当时，南京国民政府一意坚持对日妥协政策，方振武等部的零散抗日行为自然不能取得多大成效。

在方振武北上抗战失败之后，陈嘉祐、程潜曾计划在湖南有所动作，但胡汉民认为就时机、财政、现有实力三方面考虑，条件还不成熟。8 月 1 日，胡汉民复陈嘉祐函云：

弟对湘局，认为迟早必须刷新。粤、桂军事当局亦同此意。惟时机、财政及现有实力三者，皆当考虑，故尚不能不以审慎出之。①

胡汉民当时的计划是：首先建立中枢领导机构，然后与广东、广西、福建三省共同组织联军，北出长江，因此，胡汉民指示：要在总体规划"妥筹决定"之后，再着手"改造湘局"问题。

除陈嘉祐外，柏文蔚在长江中下游一带也有所活动，企图发动军队起义。对此，胡汉民也不赞成。同年9月复柏文蔚函云：

徐同志谈长江军事情形甚悉。然苟无中心之领导机构，则此种向义之军队，必日即解体，为反动军阀所各个击破。②

函中所称"中心之领导机构"，指胡汉民正在组织的新国民党。1934年1月27日陈嘉祐致胡汉民函云：

养晦归，得悉种切，故祐拟南来暂作罢。沪上报纸所载，宁方攻闽甚极〔急〕，将何以挽救之？否则唇亡齿寒矣。朱同志稼田系安徽老革命党，业经祐绍介加入团体，并曾经呈请中央指派工作，以党务停顿中止。兹因叔平兄之召来港，特绍介至公处一谈。如有使命之处，当能为党效劳也。③

本函作于福建事变期间。所称"绍介加入团体"，即指成立不久的新国民党；所称"呈请中央指派工作"，即指新国民党中央。

新国民党中央成立后，胡汉民于1933年11月决定在上海设立地方干部，以陈嘉祐、熊克武、柏文蔚、程潜、刘芦隐为干部委员，并以刘为书记长，下辖苏、浙、赣、鄂、湘、川七个分部。1934年7月29日，程潜致胡汉民函云：

数月以来，音问益疏，而大局沉闷，日趋黑暗，其为危亡之征，抑或

①② 《胡汉民致陈嘉祐函》，美国哈佛燕京学社图书馆藏。

③ 本函仅署廿七日。据函中云："宁方攻闽甚极〔急〕"，知为1934年1月作。

光明之兆，殊未卜也。海上同志意志颇坚，惟自芦隐由粤返沪后，颇形消极，似多不信芦隐。最近几度集结，然亦无异于牛衣相对，徒唤奈何！弟不自度量，奋与贼斗，又已七阅月矣，虽无十分成效，然以《南针》颇能唤起社会注意，致为群贼所恨，疲竭万分，欲罢不能。至于两湖内部之事，因着手久，颇有成效。兹特遣阎复同志前来报告湘情，即乞接纳指示，俾有率循。

“芦隐”，指刘芦隐，同盟会会员。曾任国民党中央党部宣传部长。1932 年辞去在国民党中央及南京国民政府的职务，到香港参加西南方面的反蒋活动。从程潜致胡汉民函看，他受胡汉民之命到上海工作后，不能得到其他人的支持，上海工作出现停顿状态，因此，程潜很着急。

《南针》，程潜于 1932 年 1 月在上海创办的杂志，半月刊，以“阐扬三民主义，并力求其实现”为主旨。发刊词称：“实现三民主义之道，在于党内同志，各自痛改前非，去其私欲，秉至公至诚，一致团结，在同一意志、同一行动之下，严格防止党的官僚化、派系化以求党之健全完整，建设民主政治，实行自治改革体制，以与日本作持久战之准备，以期收复国土，保持国家之独立，而求中华民族之解放。”

孙殿英、杨虎城

潮流之四是孙殿英、杨虎城等北方和西北实力派。

在反蒋斗争中，胡汉民非常重视华北和西北，和孙殿英、杨虎城等早有联系。

胡汉民在任命熊克武新国民党上海地方干部时即曾提出，北方工作重要，希望柏文蔚和熊克武能“参加负责”① 此后，胡汉民在天津成立北方军事委员会，熊克武即衔命北上，访问孙殿英、阎锡山等人。台湾国民党

---

① 胡汉民：《致上海各同志函》，美国哈佛燕京学社图书馆藏。

党史会藏有一份谈话纪要，其中孙殿英部分共七条如下。

一、如西南组府或出兵最近能实现，则即暂留晋绥，以待出动华北，但须由津方商得阎之同意，总之，无论去留，一听胡先生命令。

二、请西南给以名义，如政会委员或其他，亦可以示切实关系，以便号召部下。

三、望西南即不能急切出兵，亦须早日组府，予以军事名义，如西北边防督办之类，当即通电讨贼。惟此时给养望稍予接济。

四、如上述三项不能实现，即决志西行，排除万难以赴之，拟先取兰州以为根据地，再占凉州，与虎城联络。蒋如不加阻止，则与之敷衍，否则即通电讨贼，仍附属于西南，此时望西南亦予以援助。兰州得手后如胡先生及熊、萧、唐、邓、邹诸先生有意前往，亦可在兰组府。否则坐视蒋贼日大，迁延愈久，打倒愈难。

五、请予虎城以军事名义，使之领导西北各军，殿英愿附之，用以坚其心，遂其志，且亦易于推动也。并望津方派员切实致意，务期一致行动。

六、拟请设法挽张，早日返国，以免东北军为蒋金钱所分化。

七、请即派员来部主持党务，领导一切，使全军有所信仰。

从内容看，以上七条应是孙殿英对胡汉民和西南方面提出的要求。1933 年长城抗战中，孙部有较好表现。长城抗战结束后，孙部是留在晋绥一带，还是西进甘肃、宁夏，成为一个急待解决的问题。孙殿英提出，如果胡汉民能迅速出兵北上，或在西南组织政府，则孙部将留在晋绥，以便在华北响应；如果组府与出兵一时均不可能，则孙部将决意西进，取兰州为根据地，以便胡汉民等到当地组织政府。

孙殿英提出的是一项包括西北军、东北军在内的大计划。当时，胡汉民对陈济棠已经很失望，急于开辟新领域，因此，赞同孙殿英在西北组府的意见。但是，胡汉民深知，要实现这一计划，必须得到阎锡山的支持。因此，又派熊克武到山西与阎及其亲信杨爱源（星如，心如）谈话。阎、杨当时都表示支持胡汉民，赞同孙殿英西进。

二人表示：

一、西南各省同志目前甚望能切实团结，以赴事机，现在环境纵难出兵，亦盼能早日组府，以领导各方同志，以慰各方同志之望，否则群龙无首，各自苟安，终难以成大事。

二、望西南速定外交方针，且须确有办法，否则对内纵能成功，亦恐难于持久，甚至于终归失败，目前华北形势尤为显著。

三、华北局势全在鲁、晋、东北三方之合作，一切自不成问题。晋方始终追随西南之后，可勿顾虑。惟鲁与东北希望熊先生能久在天津，切实联络，并望能挽张回国，使十数万东北军整个为我所用。

四、孙军西行为目前最紧要问题。盖西去不仅足以图生存，且可以作将来东入潼关之策源地，而打破蒋之西北主义，尤裨益于大局，晋绥受惠更无论矣！

阎、杨的这一段谈话，可以说甜蜜之至。不仅拥护胡汉民作为反蒋派首领，支持他成立政府，而且答应对孙殿英的西进提供物质帮助："拟俟其一到宁境即助以款三十万，弹二十五万，以后如再需要，更当源源接济，务期于成。"二人并建议，熊克武一面催孙殿英速行，同时派人与杨虎城联络。

熊克武对孙殿英、阎锡山的态度非常满意，向胡汉民提出三项建议。

一、组府出兵纵难定确期，亦盼能示以大要范围，以便应付一切，激动各方沉闷心理。

二、华北将领心理多存对内尚易，对外维难。苟外交无办法，倒蒋终难成功。尤以华北局势，多视外交为转移，故望速定外交大计。

三、殿英竭诚拥护，殊不易得，尤以其能说能行为华北诸将领中所难能。苟善用之，实将来之基干，故目前拟请密给以政委名义，并预给以军事名义，如西北边防督办之类，以备将来军事行动时之用。至虎城不妨许以军分会。

可以想见，胡汉民对熊克武的工作多么满意。然而，后来的事实证明，阎锡山、杨爱源骗了熊克武。孙殿英部按计划西进了，阎锡山不仅没有给予任何援助，反而和蒋介石配合起来围剿孙军，使得胡汉民的西北计划最终失败。

以上所述，仅据台湾国民党党史会所藏胡汉民资料，它是当时国民党内反蒋抗日潮流在文献中的部分反映，可以说，只是露出海面的冰山一角。

1928 年，随着二次北伐的胜利和东北、新疆的相继易帜，北洋各派退出政治舞台，蒋介石统一了中国，但是，这种统一只是暂时的、形式上的。国民党内部本来就存在着不同的派系和实力集团，北伐胜利之后，由于政见分歧和权力、利益分配等多种原因，这种内部矛盾遂演化为激烈的武装冲突和政权对峙，其集中反映就是 1930 年的中原大战和 1931 年的宁粤分裂。“九一八”事变后，民族危机加深，这本来是一个团结御侮，全力对外的契机，但是，蒋介石对外忍让，对内强硬，企图首先以武力削平其他政治、军事派别，这样，反蒋抗日便成为国民党内外爱国民主派和若干实力集团的共同要求，而这，也就酝酿着新的分裂和新的内战以及给予日寇以可乘之机的巨大危险。只是在卢沟桥事变，南京国民政府确定抗日方针之后，国民党才实现了全党的团结，中华民族也才实现了前所未有的团结。

冯玉祥说过：“抗日，仇敌能化为同志；不抗日，同志将化为仇敌。”①信然。

---

① 《冯玉祥日记》，1935 年 1 月 8 日。

1935年国民党内的倒汪迎胡暗潮

——读台湾地区所藏胡汉民旅欧期间往来电报

1931年2月，蒋介石软禁胡汉民，自此，出现宁、粤分裂局面。同年，发生“九一八”事变，蒋介石被迫释放胡汉民。不久，胡汉民定居香港，领导以两广等省地方当局为代表的“西南派”，秘密进行反蒋活动。双方长期对立，势同水火。但是，由于日本侵华得寸进尺，民族危机日益加深，双方都逐渐产生团结御侮的想法。1935年6月9日，胡汉民接受邹鲁等人意见，偕其女胡木兰、秘书程天固离开香港，赴欧疗养，为改变关系创造条件。

旅欧期间，胡汉民和在国内的原西南派的邹鲁、李宗仁、陈融、萧佛成、李晓生、王养冲等人之间，仍然保持着密切的函电往来关系。有关资料，起于1935年7月，止于同年11月。胡汉民当时曾请人抄录在一本练习簿内，今存台湾国民党党史会。该稿言简意晦，多用暗语，文字亦多讹误。但是，治史有如航海，不仅要观察洋面风涛，而且要探测深层潜流。研读这一抄稿，可以帮助人们认识这一时期国民党内的许多秘密。

汪精卫称病休养，迎胡回国浪潮兴起

汪精卫于1932年1月出任行政院院长，1933年8月兼外交部部长，把持内政外交大权，积极推行对日妥协政策，为国民党内的抗日派所不满，不断出现倒汪浪潮。

1932年5月，中日《淞沪停战协定》签字，于右任以未交立法院审议为理由，要求中央监察委员会惩戒汪精卫，首开倒汪先例。① 1933年11月，李烈钧联络吴稚晖等，以立法院等处为讲坛，多次指责塘沽协定以来汪精卫的外交政策，继续推进倒汪行动。② 1934年1月，胡汉民鉴于溥仪将于当年3月傀儡登场，认为是一个重要关头，不能放过，指示"应做一次大宣传"，"攻击南京政府误国、卖国"。同时具体指示由广东方面以监察委员名义起草一份弹劾汪精卫的稿子，交西南政务委员会委员李晓生带到上海，联合署名，在适当时候发难。③ 萧佛成遵照胡汉民指示，于同月24日在国民党四届四中全会上提出："对东北失地问题，政军领袖应负责引咎。"④同年3月，李晓生致电胡汉民，声称"弹汪案正设法进行中"⑤。此后，倒汪气氛即逐渐浓烈。12月，孙科、王宠惠等衔蒋介石之命南下香港，企图说服胡汉民北上参加国民党四届五中全会。据称："宁沪空气对水云（汪精卫）皆极恶劣，于胡（于右任）真要率全体监委以去就力争。"⑥ 其间，孙科并曾单独向胡提出，准备出面要求汪精卫下台，代以为蒋介石喜欢的孔祥熙⑦。胡汉民不愿在蒋介石的统治下做傀儡，希望倒汪并倒蒋，因此，对孙科的计划兴趣不大，对人称："集中倒汪，已非本旨。""我来汪去，何异前年扶汪去孙？我何能蹈汪覆辙！最高不过做黎元洪、徐世昌耳，而岂我辈所屑！"⑧ 尽管如此，国民党内仍然有相当一部分人主张先轰汪下台。

1935年6月19日，蔡元培在中央政治会议上带头向汪精卫发难，责问

---

① 于右任先生百年诞辰纪念委员会编：《于右任先生年谱》，台湾国民党党史会1978年版，第71页。

② 《唐有壬致黄郛》，1933年11月3日、4日，载于沈云龙《黄膺白先生年谱长编》，台湾联经出版事业公司1976年版，第636页；参见拙作"黄郛与塘沽协定善后交涉"，载于《历史研究》，1993年第3期。

③ 《工致力翁》（胡汉民致陈融），美国哈佛燕京学社图书馆藏。按，原电均用化名，括弧中所注本名，为笔者考证所知，以下均同。

④ 《邵元冲日记》，1934年1月24日，上海人民出版社1990年版。

⑤ 《广州转来上海电》，1934年3月27日，美国哈佛燕京学社图书馆藏。

⑥ 《工致力兄》（胡汉民致陈融），1934年12月，美国哈佛燕京学社图书馆藏。

⑦ 《工致力函》（胡汉民致陈融函），美国哈佛燕京学社图书馆藏。

⑧ 《致上海毅、鹤、湄兄》（致上海何世桢、陈群、湄兄），美国哈佛燕京学社图书馆藏。

其“对日外交究持何策”。孙科拍案大骂：“不料以一二小人公然卖国！”[①] 30日，汪称病休养。7月3日，汪精卫入上海医院治疗肝病。15日，转赴青岛。

汪精卫称病后，行政院院务由副院长孔祥熙暂代。当时，国民党内部普遍出现迎接胡汉民回国的意见。孔祥熙企图讨好，于7月4日接见李晓生，对李说：“如展公有事委办，无论事之大小，必尽力遵办。”[②] 接着，又致电西南派的核心分子邹鲁，要求他来沪，但邹鲁要孔祥熙或南京政府的其他要人南下，移樽就教。[③] 邹鲁的计划是要把舆论造足，形成全国一致的迎胡运动。10日，邹鲁致电报告胡汉民：“南京迎胡说甚盛。”18日，再电云：

汪行，迎胡益急。弟欲使各省一致，除粤、桂外，已嘱少炯入湘，显丞入滇，另派亮畴晤阎伯川、韩复榘、宋哲元、杨虎城等。

“少炯”，指杨熙绩；“显丞”，指刘震寰。“入湘”，是为了联络何键；“入滇”，是为了联络龙云。27日，邹鲁再电胡汉民：“赴各省之人悉出动，此次必造成全国统一迎胡之事实。”邹鲁的目的是借此给蒋介石施加压力，同时，也为胡汉民归国以后的执政制造舆论。

蒋介石既想留汪，又想与胡汉民和解

汪精卫到青岛休养后，原本定于8月中旬回南京复职。此事引起部分国民党中委的恐慌，担心“汪返而对日屈服将更变本加厉”。8月7日，覃政、石瑛、王陆一、焦易堂等在国民党中央政治会议提出，设置外交委员会，以免外交大权集中于一人，同时提出，请汪精卫辞去外交部部长兼职。[④] 当时，汪精卫因“华北外交屈辱，备受国人指摘，中央亦多不满”，

① 《中兴报》，1935年8月4日。
② 《力电》（陈融电），1935年7月5日，台北中国国民党党史会藏。以下凡未注明出处者，均同。
③ 《衣电》（邹鲁电），1935年7月10日，台北中国国民党党史会藏。
④ 《王世杰日记》，1935年8月9日，台湾“中央研究院”近代史研究所1990年版。

于8月8日自青岛致电蒋介石及国民党中央，要求辞去行政院院长及外交部部长职务，借以“试探中枢意旨”①。但蒋介石还希望汪精卫“暂行备位”，于第二天，即以国民党中常会名义派叶楚伧、蔡元培前往慰留。10日，王养冲电胡汉民云：“汪精卫辞去本兼各职。叶楚伧、蔡元培奉蒋中正命前往。”蒋介石和汪精卫有矛盾，但当时二人都推行对日妥协政策，有汪在前台，蒋有不少便利之处。因此，蒋是不会轻易将汪抛开的。

蒋介石一方面挽留汪精卫，一方面则力图与胡汉民和解。8月12日，黄绍竑受蒋介石委派，到广州会晤陈济棠，商谈宁粤合作事宜。15日，到广西与李宗仁、白崇禧会谈。关于黄绍竑到粤情况，邹鲁电胡汉民报告说：

季宽来，表示蒋决心抗日，并先撤西南兵及行均权。立夫顷飞蓉晤蒋，亦促进此事。全局如何推动，须兄自负责。目前过渡可由南京中人自择。

为了对抗南京政府的集权主张，西南方面一直主张“均权”，在各地组织国民党执行部、政务委员会和军事委员会，办理地方党务、政务、军务。1934年春，胡汉民陆续发表《论均权制度》《再论均权制度》等文，主张将均权推向全国。文章抨击蒋介石等称：“所谓集权，是要集权于南京军阀：所谓拥护领袖制，是要拥护南京军阀去专制一切。”② 本电转述的蒋介石三项意见：决心抗日，撤去对付西南的军队，同意实行均权，表明蒋介石力图与胡汉民和解。

除通过黄绍竑与西南接触外，蒋介石又于8月20日通过孔祥熙致电胡汉民，表达问候之意：“尊体如何？系念。请随时示知近情，俾释远念为盼。”胡汉民鉴于蒋介石主动表示友好，便于21日通过王宠惠复电：“承念至感。弟到欧后稍胜在港时，惟尚比常人血压高四五十度。昨始检查身体，医者为专门名家，待看其报告如何。”汤山被囚后，胡蒋之间一度尖锐对立，现在虽仍言不及义，毕竟互通音问了。

---

① 《邵元冲日记》，1935年8月14日，上海人民出版社1990年版。

② “论均权制度”，载于《三民主义月刊》第3卷第2期。

汪精卫回京复职，倒汪派继续抗争

汪精卫的辞职本来就是虚情假意，蒋介石一时也还不想甩开汪精卫，因此，汪的复职是迟早的事。

汪精卫辞职后，胡汉民即积极规划未来的内阁蓝图。他属意王宠惠，拟以其出任行政院长，致电邹鲁、陈融云：“吾人宜推毂阔老，胜于他人。”[①]“阔老”，即指王宠惠。王和胡观点相近，关系密切。1934年3月，溥仪僭位称帝，汪精卫竟称：“实无所用其惊异。”第二天，王宠惠即致函胡汉民，指责汪精卫称：“昔之以推翻满清自居者，近则厚颜听其复位矣！”同函并对胡寄以希望，声称“弟生平所服膺者，只有二人。总理在，总理而已；总理不在，先生而已”[②]。因此，胡汉民在致电李宗仁时表示：“内政拟以王亮畴缓冲。”[③]

胡汉民主意既定，孙科即出面向蒋介石建议，并谓宋子文、孔祥熙等均持同一意见，但蒋介石不听。[④] 8月19日，蒋介石、汪精卫回到南京。20日，王养冲以暗语致电胡汉民报告：“门、水回京，水复职。”“门”，“蒋门神”，代指蒋介石；“水”，代指汪精卫。22日，国民党中常会开会，汪精卫照例继续表示辞职，蒋介石则表示挽留，众人不说话，汪精卫遂以沉默表示同意复职。[⑤]

汪精卫虽然复职了，但是，国民党内部的反汪派仍不肯罢休。8月29日。邹鲁致电胡汉民，认为汪之突然复职，是由于运动日本外务大臣广田弘毅，向蒋施加压力的结果。电称：

汪突反职，由汪运动广田，向蒋说话。现孙（科）、于（右任）、居

---

① 《复衣、力各电》（复邹鲁、陈融各电）。
② 《王宠惠致胡汉民函》，1934年3月2日，哈佛燕京学社图书馆藏。
③ 《民复不电》（胡汉民复李宗仁电）。
④ 《9月17日尧电》（9月17日李晓生电）。
⑤ 《邵元冲日记》，1935年8月22日，上海人民出版社1990年版。

(正)、戴(季陶)及二陈(立夫、果夫)仍力进行逐汪迎胡，蒋亦恨汪，借日压己。六中全会时决改组政府。各方〔盼〕兄归甚切。

30日，李晓生也致电胡汉民称：

孙科竟与居正、于右任、戴季陶、孔祥熙、两陈等一致反对汪精卫，但无具体办法。蒋曾经表示，汪如果决不复职，亦不勉强。故汪虽复职，尚有问题。第六次中全会议决改组政府，俟五全大会再订将来大计。

李晓生并告诉胡汉民，四川民政、财政已实现统一。蒋一意经营四川，无心南向，并询胡行程。

邹鲁、李晓生的电报显示：胡汉民、蒋介石之间的矛盾有可能缓和，而和汪精卫的斗争则方兴未艾。

胡汉民开始调整外交政策

"九一八"事变以后的事实表明，对日妥协是条死胡同，那么，南京政府的外交路线应该如何确定？

当时，国民党内部出现两种意见，一种是联俄，一种是联英美，也有人主张既联俄，又联英美。胡汉民、邹鲁和陈济棠都主张联英美。胡汉民很早就提出，派人赴欧美联络，以对付日本。[①] 胡汉民赴欧后，邹鲁、陈济棠都要求胡汉民利用机会，与担任海牙国际法庭正法官的王宠惠(亮畴)共同推进对英美的外交，并改善和加强与港英当局的关系。7月26日，邹、陈致电时在瑞士的胡汉民云：

宁有两派，一、亲日统一固谬；二、联俄抗日亦非至计。请兄与亮兄到英，为英美之外交工作，并以华南同对日关系，请英密示港督，与粤结合。

---

① "胡汉民致柏文蔚书"，转引自《柏文蔚复胡汉民书》(4月13日)，哈佛燕京学社图书馆藏。

此前，英国《泰晤士报》有西南派勾结日本的说法，二人要求胡汉民"力破之"[①]。同日，陈融也致电胡汉民，告以蒋介石已派张群、陈仪赴日勾结，"我人必须得英美缓〔援〕助，望早到英与商"。

广州接近香港，陈济棠自国外采购的武器必须通过香港内运，因此，西南派极为重视和港英当局的关系。8月2日，陈济棠、邹鲁联合致电胡汉民，要胡转嘱王宠惠，与港英当局协商。电云：

近港对西南军器经过为难，请嘱亮兄商英港，仍持去年以前对西南军器经港概纳外交进行。盼示。

"仍持去年以前"云云，可见此前的武器内运都是经过港英当局同意的。

西南派在倒汪上与孙科、于右任有联盟关系，但是，孙、于都主张联俄，和西南派不尽相同。7月27日，邹鲁电询胡汉民，如何处理这一矛盾。电称："孙、于、居在京负责达到改变政局。惟孙、于主张联俄抗日，应如何复之?"当时，胡汉民反对日本侵略，但是，也反对苏联，称之为"苏俄帝国主义"，曾著文要求苏联"中止在华之一切赤化活动"，"放弃在新疆、外蒙的侵略行动"[②]。接到邹鲁的电报后，胡汉民于8月24日复电，坚持此前立场，电云："联俄利害前此论之甚详。共祸未除，适滋纠纷。"但是，该电也显示出，胡汉民正在慢慢调整自己的外交政策。电云："或以孙、于之主张，兄等此时不必过于反对矣!"同年冬，他进一步支持程天固访苏，探询苏方意见，"对于我国万一与日本交战所采之政策为如何"[③]?

20年代初期，胡汉民一度主张联苏；1927年以后，胡汉民成为坚决的反苏派，但在民族危机日益加深的情况下，他不得不对自己的立场有所修正。

---

① 《棠、鲁宥电》(陈济棠、邹鲁电)，1935年7月26日。

② "英美协调与国际的分惠"，载于《三民主义月刊》第5卷第3期；"远东问题之解决"，载于《三民主义月刊》第5卷第5期。

③ 《程天固回忆录》香港龙门书店1978年版，第283页。

动员华北实力派自治、自保

宁粤对立以后，西南派的策略是广泛联络各地实力派，对抗南京政府。其中，胡汉民、李宗仁等尤为重视的是华北的冯玉祥、阎锡山、韩复榘等人。1935年6月，在日本威胁下，中央军被迫撤出平、津及河北。同月，宋哲元部二十九军冯治安部奉令拱卫北平。此后，西南方面又加强了和宋哲元的联系。

日本侵略者得寸进尺，企图进一步制造“华北国”。7月6日，何应钦被迫与日本华北驻屯军司令梅津美治郎达成“何梅协定”，同意罢免一批中国官员，解散河北省党部、禁止排日运动等无理要求，平津等地有随时为日军占领的危险。当年7月，李宗仁致胡汉民电即称：华北事急，宋哲元、韩复榘等人非常挂念胡汉民的情况。李建议胡致电慰问。同月，李宗仁派黄建平到山西，促进华北地方实力派联合，成立统一组织。黄称：“西南亟盼华北有一组织后，即向中央进迫，能不用兵，即达到均权共治，亦不一定非用兵不可。”① 当时，宋哲元、韩复榘等亟谋自保。宋哲元认为：“华北在日本压迫，中央不管的处境下，不能不自己联合。”② 韩复榘也认为：“与其坐以待毙，不如早自打算。”③ 他们计划推阎锡山为首，韩复榘为副，成立组织，自治自保。

西南派密切注意华北形势的发展。8月5日，李宗仁致电胡汉民云：

蒋派王克敏求梅津承认，梅拒绝。军人尚未一致。海、外两省主与蒋妥协。现商陈济棠，派中、援北上，并拟派季文相助。祈示。李宗仁。

王克敏，时任代理行政院驻平政务整理委员会委员长；“梅津”，指梅津美治郎。“中”，指陈中孚，日本通，时任西南政务委员会委员。“援”，

---

① 《徐永昌日记》，1935年7月31日、8月3日，台湾“中央研究院”近代史研究所1991年版。
② 《徐永昌日记》，1935年10月2日，台湾“中央研究院”近代史研究所1991年版。
③ 《徐永昌日记》，1935年7月31日，台湾“中央研究院”近代史研究所1991年版。

指任援道，军人，30 年代经常充当西南派与北方实力派的联系人。“季文”，指王季文，桂系政客，曾任众议院议员。从李宗仁计划派到北方的 3 个人看，显然是为了进一步加强与宋哲元的联系，并直接插手对日交涉。1935 年 12 月成立冀察政务委员会时，陈中孚出任外交委员会委员长，任援道任外交委员，而王季文则成为西南派常驻宋哲元部的代表。

胡汉民同意李宗仁的派人计划。8 月中旬，复李宗仁电云：“伯南同意，不妨派人一行。但真崎去职，外报谓急进派失势，确否?”① “真崎”，指真崎甚三郎，日本皇道派军阀巨头。1931 年，任驻台湾军司令官。1932 年任参谋本部次长，后改任陆军教育总监。1935 年 7 月被罢免。在日本侵华过程中，日本政府和军方中始终存在不同派别，其起伏分合极大地影响并制约着对华政策，因此，胡汉民对日本政局变化极为注意。

李宗仁也同样注意日本政局的变化，8 月 29 日致胡汉民电云：“军政部因永田案及西南迟缓，由外务对宁暂行妥洽。”“永田”，指日本陆军军务局局长永田铁三少将。由于真崎被解职，皇道派的相泽三郎中佐对此不满，于 8 月 12 日将永田铁山砍死。“西南迟缓”，当指西南派的反蒋行动。电末，李宗仁询问胡汉民说：“陈济棠已嘱中北上。鄙人只有促华北变化，尊意以为何如?”李宗仁希望，华北实力派能迅速联合起来，与西南为犄角。对李宗仁的意见，胡汉民极为同意，当日即复电表示：“弟与尊见同。”

当时，日本侵略者也在鼓动“华北五省自治”，支持地方实力派反蒋，以便实现其分裂中国，逐一吞并的阴谋。西南派所推动的华北实力派的自治自保，虽与日本侵略者不同，但极其便于为日寇所利用。历史证明，只有团结，才能抗日。

计议对抗六中全会与五全大会

为了和西南派和解，9 月 5 日，国民党中常会开会，蒋介石提出，将原

① 《复不电》（复李宗仁电）。

定9月20日召开的四届六中全会展期至同年11月1日，第五次全国代表大会不变，仍定于11月12日举行。在公开和私下，蒋介石都表示，要“力谋团结”①。

西南派不愿放弃进攻姿态。9月4日会商对六中全会的对策时，邹鲁提出：①请各国开太平洋和平会议；②请政府解职以谢国人。会议决定向胡汉民请示。② 9月10日，西南方面再次会商，决定：①由西南方面的中委将1934年的“齐”“有”两电再次提出，列为五全大会议案；②由个人签名，联名提案，建议召开太平洋各国会议；③秘密通知各省同志，推举代表，向南京方面争取出席五全大会的出席权，不得已时，在西南召开五全大会。③

1934年，国民党中央决定于当年11月12日召开五全大会，议题为召集国民大会、修改总章，推进党务，确定施政方针等四项。9月8日，胡汉民、陈济棠、李宗仁等致电南京，认为南京方面颁布的五全大会议题“无一及于当前救亡之大计”，胡等提出：①整饬政治风纪，惩戒丧权辱国之军政大员；②严惩一切淆乱社会危害党国祸首；③确立外交方针并国防计划以维护国家之生存；④确定最低限度生产建设计划，取消破坏工商业及国民生计之媚外关税税则并整理财政救济农村。以上各条，条条指向南京国民政府和蒋介石，称为“齐电”。

该电发出后，南京方面“置而不议，受而不答”，并且封锁新闻，严禁披露，因此，胡汉民等于9月25日再次致电南京，提出在五全大会召开之前，先实行二事：①履行本党“人民有言论及出版自由权”之政纲，容许一般人民对于政治、外交之建议及批评。②厉行本党民主集权制，予中央委员及海内外各级党部、党员对于党务、政治、军事、外交，应有充分建议、讨论及批评之完全自由。该电称为“有电”。由于西南方面的不妥协立场，南京方面不得不宣布五全大会延期。现在西南方面重提“齐”“有”

---

① 《9月5日衣电》(9月5日邹鲁电)。
② 《9月5日衣电》。
③ 《9月10日衣电》(9月10日邹鲁电)；又《9月11日冲电》(9月11日王养冲电)。

两电，表明西南方面的根本立场不变。

但是，在外患日深的状况下，西南派中的部分人也不得不表现出和蒋接近的动向。还在 8 月中旬，王养冲即致电胡汉民说：

中北上，李宗仁力主，爵赞，衣与力辩论，中请尊裁，并云："蒋中正外交途径工作激急，未许视若无物。吾人放弃原定计划，分别拟具放弃打倒独裁函详报。"

"中"，仍指陈中孚；"爵"，指陈济棠；"衣"，指邹鲁；"力"，指陈融。本电所述邹鲁与陈融关于陈中孚北上的辩论显然与对日、对蒋政策有关。所谓"放弃打倒独裁"，即指放弃打倒蒋介石的计划。显然，陈中孚已经朦胧地感觉到，必须团结对日。

9 月 14 日，邹鲁致胡汉民电云：

前蒋在滇，晤显丞。对兄表示甚诚。嘱其事团结。志舟复力促之。志舟近亦急于实现。弟拟嘱显丞经赴川晤蒋，能促成亦事所固佳，名〔否〕则票（?）真相为应付。

"志舟"，指龙云。当年 5 月 14 日，蒋介石从贵阳到昆明，龙云曾向蒋提出消弭内争，抵御外侮问题，据说"蒋有极诚恳之表示"[①]。此电显示出，蒋当时也曾向刘震寰（显丞）表示过和胡汉民和解的愿望，要求刘致力于西南与南京的"团结"，此事并且得到龙云的积极支持。有鉴于此，邹鲁准备派刘震寰入川，再次与蒋介石会晤。同日，胡汉民即复电表示同意，电云："显赴川亦佳。但宜得陈（济棠）、李（宗仁）同志〔意〕。"显然，胡汉民也在考虑采取某种主动了。

---

① "龙云为蒋介石在滇有亟谋统一的表示征询意见电"，载于云南档案馆编《国民党军追堵红军长征档案史料选编》（云南部分），档案出版社 1987 年版，第 588 ~ 589 页。

继续酝酿倒汪

汪精卫复职之后，国民党内部的倒汪迎胡潮流仍然暗暗发展。黄季陆于9月中旬到沪宁两地“鼓动政潮”，转了一圈之后，回粤报告说：“宁皆反汪，并希西南有积极做法。”①

当时，不少人希望胡汉民回国。9月22日，李晓生致电胡汉民，转达许崇智的意见，建议胡汉民利用时机，立即返国，以“提倡团结、抗日、剿共”号召各方，“如此则以我公为主体，似与被动的受欢迎而后回来颇有分别”②。10月8日，在上海的何世桢、陈群、李晓生等也联名致电胡汉民，要求胡汉民回国。电称：

> 汪复职后政局愈混沌。六中、五全相继开会，政治季节正在此时。兄能出其不备，毅然归国，影响甚大。国难已亟，披发撄冠，只有我辈。居、孙暨南京各方同志一致主张。陈伯南利令智昏，无心救国。窃为事机已迫，请速图之。心所谓危，不敢缄默。行止如何，恳加明示。

不过，胡汉民这时身体状况不佳，还不能回国，但他也盼望尽早赶汪下台。10月8日，胡汉民复电李晓生称：“南京同志既多数除奸，何尚不决！望兄等努力奋斗。”胡汉民本来反对单独“倒汪”，此时则持积极态度了。

为了继续与南京方面对抗，西南方面于10月7日决定，单独在广州召开五全大会。10月15日，萧佛成、邹鲁致电胡汉民：“宁五全会必开，我方必对抗。宣言、政纲恳公主稿，航寄或电示纲要。”胡汉民赞成萧佛成等意见，同日复电表示：“请两兄主稿，宜多对宁府责言。弟但从同志后，不能属思。”胡汉民对南京国民政府诸多不满，因此，仍然持强烈批评态度。

---

① 《10月7日鲁电》(10月7日邹鲁电)。
② 《9月22日尧电》(9月22日李晓生电)。

汪精卫突然被刺，倒汪派不战而胜

国民党的中央全会和代表大会常常是各派政治力量的角逐场所。蒋介石确定在 1935 年 11 月召开四届六中全会之后，南京政府内外的倒汪派就将轰汪下台的希望寄托在该次会上。9 月 5 日，邹鲁致电胡汉民报告说："六中去汪，反要之于孙。居受二陈，进行甚力。"[①] 据此可知，计划在会上带头发难的人选为孙科，而当时在南京国民党内积极活动的人物则是受二陈委托的居正。一切均已准备就绪。

1935 年 11 月 1 日，国民党四届六中全会在南京开幕。在仪式结束后摄影时，汪精卫突遭原十九路军排长、爱国志士孙凤鸣枪击，重伤就医，被迫请求辞去本兼各职。这样，倒汪派就不战而胜了。

1935 年 11 月 12 日，国民党五全大会开幕。西南派没有按原先计划抵制，而是派邹鲁、刘芦隐、黄季陆等出席会议，邹鲁并在会上作了"团结救国"的演说。在长期分裂之后，宁粤双方出现和解现象，预示着国民党的内外政策将会发生变化。不过，人们也注意到，西南派的军事领袖陈济棠、李宗仁、白崇禧等都没有参加。这显示出，国民党的"团结救国"之举还只能说刚刚起步。

1935 年 12 月 7 日，胡汉民在五届一中全会上被选举为国民党中央常务委员会主席。西南派的邹鲁、刘芦隐、刘纪文、黄季陆等进入中央执行委员会。同月 27 日，胡汉民由欧洲启程回国。不过，胡汉民回到广州后，很快因病去世，未能发挥应有的作用。

---

① 《9 月 5 日衣电》。

张学良说：杨虎城是西安事变主角

——美国所藏张档新发现

在西安事变中，杨虎城是张学良的亲密合作者。我在美国阅读张学良的口述史及其相关档案资料时，杨虎城是注意的重点之一。结果，发现部分新资料，有助于西安事变研究的进一步深入。

陪衬，主角？

1956年12月，蒋命张学良回忆西安事变时，曾特别指问杨的情况。当时，张学良的回答是："平心而论，西安之变，杨虎城乃受良之牵累，彼不过陪衬而已。"但是，到了20世纪90年代，在回答张之丙姐妹的访谈时，张学良却说："西安事变就是杨虎城，当然我们两个人，那是杨虎城不平啊。"又说："那西安事变……那可以说他是主角哇，不过名义是我，我是主角了。当然由我负责任。"从"陪衬"到"主角"，反映出张学良晚年对杨虎城在事变中的作用有新的估计。

根据张学良所写《西安事变反省录》，在事变前，杨虎城曾两次向张学良进言，希望张对蒋介石有所行动。

第一次在1935年。当年10月初，东北军第67军110师何立中部自延安回防甘泉途中，在大小崂山受到红军第15军团徐海东部伏击，全军覆没，何立中等被击毙。同月2日，蒋介石在西安建立"剿匪"总司令部，蒋自任司令，以张学良为副。10月9日，蒋、张命杨虎城以所部主力在宜川、洛川一线设防，阻止红军向南发展。当时，杨虎城已对“剿共”持消极态度。他向张学良陈述，无钱又无补给，并且发牢骚说：“剿匪”等于“无期徒刑”。“以中央军之数量，东北军之精锐。皆未能消除共匪，区区如彼之军队，能何为乎？”同年 11 月，东北军第 57 军 109 师牛元峰部在陕北直罗镇受到毛泽东指挥的红军围攻，被俘 5300 人，缴枪 3500 余支。这两支部队先后被歼，编制也就失去，蒋介石并不从兵员、财政上给予补充。张学良觉得这是蒋介石借“剿共”消灭异己，曾向杨虎城透露“倦于剿匪”的心情。杨虎城所部在“剿匪”中也受到过相当损失，同样得不到补充，对蒋介石也有怨气。1936 年 3 月，高崇民等在西安出版题名《活路》的小册子，提倡东北人与西北人合作，联合抗日。杨虎城同意高的主张，便向张学良建议：向蒋公进言，停止“剿匪”，团结抗日，节省东北军和西北军的消耗。

第二次在 1936 年 12 月初。当年 11 月，蒋介石飞抵洛阳，进一步策划“剿共”。张学良于 12 月 2 日只身飞洛，向蒋介石进言，要求停止内战，一致抗日，同时要求释放上海救国会七君子。双方发生尖锐冲突。张指责蒋“这样专制，这样摧残爱国人士，和袁世凯、张宗昌有什么区别”，蒋严厉表示：“我是革命政府，我这样做就是革命！”“匪不剿完，决不抗日。”在阅兵时，蒋甚至声色俱厉的声称：“主张容共者，比之殷汝耕不如！”蒋的顽固态度使张学良“有如凉水浇头”，对蒋绝望。回到西安后谈起有关情况，向杨问计，有何方法可以停止内战。杨在张立誓抗日后，对张称：“待蒋来西安时，余等可行‘挟天子以令诸侯’之故事。”杨的这一想法，已经包含了武力扣蒋的内容，可以说，西安事变的计划已经成形。后来的西安事变基本上是按照杨的这一思路发动的。

对杨虎城的建议，张学良的最初反映是“愕然”，可见，此前他从未有过类似的念头。直到张学良向蒋介石进言，一再碰钉子之后，才采纳杨议，“决行强谏劫持之谋”。在《西安事变反省录》中，张学良称：假如自己当时与何成浚或张群共处，就不会有西安事变发生。可见，杨虎城“造谋”的重大作用。张学良晚年之所以称杨为西安事变“主角”，当是基于这一考虑。

杨虎城的“小家伙们”

“挟天子以令诸侯”虽出自杨虎城之口，但是，张学良认为杨虎城出身草莽，不会懂得这一历史掌故，因此，在1957年所写《坦述西安事变痛苦的教训敬告世人》一文中，又进一步补充说：

在另一方面，我西安剿匪一位重要的伙伴——陕西绥靖主任杨虎城将军……他非常热衷抗日而不愿剿匪。这是由于他有两种心情：一为保存实力，一为趋向时髦。我们两个人虽非故交，短时间却结为好友，彼此间无话不说，无事不谈。在当时，他已竟（经）被共匪渗透，是利用他另作一个角色——关于这个问题，我并没有确实的证据（我写这篇文字，尽力的十分忠实，除非我记忆上小有差错。我准备任何人向我挑战……）现在我已晓得，中共的重要干部，他的伪大使王炳南，当时是在杨的幕中。

我在洛阳归返西安之后，同杨虎城相谈之下，彼此大发牢骚。某一日，又谈这个问题时，我问计于他，他沉吟了一下说：“我那些小家伙们（这是指他的智囊团）倒有一个计策，等待蒋委员长再到西安时，我们不使他离去，我们来一个挟天子以令诸侯”……请注意，他一开口就说“那些小家伙们”，那证明他背后已有人鼓动他，是利用他来推动我、试探我。

根据张学良的这一回忆，“挟天子以令诸侯”的创意者不是杨虎城，而是他的“那些小家伙们”，张学良怕别人不明白，还特别加了一个括弧，说明“小家伙们”就是杨虎城的“智囊团”。这是张学良前此在任何场合都没有谈到过的。

杨虎城的“小家伙们”是哪些人呢？张学良只谈到了中华人民共和国成立后出任波兰大使的王炳南。王的父亲原系杨部高级参谋，与杨私交极好。王在日本、欧洲求学，经费均由杨提供。1936年4月，中共驻共产国际代表团委派王到西安，与杨商谈停战抗日问题。此后，王就住在杨的公馆里。

张学良在和张氏姐妹的谈话里，进一步谈到了杨虎城和中共的关系。他说：

杨虎城要紧的是王炳南。杨虎城手底下一定比我手底下厉害。不但是文人，还有新城的一个师，差不多都是共产党。他自己实实在在，他的太太是共产党。我判断他的太太就是带着任务来的……就是当年他的政治部主任……那时候在新城，共产党的几个都是女的。

王炳南实实在在的名义就是杨虎城的秘书……杨虎城很听他的话。

张学良声称，杨虎城“新城的一个师，差不多都是共产党”，显然夸大了，但是，杨虎城的夫人谢葆真确系共产党，在杨军政治部工作。她是在1928年1月，经中共党组织批准，和杨虎城结婚的。

杨虎城和中共的关系比张学良所知还要密切。早在1927年冬，杨虎城就要求加入中共。他的部队政工人员中，即有中共党员16人。1928年10月，杨虎城在日本东京期间，中共中央决定批准杨的入党要求，指示东京市委办理，但由于杨很快回国，未能办理相关手续。1934年，杨部警卫团有共产党员二百余人。1935年11月，中共北方局南汉宸委托杨的驻北平代表申伯纯向杨传达中共的《八一宣言》。1935年12月，毛泽东、彭德怀派汪峰携亲笔函件会见杨虎城，商谈联合抗日事宜。同月，中共北方局也派王世英到西安和杨虎城会谈。1936年，毛泽东再派张文彬携函见杨，达成互不侵犯、建立军事联络等三项口头协定。此后，张文彬即以十七路军政治处主任秘书名义长驻杨部。西安事变前，在杨虎城身边工作的共产党员，除王炳南、张文彬等外，还有米暂沉、宋绮云、王菊人、申伯纯等人。他们都深得杨的信任，参与机密。杨虎城所称“我那些小家伙们”，显然指在他身边工作的共产党人。

张、杨冲突

蒋介石在《西安半月记》载，12月24日夜，“闻杨虎城坚决不主张送余回京，与张争几决裂”。在《西安事变反省录》中，张学良也曾述及：在送蒋离陕问题上，与杨虎城发生歧见，言语急躁，几乎同杨决裂。但是，《西安事变反省录》所记，仍觉语焉不详。关于此事，张学良在《敬告世人》书中有更详细的叙述。

张首述杨虎城幕中激烈派的态度及杨所受影响：

杨虎城的反对蒋委员长返京，那不是出诸他自己，而是出诸杨的幕中渗透分子，煽动杨，说我出卖他。所以当时杨虎城对我说：“你是受了蒋夫人、宋子文、端纳情感诱惑，有反初衷，你犯了温情主义，你是同蒋宋两家有私谊上的关系，可以和平了结。我杨某可是不肯作断头将军的，要干就干到底。”

张继述本人的“气怒”：

我说：“这样的国家大事，岂是私情问题，我们不顾一切的行动，是为了发动要求蒋委员长领导我们抗日，今日已确知抗日前途有着，那么我们还要蛮干下去，必使内战扩大发生，而使蒋委员长失去领导，而走向相反的方向，那才是真的有反初衷呢！你怕死吗？你若是怕死，何必要发动这种大胆的叛变行为？我将只身护送蒋委员长入京，上断头台我一人承当，我决不牵连任何人。”

杨、张之间的这一段对话。不见于其他记载，可补西安事变史乘之不足。

端纳、宋子文、宋美龄等到达西安后，经过谈判，双方达成停止内战、一致抗日，改组行政院等协议，但是，蒋介石只同意以“领袖人格”保证，不肯签字。这样，在放蒋问题上，西安方面就出现分歧。有的人主张继续扣蒋，命蒋在西安发号施令；有的人同意放蒋，但坚持蒋必须签字；还有人则提出，让蒋在西安对全国作广播讲话。从张学良的上述回忆看，杨虎城最初是反对无条件放蒋的，二人的冲突即由此发生，并且迅速激化。

张、杨激烈冲突之际，周恩来在场。他劝张“小加休息，容他们会议商讨商讨”。其后，经周恩来说服，杨虎城同意放蒋。关于此，张学良回忆说：“他的这一番争论，经周恩来一说之下，即为平息。”

米暂沉的《杨虎城将军传》称：“一时盛传有杨不同意放蒋的说法。”上述资料证明，张、杨冲突，并非只是“盛传”，而是的的确确发生过的事实。

西安事变前后国共谈判史实订误

——评陈立夫《成败之鉴》，兼评他对于苏增基的批评

1977年，陈立夫在其《参加抗战准备工作的回忆》一文中首次公布了周恩来致陈立夫、陈果夫函，以括弧注明：民国二十四年九月收到。

其后，沈云龙等著文认为，该函作于1936年，而非1935年。1994年，陈立夫出版回忆录《成败之鉴》，继续坚持旧说。1995年7月，台湾《传记文学》发表苏墱基《周恩来致陈果夫、立夫函年份剖析》，对1936年说作了详细论证。苏文称："陈立夫所坚持的二十四年完全是误记，这个问题至此可以拍板定案，再无争论余地了。"然而，1996年1月份，《传记文学》又发表了陈立夫的文章，引用蒋介石的"手著"及其他材料，再次坚持周函作于1935年之说。陈文称："执行周函有关之大事者为余，年已九十六矣，余记忆力并不衰退，且有其他物证可为余助，苏君自以为是，宜其所考据者均为似是而非之文件。余若放弃责任，不予以纠正，则历史之真相，永不彰明，岂不为历史学家之耻乎！"

笔者是1936年说的主张者之一。[①] 1995年7月，笔者为参加美国加利福尼亚州立大学菲士那分校张绪心教授在香港召开的一次讨论会，曾作文论述《成败之鉴》一书中关于周函系年等问题上的讹误。1996年1月，读了陈立夫批评苏墱基的文章后，又续作一文。现将两文联缀为一篇发表。

---

① 参作见拙作"陈立夫与国共谈判——读陈立夫口述历史之一"，载于北京《团结报》，1991年9月28日；收入拙著《海外访史录》，社会科学文献出版社1998年版。

评《成败之鉴》

1994年，陈立夫先生出版了他的回忆录《成败之鉴》。由于作者长期担任国民党要职，多年参与密勿，因此，他的回忆录的出版立即引起了海内外学人的关注。阅读之后，感觉该书提供了不少史料和看法，可以作为治中国近代史的参考。可述者如下。

中山舰事件发生前蒋介石准备出走时陈立夫的"建言"；

1927年春国共分裂前夕，陈立夫提议以"打斗"办法区分共产党人；

"调统机构"的建立，国民党与国民政府的组织，均"学自苏俄"①；

胡汉民的性格与胡汉民被囚事件；

西安事变后，陈立夫向蒋介石建议乘机进攻延安，未被采纳；

1938年在汉口对德使陶德曼的建议；

陈立夫与国民党中央组织部在历届选举中的作用；

国民参政会的成立；

抗战期间的教育；等等。

它们或为人们提供了前所不知的史料，或为重大历史事件提供了佐证。有些问题，虽然作者当时感情激烈，但写回忆录时却冷静而公正地作了叙述，例如，承认1927年上海"清党"时，"无辜人民之遭害者更不计其数，言之至为痛心"等，都是对历史有责任感的持平之论。② 但是，读后也突出地感到，该书还存在不少问题。

1931年"九一八"事变后，日本帝国主义对中国的侵略有增无减，民族危机日益加深。1935年，蒋介石为了准备对日抗战，命令陈果夫、陈立夫兄弟对外解决与苏联的关系，对内解决对中共的关系两大问题。根据蒋介石的指示，陈果夫，特别是陈立夫做了许多工作。这些工作，必将长久

① 陈立夫：《成败之鉴》，台北正中书局1994年版，第105、152页。

② 陈立夫：《成败之鉴》，台北正中书局1994年版，第104页。

地载入中华民族的史册，但是，检核《成败之鉴》的有关记载，却十分不能令人满意：不仅过于粗疏简略，而且讹误严重。

现分几个问题阐述如下。

周恩来致二陈函的写作时间

《成败之鉴》一书说：民国二十四年九月，国民党军在陕北一带围剿中共的残余部队，延安一带随时有被消灭的危险，因此，“周恩来写信给我大哥果夫和我，希望我们政府不要再围剿他们，他们愿意听中央，和中央共同抗日。其信经香港黄华表与曾养甫两同志转来”。接着，陈立夫在回忆录中全文引录了周恩来的信，并以括号注明“民国二十四年九月收到”。

信真实无讹，有周恩来的手迹为证，但是，时间并非 1935 年，而是 1936 年。理由如下。

周函云：“分手十年，国难日亟。”周恩来 1926 年在广州任国民革命军政治训练部特别政治训练班主任，陈果夫在国民党中央组织部工作，陈立夫在蒋介石身边任机要科秘书。同年 8 月，陈立夫随军北伐。12 月，周恩来秘密前往上海，任中共中央组织部秘书兼中央军委委员。至 1936 年，恰为 10 年。

周函云：“近者寇入益深，伪军侵绥已成事实，日本航空总站，且更设于定远营。”“伪军”，指伪蒙军，1936 年 5 月，内蒙王公德穆楚克栋鲁普在日本帝国主义者策划下，成立“内蒙独立政府”，建立伪蒙军。8 月，伪蒙军进犯绥远东北地区。周函所称“伪军侵绥”，指此。

周函云：“敝方自一方面军到西北后，已数作停战要求，今二、四两方面军亦已北入陕甘，其目的全在会合抗日。”按：1935 年 10 月，红军第一方面军到达陕北吴起镇。1936 年 8 月，红军第二、第四方面军到达甘南，准备与第一方面军会师。如果周函作于 1935 年 9 月 1 日，则其时红军还没有进入甘肃呢！

周函云：“敝方现特致送贵党中央公函，表示敝方一般方针及建立两党合作之希望与诚意，以冀救亡御侮，得辟新径。”1936 年 8 月 25 日，中共中央致函国民党中央及国民党全体党员，肯定蒋介石在确定对日抗战方针上的进步，再次呼吁停止内战，组织全国的抗日统一战线，抵抗日本帝国主义的进攻，保卫并恢复中国的领土主权。[①] 公函表示：准备在任何地方、任何时候派出全权代表与国民党谈判。周函所称“致送贵党中央公函”，指此。公函并称：“察北所日伪军又大举向绥远进攻了。绥远、宁夏、内蒙、甘肃各地遍设特务机关之后，又在这些地方建立航空总站与分站了。”此正与周函所言“伪军侵绥”及日本在定远营设立航空总站的情况相合。

周函云：“现养甫先生函邀面叙。”自1935年末，蒋介石指示驻苏武官邓文仪和中共驻共产国际代表团接触后，南京国民党方面曾通过多条渠道和中共联系。1936年8月27日，中共联络员张子华（即周恩来9月1日函中所言黄君）自南京到达陕北保安，向中共中央汇报到南京联络的情况，同时携回曾养甫邀请周恩来赴南京谈判的信件及联络密码。[②] 周函所称“养甫先生函”，指此。

以上种种内证无可辩驳地说明，周函显作于1936年9月1日，而非1935年9月1日。陈立夫信后所记，显系事后追记之误。

1936年周恩来是否到过上海、南京

《成败之鉴》一书接着写道：

与中共交涉时，我方代表是我和张冲，中共代表是周恩来。这项谈判，必须有第三国际代表参加，那就是潘汉年。他们两人必须先得到我方的安全保证，始肯来上海。

又称：

为对外必须表示全国一致抗日起见，我们要求他们在战争爆发以后，

---

① 中央档案馆、中共中央文献研究室编：《中共中央文件选集》（11），中共中央党校出版社1991年版，第77～88页。

② 中共中央文献研究室编：《周恩来年谱》，人民出版社、中央文献出版社1989年版，第319页。

即需发表共同抗日宣言，表示全民一致，其内容须包括下列四点原则：(一)彻底实现三民主义而奋斗。(二)取消一切反政府之暴动及赤化运动，停止以暴力没收地主土地的政策。(三)取消红军，改编为国民革命军，受军事委员会的统辖，担任抗日战争之任务。(四)取消苏维埃组织，改为行政区，以期全国政权之统一。

再称：

这四项原则，中共当然同意。后来周、潘二人由我们招待至南京居住，由我直接和他们谈判，使他们更为放心。经多次磋商，宣言及条件的文字都已大体谈妥，周恩来就想回延安复命。我命张冲陪他去西安，顺便往见张学良，由周口中说出，我们双方共同抗日，大致已有协议，以免张学良再唱抗日高调，藉以保存实力。潘则留京沪续洽，不料事隔几天，西安事变忽起，当时张冲、周恩来都在西安，外人罕知其原因为何？

陈立夫以上回忆牵涉到较多问题，这里，首先要考察的是，1936 年周恩来是否和潘汉年一起到过上海、南京？

根据现有资料，周恩来当年活动日程如下。

1 月：在陕北瓦窑堡，先后出席中共中央常委会议及政治局会议。

2 月：布置李克农等到洛川与张学良会谈，到清涧和刘志丹等指挥攻打义合镇。

3 月：到绥德沟口，沿黄河南行，进入山西，听取中共北方局王世英、张子华和曾养甫接触情况的汇报；出席中共中央政治局会议。

4 月：回瓦窑堡，出席中共中央常委会和政治局会议；到肤施，与张学良会谈。

5 月：出席中共中央常委会与政治局会议；会见第二次到陕北的张子华，听取张与曾养甫、谌小岑谈判情况的汇报；致函谌小岑，欢迎他到陕北来“商讨大计”。

6 月：出席中共中央政治局会议及中共中央常委会；由于国民党军进攻，指挥部队撤退到磁窑；月底，赴安塞。

7月：在安塞听取刘鼎关于东北军情况的汇报；会见美国记者斯诺。

8月：出席中共中央政治局会议。31日，致函曾养甫表示："苏区四周□□□□，弟等外出不易。倘兄及立夫先生能惠临敝土，则弟等愿负全责保兄等安全。万一有不便之处，则华荫之麓亦作为把晤之所。"书发，没有回音。

9月：1日，致函二陈。22日，再次致函二陈，指定潘汉年为联络代表前去谈判。28日，张子华自广州致电周恩来，声称曾养甫邀请周恩来到香港或广州谈判，但周恩来只同意以西安为谈判地点。

10月：出席中共中央政治局会议；致电张子华，要他转告曾养甫、陈立夫，中共中央决定由潘汉年进行初步谈判。

11月：出席中共中央政治局会议；与毛泽东共同致电张子华，要他转告陈立夫及曾养甫："只要国民党方面不拦阻红军抗日去路，不侵犯红军抗日后方，红军愿首先实行停止向国民党军队攻击。"电报提议："国民党方面，立即下令暂时停止西北各军向红军进攻，双方各守原防。"电称：在确保安全的条件下，周恩来可以赴广州谈判。在双方主要代表未会谈前，拟派潘汉年先与陈立夫、曾养甫会谈。15日，离保安，先后到河连湾、洪德等地与彭德怀、贺龙等会晤。30日，回保安。①

12月：12日，西安事变爆发。15日，偕罗瑞卿、张子华等启程赴西安。17日到达。

可见，1936年，在西安事变之前，周恩来的活动范围没有超出陕北和山西。《成败之鉴》一书所云"招待至南京居住"，"想回延安复命"，"命张冲陪他去西安"云云，都并不正确。

1937年3月22日，周恩来应蒋介石之邀，与张冲自西安飞上海，会晤宋美龄，请她将中共中央的谈判条件交给蒋介石。随即由潘汉年陪同，到杭州和蒋介石谈判。4月初，回到延安。5月下旬，再飞上海，转赴南京、

---

① 以上日程，据中共中央文献研究室编：《周恩来年谱》，人民出版社、中央文献出版社1989年版，第319页。

庐山，与蒋介石会谈。7月7日，和博古、林伯渠再飞上海。13日（或14日），第二次到庐山和蒋介石谈判，旋即赴上海，返延安。当年，8月9日，和朱德、叶剑英飞南京，与张冲等谈判，直到同月21日，回延安参加中共中央政治局扩大会议为止。陈立夫在《成败之鉴》中的有关回忆，可能是将两年中的事实混记在一起了。

关于所谓“四项原则”以及潘汉年、陈立夫之间的谈判

陈立夫的上述回忆谈到“四项原则”，并称中共“当然同意”，又称：西安事变前，宣言、条件已“大体谈妥”。情况是否如此呢？答案仍然是否定的。

1936年5月，在和中共北方局代表周小舟谈判中，陈立夫确曾与曾养甫商量，并经蒋介石同意后，提出过四项条件。

（1）停战自属目前迫切之要求，最好陕北红军经宁夏趋察、绥、外蒙之边境，其他游击队则交由国民革命军改编。

（2）国防政府应就现国民政府改组，加入抗日分子，肃清汉奸。

（3）对日实行宣战时，全国武装抗日队伍自当统一编制。

（4）希望（共产）党的领袖来京共负政治上之责任，并促进联俄。①

6月底，7月初，中共北方局代表又曾与陈立夫的代表谌小岑等商定。

（1）参加民族革命之一切武装力量，不论党派，在同一目的下，实现指挥与编制之统一。

（2）共方放弃过去一切足以引起国内阶级纠纷之活动，国方可承认苏维埃主要区域在民主政府指挥之下作为特别实验区。

（3）国方在共方承认全国武装队伍应统一指挥与编制的同时，即行停止围剿，并商定其武装队伍之驻扎区域，与以其他国军同等之待遇。

（4）在共方决意接受国方上述军事政治主张之原则下，国方执行：①抗日民族革命之民主自由，但其限度以不反党国为原则。②红军之驻扎区域

① 《南京方面1936年5月15日提出之谈判条件》。

采商定方式，依双方之同意而决定。③苏维埃政权取消系指苏维埃之独立于中央而言，其地方组织形式可适当保留。④共方之表示与国方所负之义务应在同时实行，其实现方式由双方协议后实行之。①

以上四条，只是双方代表初步达成一致，并未最后敲定。7月4日，陈立夫将第（2）条修改为：共方如同意国方上述之主张，应于此时放弃过去政治主张，并以其政治军事全部力量置于统一指挥之下，将第（4）条修改为：国方在共方决意放弃苏维埃政权的条件下，即以国方为主体，基于民主的原则，改善现政治机构，集中全国人才，充实政府力量，以负担民族革命之任务。此后，双方继续处于协商状态中。

11月10日，潘汉年和陈立夫、张冲在上海沧州饭店举行会谈。此次会谈，由于潘汉年在第三天就向毛泽东、张闻天、周恩来等写了非常细致、具体的书面报告，不仅谈判内容、双方对话，就连当事者的声音笑貌都有追记。因此，使我们今天对此次谈判可以有非常清晰的了解。其过程如下。

潘递交周恩来致蒋介石及陈果夫、陈立夫信。陈问潘：是“代表周个人或代表毛”？潘答：“代表整个苏维埃政府与红军，并非代表任何个人。”陈请潘陈述中共方面的合作条件，潘讲了中共中央不久前起草的《国共两党抗日救国协定草案》的大概，询问南京方面的意见。陈声明代表蒋委员长作答复：“第一，中共既愿开诚合作，就不应有任何条件。第二，对立的政权与军队必须取消。第三，目前，军队可保留三千人，师长以上人员一律解职出洋，半年后召回，按材录用；党内与政府的干部可按材适当分配南京政府各个机关服务。第四，如果军队能如此解决，则你们所提政治上各点都好办。”陈讲完后，笑着问道：“这条件恐不易接受吧？”

潘汉年当然感到国民党方面的条件突然变苛刻了，但他也笑着说：“这是蒋先生站在剿共立场的收编条例件，不能说是抗日合作的谈判条件。请问陈先生，当初邓文仪在俄活动，曾养甫派人去苏区，所谈均非收编，而是合作，蒋先生为甚目前有如此设想？大概误会了红军已到无能为力的时

① 《南京方面1936年7月4日二次提出之谈判条件》。

候，或者受困日本共同防共协定之提议，磋商合作条件尚非其时？这样消耗国力的内战，眼见一时尚无停止可能，日本乘机进攻之野心当亦继续无已，南京日来标榜之决心抵抗，未知从何做起？历史上未见对外对内两重战争可以同时并进，先生以为如何？”

听了潘汉年的回答，陈立夫安静地闭上眼睛，想了想，轻声说道：“是的，条件很苛刻，谈判恐一时难于成就，不过周恩来如能全权代表军事出来与蒋先生面谈，或者保留的军队数目尚可斟酌，如由三千可扩大为一万之数。无论如何，蒋先生中心意旨，必须先解决军事，其他一切都好办。你我均非军事当局，从旁谈判，也无结果，可否请周恩来出来一次？”

“如果蒋先生无谈判合作之必要，我想他不会来。”潘答。

“蒋先生答应，如周出来，他可以和周面谈，或者那时蒋先生条件不致太苛也难说。”陈称。

“那么要不要把蒋先生所提收编各点同时打电报给里面呢？”潘带着一点滑稽笑声问陈。

“这样周恐不能来。暂时不提也好，看周到底愿不愿与蒋先生亲自谈。”陈考虑之后说。

“这岂不成了我骗他出来？何况正在交战激烈之际，暂时停战问题不解决，我想他是无法出来的。”潘称。

“能否停战，蒋先生意思要看你们对军事问题能否接受来解决，而军事问题，双方谈了必须负责，因此必须双方军事直接负责人面谈。”陈答。

在陈立夫坚持要周恩来出来谈判的情况下，潘汉年试图改变谈话中心，提出为了双方军事负责人面商，先谈无条件暂时停战，各守原防，被陈拒绝。彼此长时间沉默之后，张冲提出，如果周恩来肯出来，他负责保障其安全。陈也表示，周的安全没有问题，建议潘先打一个只提要周出来与蒋谈军队问题的电报，至蒋所提各点，待复电再说。

“整个问题的谈判恐一时难以成熟，可否就陈先生所管各种政治的群众运动，以及反政学系、汉奸等局部问题先行谈判，以形成将来整个合作的基础？”为了打破僵局，潘汉年再度转移话题。

"这样不可以。"听了潘的提议，张、陈相视，表示惊异，陈立夫想了很久，回答道，"必须整个来谈，并在唯一领袖的意志下进行工作"。他再一次提出，请周恩来出来谈判，要潘汉年给周打电报。潘不便固拒，答应了。

张冲送潘汉年走出饭店，他悄悄告诉潘，陈立夫对委员长所提办法也很失望，他们将尽一切力量促成此事。①

潘汉年第一次和陈立夫的谈判经过如上。

11月16日，潘汉年应张冲之邀第二次去南京。19日，陈立夫自洛阳向蒋介石请示归来，与潘继续谈判。陈称：蒋坚持原提各点，无让步可能。他要求潘将蒋所提收编办法报告陕北，遭到潘的拒绝。潘提议先谈暂时停战办法，以便双方军事长官就近面商一切；陈等则称如军队条件不解决，无从停战。双方辩论激烈，潘称："如蒋先生坚持继续剿共甚至联日反苏，前途如何？舆情如何？全国人民对蒋先生之称谓如何，实堪杞忧。养甫先生转告我们关于合作办法，关于军队一点，离我们所提原则尚远；今蒋先生所提较养甫先生所讲更远，这从何谈起。"陈则称张子华所述曾养甫意见，纯属子虚。至此谈话无法继续下去了，潘汉年表示准备晚车回上海。当晚，张冲来见潘汉年，婉言陈立夫左右为难，事当双方继续努力，并称，陈还是希望潘将蒋的意见电告陕北。潘称："这样岂不是恩来更不能出来？"张答："陈先生亦如此对蒋说过，但蒋说不妨，周还是会出来的。陈先生以为周如能与蒋面商，条件可斟酌。"②

12月初，陈、潘之间还谈判过一次。陈表示可将保留红军的人数由3000增至30000，其他条件不变。12月10日，中共中央致电潘汉年，表示"根本不能同意蒋氏对外妥协对内苛求之政策，更根本拒绝其侮辱红军的态度"，坚持"红军不能减少一兵一卒，而且须要扩充"，"离开实行抗日救亡任务无任何商量余地"③。同日，周恩来致电张学良，告以和蒋介石谈判

① "潘汉年关于与国民党谈判情况给毛泽东等的报告"，载于《文献与研究》，1993年第5期。

② "潘汉年关于与国民党谈判情况给中共驻共产国际代表团的报告"，载于《文献与研究》，1993年第5期。

③ 中共中央文献研究室编：《周恩来年谱》，人民出版社、中央文献出版社1989年版，第332页。

情况，表示：红军可在抗日救亡的前提下，改换抗日番号，划定抗日防地，服从抗日指挥；彼方如有诚意，须立即停战，并退出苏区以外，静待谈判结果。红军决心以战争求和平，绝对不作无原则的让步。①

可见，西安事变前，中共与陈立夫之间并未达成任何协议，因而，《成败之鉴》一书对中共和张学良的指责也就失去根据。

1937 年，国共两党间经过频繁谈判。7 月 15 日，周恩来起草《中共中央为公布国共合作宣言》，其中提出下列内容。

（1）孙中山先生的三民主义为中国今日之必需，本党愿为其彻底的实现而奋斗。

（2）取消一切推翻国民党政权的暴动政策及赤化运动，停止以暴力没收地主土地的政策。

（3）取消现在的苏维埃政府，实行民权政治，以期全国政权之统一。

（4）取消红军名义及番号，改编为国民革命军，受国民政府军事委员会之统辖，并待命出动，担任抗日前线之职责。②

此宣言于 7 月 15 日由中共中央交付国民党。9 月 22 日，国民党中央社公开发表，第二次国共合作正式形成。

可以看出，除（3）、（4）两条次序颠倒外，《成败之鉴》一书所提到的“四项原则”正是中共中央宣言所提的四条，但这已经是西安事变发生 8、9 个月之后的事了。

潘汉年与共产国际往来电文问题

《成败之鉴》又写道：

事变发生，中央连夜召开紧急会议，其结论如下：(一) 对张、杨采取严厉态度，依据历史教训，凡元首被挟持，中央态度软弱者，元首必被害，

① 中共中央文献研究室编：《周恩来年谱》，人民出版社、中央文献出版社 1989 年版，第 332 页。

② “中共中央为公布国共合作宣言”，载于周恩来选集编委会《周恩来选集》上卷，人民出版社 1980 年版，第 76 ~ 78 页。

故中央决意讨伐；（二）令何敬公主持讨伐军事，迅速入关；（三）其他有助于蒋公出险之一切措施，齐头并进。我就根据第三项与曾养甫兄商定，立即请杜桐荪同志赶赴上海约潘汉年来京，日即令潘致第三国际一电，大意如下："张杨之叛变劫持蒋委员长，全国军民均不齿其所为，蒋如有不幸，中国失去抗日领袖，日军可极容易占领中国，此将于苏联为最不利，国民政府采严正之态度，以应此变。"

再次日又去一电如下："昨电谅达，周恩来同志如尚在西安，拟请立即去电令毛泽东及周恩来两同志影响张杨，协助蒋委员长出险，此则于中苏两国均有利也。"两电用密码（潘之密码在我处）发出，由南京与莫斯科直通之电台拍发，次日接第三国际复电大意如下：潘汉年同志：两电均悉，所见甚是，已电令毛泽东、周恩来两同志遵照执行。

这一段回忆中，关于国民党中央连夜开会的情况，证以留存下来的会议记录，大体属实，但是，关于潘汉年的两通电报以及共产国际的回电则很可疑。

《成败之鉴》的有关回忆和陈立夫以前的回忆不一致。50年代，陈立夫接受夏莲荫访问时的回忆是这样的：

参加12月12日会议之后，回到家里，当晚无论如何不能入眠，我不断问自己：我能做什么？

第二天早晨，我请潘汉年到我家来，要求他致电共产国际，分析西安形势。作为共产国际代表，他应该电陈意见，帮助决定政策。我建议他指出，如果蒋先生出了什么事，其结果将是灾难性的。中国将失去抗日的领导人。日本由于企图征服我们，必然发动侵华战争，其后，目标将转向苏联。其结果不仅关系中国的存亡，也将关系苏联。我还建议他报告，人们一致反对张学良，支持蒋先生。他同意并且起草了电报，我们将他译成密码发出了。此前，为了和共产国际通讯，他将密码转交给了我们。

为了免得周恩来在西安火上加油，次日，我要求潘汉年再次致电共产国际，报告全国一致反对张学良，同时希望共产国际指令周恩来，设法保证释放蒋先生，至少，指令他不要“加油”。

第二天，接到了来自共产国际的一份电报，中称：收到了潘的两份电报，他对形势的分析是正确的。共产国际赞同他的观点，并已按建议致电周恩来。“我有这三份电报的副本。不幸，1938年和其他重要文件一起丢失了。”陈立夫补充说。

共产国际给了中国共产党一项指令，大意是：蒋先生的安全意味着苏联的安全。陈立夫接着说。①

陈立夫讲得很清楚，潘汉年的两通电报和共产国际的复电副本早在1938年就丢失了。因此，50年代接受访问时对电文内容只有一个模糊、笼统的回忆，而在90年代的回忆时却有了具体的措辞，人们不得不提出问题，电文从何而来，它的可靠性如何？

首先，第一通电报使用了“叛变”“劫持”等字样，不类潘汉年口吻。

其次，第二通电报称“周恩来同志如尚在西安”。前已论证，西安事变前周恩来根本没有离开陕北，因此，所谓“如尚在西安”云云，只能是陈立夫在错误记忆基础上的虚构。

第三，陈立夫在接受夏莲荫访问时，绝口未提毛泽东，何以在第二次回忆时，却出现了毛泽东？

第四，西安事变时，中共中央的“总负责”是洛甫（张闻天），负责和共产国际电讯联系的也是洛甫。毛泽东只是军委主席，很难设想，共产国际的电报只“电令毛泽东、周恩来两同志遵照执行”，而完全不提洛甫。

西安事变后，潘汉年确曾和陈立夫有过联系。12月19日，毛泽东致电潘汉年，指示他“向南京接洽和平解决西安事变之可能性，及其最低限度条件”②。21日，又指示潘向陈立夫提出五项合作抗日要求，表示可在上述

---

① 美国哥伦比亚大学珍本和手稿图书馆藏。

② 中共中央文献研究室编：《毛泽东年谱》，人民出版社、中央文献出版社1993年版，第626页。

条件有相当保证时，“劝告西安恢复蒋介石先生之自由”[①]。谌小岑也回忆，曾养甫告诉他，潘汉年已经到了一次南京，他和陈立夫同潘汉年在中央饭店谈了一次，交换了解决西安事变的意见。谌小岑又回忆说，潘是以第三国际和中共中央的代表身份来同陈立夫、曾养甫谈话的，谈话内容是双方同意西安事变可以在停止内战，一致对外的条件下和平解决，让蒋介石回到南京。[②] 但是，陈立夫所说，他要潘汉年致电共产国际以及共产国际回电等情节，目前还没有其他文献可以证明，陈立夫回忆的有关电文内容尚难视为信史。

不算离题的话

人类历史不可能事事都有文字记载。历史当事人的回忆之所以可贵，就在于它能提供文献无证，特别是只有一二人知道的私房资料，此其长处；但是，也正由于文献无证，记错、记乱的可能性极大，此其所短。而一旦记错记乱，他人不加考察，或者没有足够的文献资料可加考察，那就可能造成谬误流传、真相湮没的后果。因此，历史当事人在写作回忆录时一定要慎之又慎，要尽量利用一切有助于唤起记忆的文献资料，对涉及的人物、地点、时间，要作必要的考核与考订。同样，历史学家们在使用有关回忆录时也不可不慎之又慎。

检核《成败之鉴》一书中的史实讹误，有些是并非陈立夫先生亲历，仅凭耳闻或猜想所致，如，北伐时期蒋介石派邵力子去冯玉祥处联络，派黄郛去张作霖处联络，徐州会议的“三项协议”，北伐军和平进入北京、天津的原因等，或非事实，或与事实相左，但是，大多数错误则由于记忆失真。人的记忆常常靠不住。事隔多年，仅凭记忆，讹误自然难免。现存国共谈判当事人的有关回忆，差不多都有这样那样的错误；陈立夫先生以九

---

① 中共中央文献研究室编：《毛泽东年谱》，人民出版社、中央文献出版社 1993 年版，第 627 页。

② “西安事变前一年国共两党关于联合抗日问题的一段接触”，载于《文史资料选集》第 71 辑，中华书局 1980 年版，第 17 页。

十高龄，回忆自己的早年经历，自然靠不住的地方会更多。但是，如果在撰写回忆录时，能够查考文献资料，或请历史学家帮助，上述错误是可以避免或减少的。

除史实讹误外，《成败之鉴》所披露的内幕史实似乎太少。陈先生称：他追随在蒋介石身边，“参与了很多机要，整整有二十五年之久”。现在的回忆录似乎和这一地位不大相称。陈先生又说：他写这份回忆录，“希望能为国民革命史实，提供若干补充说明，也为中华民国史，提供若干真实史料，为历史作见证”。现在看来，《成败之鉴》还未能完成这样的任务。

《成败之鉴》存在的其他问题尚多，限于篇幅和时间，不拟一一论述了。

据闻，陈立夫先生精力尚佳，是否有可能对《成败之鉴》作比较充分的修改呢?

评陈立夫对苏墱基的批评

关于周恩来致二陈函的写作年份，苏墱基《周恩来致陈果夫、立夫函年份剖析》一文言之甚详，与敝见相合，本已无话可说。及至读了立夫先生《纠正苏墱基君对周恩来函时间考据之错误》一文后，觉得仍有不能已于言者。

立夫先生说得对，周恩来致二陈函是关系国民政府改变对内对外政策的一份重要文件，关于它的写作年份，自有认真考据，加以确定的必要。

考订文件写作时间最重要的是内证

人所尽知，如果一份文件自身没有署明写作年代或所署年代可疑时，最重要的是检核文件自身，看看它在哪些方面留下了可资考订的证据和痕迹。周函虽不长，但有关印迹颇多。它们或涉及收信双方的生平离合，或涉及近代中国的重要时事，都是据以考订函件写作时间的可靠证据。这些证据，考证学上称为“内证”。循此以求，该函的写作年代本是不难确定的。但是，立夫先生未能注意于此，而要求助于秦孝仪先生；秦孝仪先生又不加深考，举蒋介石氏所著《苏俄在中国》所述为证，该书称：

到了二十四年的秋季，陈立夫向我报告，周恩来在香港与我驻香港负责人曾养甫，经由友人介绍见面，希望我政府指派代表与他们商谈，而且他只要求从速停战，一致抗日，无其他条件。周恩来又于九月一日致函陈果夫及立夫，申明中共要求停战抗日的立场。

蒋氏是当事人之一，他判断函件作于民国二十四年，于是立夫先生就据以立论了，《纠正》一文称：

由于上述为蒋公之手著，已足以证明周函之来为民国廿四年秋，而非二十五年明矣！

至此，立夫先生似乎觉得已经功德圆满、真相大明了，然而，人们要问："蒋公手著"就是可信的吗？

要考订一份文件的写作时间，除了"内证"外，考据学也重视文件以外的证据，例如其他文件的记载、当事人或相关人的回忆等，此类证据，称之为"外证"。陈立夫先生拿出来的就是一种"外证"。然而，"外证"情况复杂，必须具体分析，区别对待。有的有权威性，有的则没有。如果立夫先生拿出来的是蒋介石 1935 年的日记或者当年的其他什么文件，那么，人们是可以相信并且从此缄口不言的。然而，立夫先生拿出来的是《苏俄在中国》，这就不然了。

人的记忆常常靠不住。《苏俄在中国》写作于 1956 年，据事件当年已有 20 年之遥，"蒋公"并非超人，同样有记错的可能。这样的"外证"是难以使人信服的。

《苏俄在中国》并非一本写得很严谨的书，其错误随手可以撮举。例如，除周恩来致二陈函的写作时间是错的以外，关于 1935 年周恩来在香港与曾养甫谈判一事也是错的。人们只要翻检有关史书，就可以知道：整个 1935 年，周恩来都在长征途中。当年 7、8、9 三个月，则在雪山、草地中跋涉，怎么可能到香港谈判？事实是：1936 年 6 月，潘汉年受中共驻共产国际代表团委派，回国和国民党谈判，途经香港，陈果夫派张冲前往会见，约定联系办法。《苏俄在中国》一书的错误是潘冠周戴了。

立夫先生以为凡“蒋公手著”就可信，这就走进误区了。

《苏俄在中国》的执笔人是陶希圣，致误的原因在于陈立夫本人

是什么原因造成了《苏俄在中国》的上述错误呢？

50 年代，立夫先生接受美国哥伦比亚大学东亚研究所夏莲荫女士的口述历史调查时曾有下列问答：

“您是否曾向蒋先生报告，周恩来经过友人的介绍，已和曾养甫打交道，希望政府指派代表和中共谈判？”夏莲荫问。

“1935 年秋，我派曾养甫去香港。果夫和我告诉他，如果中共表示谈判和平的愿望，我们准备讨论。但是，不能说出这一主意来自蒋先生，而只称这是我们的意见。我们打算在容共上向前走一步。”陈立夫答。

“为什么我们选派曾养甫去香港？因为他的同学谌小岑在那里。实际上，我们都是北洋大学的同学。谌是湖南人，积极参加五四运动，思想略微左倾，虽然不是共产党，但很亲共。他已经逐渐转变。五四运动后，我们一起在《北洋季刊》工作，曾经是好朋友。他在香港做什么？为报纸、杂志写文章。他有共产党朋友。”

“谌了解双方都愿意接触，经过谌，周恩来和曾养甫获得了见面机会。共产党在上海已经失败，我们摧毁了他们的中央机关，他们发现难以继续工作。周恩来抵达香港，他们可能接到莫斯科的命令，要求他们和我们合作。”

“曾养甫和周恩来讨论得如何？”夏莲荫再问。

“我不知道。”①

---

① 美国哥伦比亚大学珍本和手稿图书馆藏，英文打字本。

将《苏俄与中国》的有关段落和立夫先生与夏莲荫女士的上引对话加以比较，可以看出，在周恩来、曾养甫香港会谈这一问题上，二者除详略不同外，潘冠周戴的情况完全一模一样。

“9 月 1 日，周恩来是否给果夫先生和您写过一封信，重申中共停止内战，和政府一道抗日的愿望?”夏莲荫女士继续提问。

“是的。曾养甫将信带给了我们。在这封信里，中共表达了停止内战，抵抗日本的愿望。周恩来很聪明，他写信给我们弟兄，可能是想，如果他去南京，接触处于能保证他的安全这一位置的人是必要的。”

“我有周这封信的手迹。我的秘书在台湾为我保存着原件。蒋先生在写作《苏俄在中国》之前，陶希圣需要这封信，我复制了一份给他。”陈立夫继续答。①

好了，真相至比可以说大白了。《苏俄在中国》一书是陶希圣协助蒋介石完成的，他应该就是该书的真正执笔者。当他向立夫先生索要周恩来致二陈函时，必然会询问该函的写作时间及其前后情况，而立夫先生在为陶希圣复制该函时，也必定会包括信尾立夫先生自己添注的“民国二十四年九月收到”等字样。至于所谓周恩来、曾养甫香港会谈之说，也必然是立夫先生与陶希圣的谈话内容之一。

立夫先生当年向陶希圣提供了错误情况，40 年后又用根据自己提供的错误情况写成的书为自己作证，看来记忆真是太作弄人了。

陈立夫赴苏另有原因，和周恩来致二陈函无关

立夫先生之所以坚持周函作于 1935 年的另一理由是他和张冲的赴德时间。

立夫先生的说法是：在周恩来来函之后三个月，蒋公了解到苏俄在东方所采取的政策，因此，派他本人和张冲一起赴俄交涉。二人随程天放大使赴德上任所乘邮轮启程，准备自柏林转赴苏联。立夫先生考证出：该轮

① 美国哥伦比亚大学珍本和手稿图书馆藏，英文打字本。

启航时间为“廿四年十二月廿四日，抵德为廿五年元月，（程天放）呈递国书为二月二十七日”，因此，周函应作于民国二十四年。

不错。程天放上任所乘邮轮启航、抵德等时间均确凿无误。但是，蒋介石决定派陈立夫和张冲赴苏联办交涉却另有原因，与周恩来致二陈函无涉。

蒋介石早有要抗日，必须解决对苏与对共两大问题的想法。1927 年 12 月，由于苏联驻广州副领事哈西斯等参与指挥中共在广州的暴动等原因，蒋介石决定断绝和苏联的外交关系。1931 年“九一八”事变后，在日本帝国主义的侵略威胁下，蒋介石又逐渐倾向于联俄制日。1932 年，他派颜惠庆向苏联外交人民委员李维诺夫提出两国复交问题，建议缔结互不侵犯条约。1933 年初，日本侵略军进攻山海关等长城要隘时，蒋介石联俄制日主张进一步明确。当年 1 月 17 日日记称：

倭寇之所最忌者为我联俄与派兵入热二事，而其志在得热河，建要塞，以防中俄将来联合攻满也。我第一步对俄复交，乃与〔予〕以第一打击。今复派兵入热，使其不能垂〔唾〕手得热，是其第二打击。总以与俄有关系之点，研究打击方法，先使其精神受胁然后再与接洽。①

这里说得很清楚，“对俄复交”是打击“倭寇”的重要办法之一。1934 年初，蒋介石制订的“攘外”计划又规定：“联络美、俄，厚交英、意”。② 当年 5 月 5 日日记称：“对俄则联络其感情。”③ 同年秋，蒋介石派蒋廷黻赴苏访问。1935 年 7 月，孔祥熙访问苏联驻华大使鲍格莫洛夫，询问“苏联政府是否打算同中国签订互助条约”④。同年 10 月 18 日，蒋介石在孔祥熙住宅会见鲍格莫洛夫，询问苏联是否同意签订一项“实质性的真

① 《蒋介石日记》，1933 年 1 月 17 日。

② 《蒋介石日记》，1934 年卷首。

③ 《蒋介石日记》，1934 年 5 月 5 日。

④ “鲍格莫洛夫致苏联外交人民委员部的电报”，载于中国社会科学院近代史研究所编《近代史资料》总 79 号，中国社会科学出版社 1991 年版，第 218 页。

正促进中苏亲密关系并能保障远东和平的协定”①。此后，当蒋介石了解到共产国际和中共驻共产国际代表团的态度后，决定加快联络苏联的步伐。事情的经过是如下。

1935 年 7 月至 8 月，共产国际在莫斯科召开第七次代表大会。8 月 2 日，季米特洛夫在会上号召各国共产党“在无产阶级统一战线的基础上建立广泛的反法西斯人民阵线”。8 月 7 日，中共代表团长王明在会上报告，他在叙述了由于日本帝国主义者“野蛮进攻”而造成的中国民族危机之后说：

我认为，中国共产党和中国苏维埃政府应当发表一项声明，向一切政党、团体、军队、群众组织和著名的政治家说明情况，请他们准备参加进去组成一个统一的国防政府。我在这个国际讲坛上宣布，共产党中央和苏维埃政府准备在组成这样一个政府的谈判中采取主动，并愿与一切不愿作亡国奴的人们，在大家都能接受的纲领的基础上，为了挽救我们的祖国，撇开在其他重要问题上的分歧，共同参加这个政府。红军准备战斗在这个联合的军队的最前列，与其他军队携手并进，唯一的条件是这些军队停止进攻红军，真正反对日本帝国主义及其代理人。

同日晚，王明又在会上重申这一呼吁：

一切不愿作亡国奴的同胞们，一切愿意保国卫民的军官和士兵兄弟们，一切愿意参加抗日救国神圣事业的党派和团体们，国民党和蓝衣社中一切真正爱国爱民的热血青年们，一切关心祖国的侨胞们，中国境内一切受帝国主义者及其走狗压迫的民族（蒙、回、韩、傣、苗、黎等等）的兄弟们中国共产党竭诚欢迎你们与苏维埃政府一起参加全中国统一的国防政府。②

同时，王明表示，红军准备同“一切愿意手拿武器去救国的军队，一

---

① “鲍格莫洛夫致苏联外交人民委员部的电报”，载于中国社会科学院近代史研究所编《近代史资料》总 79 号，中国社会科学出版社 1991 年版，第 220 页。

② 《共产国际有关中国革命的文献资料》第二辑，北京中国社会科学出版社 1982 年版，第 394、404 页。

切愿意参加抗日战争的官兵和将领们”组成“抗日联军”。其后，王明又在《共产国际》《救国报》等处发表了《为反帝统一战线而斗争和中国共产党的直接任务》等一系列文章。

当时，邓文仪任中国驻苏使馆武官，他读到王明的报告和发表在《共产国际》等处的文章后，在回国时向蒋介石提交了一份摘要，于是，蒋介石立即召开高级干部会议，提出统一全国共同抗日的主张。① 同时，苏联驻华大使鲍格莫洛夫也向蒋介石表示，苏联政府愿同南京方面具体谈判军事互助问题。② 于是，蒋介石一面命邓文仪立即返回莫斯科，找王明谈话，讨论联合共产党抗日问题，一面派陈立夫、张冲秘密前往柏林，准备转道访问苏联，讨论和苏联的军事互助问题。

可见，陈立夫、张冲二人于1935年末赴苏，与周恩来致二陈函完全无涉。立夫先生将两件事情搅在一起，并以之作为周函写作年代的证明，仍然是记混了。

岁月不饶人。在回首往事时，不能过分相信自己的记忆。在写作回忆录时，要千方百计地利用档案文献资料，并作充分而严谨的考证。这就是我们通过讨论周恩来致二陈函所应该得出的共识。

至此，关于周恩来致二陈函的写作年份的争论是否可以休止了呢！

---

① “潘汉年与邓文仪1936年1月13日谈判情况纪要”，参见杨奎松《失去的机会》，广西师范大学出版社1992年版，第4~5页。

② “鲍格莫洛夫给苏联外交人民委员部的电报”，载于中国社会科学院近代史研究所编《近代史资料》总79号，中国社会科学出版社1991年版，第224页。

附录

张学良及其西安事变回忆录
——读张学良档案

张学良的西安事变回忆录，有文字和口述两种类型。文字型主要有四种：①由蒋经国修改定名的《西安事变反省录》；②《杂忆随感漫录》中的有关章节；③《恭读〈苏俄在中国〉书后记》；④《坦述西安事变痛苦的教训敬告世人》。口述型有两种：①唐德刚的访谈录。②张之宇、张之丙姐妹的访谈录。以上六种回忆录分别完成于20世纪50~90年代。2002年7月，我到美国哥伦比亚大学珍本和手稿图书馆阅读了新近开放的张学良档案，本文将以之为据，阐述张学良上述回忆录的产生经过，同时探讨张学良这一时期的思想状态及其变化经纬。

张学良奉命回忆

西安事变是近代中国惊天动地的事件，但是，他的发动者张学良很快就处于被软禁状态，长期保持沉默。张学良就西安事变写回忆，始于1956年11月，完全出于蒋介石的命令。

当时，蒋介石已早退守台湾，正在着手写作《苏俄在中国》一书（实际由陶希圣执笔），企图借此总结和共产党人打交道的经验。1956年11月20日张学良日记云：

老刘前日连夜去台北。今日返，午饭后来余屋，告知我，彼系被总统召见，告他令我写一篇西安事变同共产党勾结经过的事实，再三嘱咐要真实写来，并说此为历史上一重大事件。言后又再告刘嘱余要安静。

老刘，指负责看守张学良的国民党军统特务队队长刘乙光，是张、蒋之间的联系者。张学良接到蒋的这一指示后，“百感交集，十分激动，决心不计个人利害，详述前因后果”，但是，他已多年不再回忆此事，不知由何下笔。当日，他曾向刘乙光谈西安事变经过约两小时，谈完又后悔，觉得违背了自己不久前所立“寡言”之誓。这一天晚上，张学良“兴奋过甚，前思后想，反复追思”，一夜未能睡好。

从西安事变送蒋返回南京之日起，张学良已经被蒋介石软禁了近20年。此际，正软禁于高雄西子湾，处于重重看守中，但是，蒋介石对张还是不放心。1956年11月13日，蒋介石单独召见刘乙光，询问张学良的读书、身体及年龄状况，命刘向张宣布蒋的两项禁令：不准收听中共广播；不准同警卫人员接近。张闻听之后，颇有震雷贯耳之感，“反复思维，深自反省”，决意自11月16日起，“寡言，读书，默思”，“死里求生，改头换面，作一番复活功夫”。他对西安事变的回忆就是在这种情况下开始的。

12月5日，张学良将西安事变回忆录写成，不过，那其实是写给蒋介石的一封长函，首云：“刘乙光同志转下钧示，令良将西安事变前后事实，写一回忆呈阅。聆悉之下，百感交集，惶悚无似。良本下决心，永世不谈此事，所以无任何只字记载存留。而多年来，更不愿自寻烦恼，曾自勉连回想亦不再事回想，忽闻斯命，准良将此历史大事自白，钦佩钧座之伟大，感激对良之高厚。起而自奋，决心完全坦述，上供钧座之参考，下垂后人之昭戒。”在长函中，张学良回忆了他和李克农、周恩来等人的联系，但声明发动事变并未和共产党“征询商议”。“如认为西安之变，由于中国共产党之宣煽，则不如说，由于良之不学无术，鲁莽孟浪。”在写作前，蒋介石曾通过刘乙光向张询问杨虎城的情况。张称：“平心而论，西安之变，杨虎城乃受良之牵累，彼不过陪衬而已。”“至于杨虎城到底同共党是何等关系，是如何得以结合，良实不知其详。”

张学良写这封长函，自称“主旨在真实”，除记忆上的讹误外，没有故意在史实上说假话，但是，长函只写到他本人发动事变为止，事变发生后的情况，如拘留蒋介石，宋子文、宋美龄来西安和周恩来谈判以及周恩来和蒋会面等情况均略而未谈，他本人和共产党的关系也谈得很肤浅。张学良怕蒋介石责备，于12月6日补写了一段，特别说明：“假如钧座对于某事内容或某人之言谈，或另有其他之事，欲详细知道，请明加指示，再专就该一事详细陈述，如记忆不清者，再详为回忆。良补此书者，是惟恐钧座对某一事件，良或漏书，或欠清楚，认为良有意规避。然内中也有诸事，尽力简述，或觉于正题无关，或觉此时不当再为提起，并非有不录真实之意也。”当夜，张学良将长函抄好，于6日交给刘乙光，要求务必于当日送达台北。

蒋经国要求写出西安事变的全过程

12月10日，刘乙光自台北回到高雄西子湾，向张学良交回长函。据称，蒋介石不在台北，只见到了蒋经国。小蒋要张学良完整地写出西安事变全过程，至蒋介石与张学良等离开西安后三日为止。刘并称：总统的着意之点在，“真实知道共党是如何做到了这项工作，以为反共斗争研究资料”。张学良听后，觉得十分为难，日记云：“不能不写真实，又不能不为长者讳。”所谓“长者”，当然是指蒋介石。张学良当夜再四思量，终于找到了一种方法，“真而讳可也。”

蒋经国急于看到张学良的修改稿，于17日电催刘乙光到台北。当日，张学良续致蒋介石一函，说明回忆西安事变时的考虑：

良未写事变当时之事，非有他，实有不忍言者：自愧行为过于丑劣，再多关钧座于良个人者为多，实难下笔；而其中事实，钧座多已知之矣。钧座已知之事，俯乞万死，庶良不再为追述，兹谨就钧座未知之事，略陈如下。

张学良为“有所不写”找到的理由是“钧座已知之事”，何必要我来写！函中，张学良着重叙述了和蒋在华清池两次谈话之后的冲动心情，很快就转入自我批判，认为“此事最重要处，是在当事者良之个人”。他检讨自己：①满腹忧患，固执己见，不计利害。②对共党无深刻之研究，无正确之认识。函称，本人之所以犯错误，原因在于：痛恨日本人，“彻底确认彼等非要征服中国不止，无调协余地，非作殊死斗不可”；而对共产党，“总觉得同是中国人，不过是所见者不同，权利之事，今日可为敌，明日在某一目标下又可为友矣”。最后，张学良总结称：共产党“善用攻心之策。彼等早在我方浸透，将内部真实的情绪，了如指掌，而后所喊的口号和其行动，皆迎合我方上下之心理，使认为是同道好友，自堕其彀中”。同时，张学良批评国民党的宣传，“本主观之点，室中杜撰，不能对症下药，所以常凿枘不入，不起重大作用也”。

张学良所欲为“长者讳”的，正合蒋介石的心意，所以，张学良的西安事变回忆始终是一份缺少关键之处的不完整的记录。

蒋介石要求驳斥“成交”说

在西安事变中，宋美龄、宋子文二人曾代表蒋介石和周恩来等谈判，达成改组行政院，肃清亲日派、中央军撤兵并调离西北，释放爱国领袖等9项协议。蒋介石也曾在与周恩来会面时表示，要停止剿共，联共抗日。在这一情况下，西安事变得以和平结束，张学良才主动送蒋介石返回南京。但是，这一经过，蒋介石始终不愿公之于世。他的《西安半月记》仅在12月23日简单地记载：“是日，子文与张、杨诸人会谈约半日，对于送余回京事，众意尚未一致。”对于他本人和周恩来的见面与谈话，竟一字全无。

1955年，郭增恺在香港《热风》杂志发表《西安事变感言》一文，对所谓张、杨阅读蒋的日记后受到感动，因而幡然悔悟表示说质疑，认为西安事变的解决是蒋与张、杨之间的“成交”，“宋子文和蒋夫人是保证者”，他本人也是“见证人”中的一个。蒋介石对此文很不满意。1956年12月

18 日，刘乙光到运台北，将张学良的回忆长函面交蒋介石。同月 20 日，蒋即传唤刘乙光，声称“（张学良）对共产党（的认识）已有进步，我甚安慰。他将来对革命还可以有贡献”。同时命刘将郭文转交张学良，要张在回忆录中加以驳斥：“这篇东西（指郭文）对我们俩都有关系，必须有以辟明以示后人。”言谈之间，给刘的感觉是，蒋“需要甚急”。

郭增恺何人，张学良已不复记忆；在回忆录中驳郭，必须说假话，张学良感到“甚难写，弄的不三不四”。思考再三，张学良仅将回忆修改两小段，另写《慨中国文人之无行》一文，中云：

有郭增恺其人者，当年在西北公路局任职，为杨虎城之嬖佞……此人真不知羞耻者。我等当年读过蒋总统日记之后，自认抗日之事已有着落，追悔孟浪，不明领袖谋国苦衷，恭送总统回京，自动随从请罪，说不到什么条件成交，更谈不到见证，就是有见证的话，恐亦轮不到该郭增恺名下。

此文重点仍在于论证送蒋返京，出于受蒋日记之感动，而非“条件成交”，企在体蒋之意，维护其“伟大领袖”的形象。同时，张学良并于 12 月 21 日致蒋一函，声称读郭文之后“可气亦殊可笑”。函云：

此人为谁，良诚已忘却，假如良所知的那人是对，彼乃一小丑角色。他不是共党，他是属于共党尾巴的第三党，在第三党中也不是什么重要者。当年曾为杨虎城嬖幸官僚政客之流亚也。在回忆文中难将其人搀入，兹仅就其胡说之处，针对如上，以证其无的之言，另写一纸以驳之，未审可用否？

12 月 21 日，张学良将写好的文与函交给刘乙光，立送台北。与刘约定，如认为不妥，先来一电话，以便准备再写。

函上，蒋介石没有再提出新的要求。郭增恺方面，则由张学良在美国的经纪人伊雅格出面斡旋，由张签付美金支票 6100 元，郭遂不再说话。

张学良要求“受训”

张学良所写西安事变回忆和对郭增恺文的处理都使蒋满意。12 月 24 日，蒋将自著精装《解决共产主义思想与方法的根本问题》及 1957 年日记本一册交给刘乙光，作为对张学良的奖赏，同时要刘传达两句话：“共产党必败”“（张）对反共抗俄，有贡献处”。张学良得悉后，“中夜反复自思”，决定给蒋介石及宋美龄各写一信。次日，张学良将信函交给刘乙光，请他派人送往台北。刘认为信件重要，表示必须本人亲送。

国民党对担任高级职务的党员有轮训制度。张学良在 1929 年加入国民党，担任过中央监察委员、执行委员、政治委员会委员等职。1951 年 11 月，张学良致函宋美龄，“请示党员归队”。1954 年 10 月，刘乙光调台北阳明山受训，张学良也想争取受训机会，曾致函张群，但未有下文。此际，张学良揣摩蒋的意思后，再次向刘表示受训心愿，要刘上达。刘为了避免说错话误事，要求张学良写一份节略给他。

1956 年 12 月 25 日，刘乙光到台北，蒋介石于当夜 9 点接见。对张的受训心愿，蒋连说好好。刘追问何时？蒋答：须布置布置。同月 27 日，刘乙光尚未起床，蒋即电话召见。蒋称：张受训一事，贸然从事，恐外间之人有些不谅解，甚或引起风潮；或有人对张侮辱，反而坏事，须先有步趋。其办法是，张先写一书，叙述个人经历、抗日情绪，对共产（党）的观感等，公开发表，改变外间观感，然后方可进行。蒋的意思是要张通过亲身经历，公开反共。张学良得知后，情绪激动，一夜未能成眠。次日，情绪更为激动。日记云：“早起，蠢性又发，在老刘处大发牢骚。回来胡写信，后经老刘苦说，赵四亦加劝言。下午睡过，自感矛盾，即决从事反共，又何顾小小颜面问题。总统赐给机会，准我由“九一八”以前写起，这是何深用意！同时外间是有人怀恨切深。把信改书，嘱老刘明早去台北。余稚气太胜，须力加痛改。”29 日，刘乙光向张表示，信中仍有不妥之处，张学良此时情绪已经平静，立即改写信件，交刘送往台北，并且写了两句诗：“昨夜一阵潇潇雨，狂风吹去满天云。”

蒋经国为张学良的回忆定稿

自1957年年初起，张学良即遵照蒋介石之命，撰写范围更广的回忆。4月22日完成，命名为《杂忆随感漫录》。该稿一部分回忆张作霖，题为《我的父亲和我的家世》；另一部分回忆自己，题为《我的生活》。其中涉及西安事变的有《我之与国民党》与《出洋归国与管束》两节。该稿指责中共“包藏祸心，别有所图”，赞扬蒋在西安事变中“刚正严厉”，自贬行动鲁莽，思想幼稚，可耻而又可笑。张并在致蒋函中声言，本人对该稿并不满意，请蒋指示修改之处。23日，张将该稿交刘乙光送往台北。5月1日，刘自台北归来，告张已将该稿交蒋经国，等了几天，没有动静。同月5日，蒋介石召见刘乙光，声称张所写“系历史重要文件”，“有价值，有贡献”，“如不到台湾，无此文”，要张亲笔写一份。同时，蒋并称，张前所写回忆西安事变的函件，须加编整，由张亲笔抄写，交高级将领参考。同日，蒋经国召见刘乙光，声称总统已将张的函件交自己修改。5月10日，蒋经国将修改稿及《杂忆随感漫录》原件退给刘乙光。张学良收到后发现，蒋经国已将自己去年12月5日和17日写给蒋介石的函件合并，改为一篇文章，题名《西安事变反省录》，但内容并无重大变动。

5月11日，张学良按蒋介石要求，开始抄写《西安事变反省录》，至19日抄毕。自20日起，抄写《杂忆随感漫录》。6月10日，蒋经国召见刘乙光。张学良即将《反省录》抄稿交刘，要他在必要时呈上，请刘同时声明：张“不满意这本，写的不整齐，假如不急用，请带回再缮”。刘乙光到台北后，向蒋介石说明张意，蒋称：“留下我研究研究。”蒋并表示，拟将张迁至较近之处。蒋经国还送了一些芒果给张。6月24日，刘乙光再次被召到台北，蒋经国将蒋介石所著《苏俄在中国》一书交刘，要他转交张学良。

6月30日，张学良抄完《杂忆随感漫录》。致蒋介石函称：“楷书能力太低，日仅千余字，又不整齐，时有错漏，请罪。”第二天，刘乙光去台北，为张学良选择新住址，张学良就将信函及书稿一起交刘。

自7月3日至14日，张学良将《西安事变反省录》，工工整整地又抄了一遍。

奉命撰写《苏俄在中国》读后感

蒋介石的《苏俄在中国》一书在叙述西安事变时采用了张学良回忆的部分内容。1957年8月上旬，蒋介石召见刘乙光，询问张学良读过该书没有。刘答称：张在未收到此书前已每日在收音机上听过，收到书后又立即读了。蒋询问张读后“怎么样的说法”？刘答“张叹惜未能早读这样的书”。在此同时，蒋经国也同刘长谈过一次。小蒋提出，张学良可以写一点读《苏俄在中国》的感想，将西安事加进去，以便公开发表。

对蒋经国的意旨，张学良不敢怠慢。8月14日，张学良与刘乙光商量，想请他转商小蒋，请人帮忙，尽快写成。他对刘表示，自己“决心做到诚、敬二字，不作乡愿”。但是，张学良很快又改变主意，决定仍由自己动笔，简短点，写成后送蒋经国阅后再定。

8月18日，张学良将《恭读〈苏俄在中国〉书后记》一文写成，交给刘乙光。刘重申蒋经国的意见，要张将西安事变写进去，但张学良却表示：“利用读总统之著作而来叙述自己的私事”，“不大合宜”。他要求刘先将此稿交给蒋经国一阅，如不合适，拿回再写，或者径由蒋经国将西安事变事加进去。张称：“我恐怕时间太久，如果发表，有点失却时限。”

该稿仍有部分篇幅涉及西安事变。关于延安会谈，该稿称：“我当年同周恩来在延安初次会见之时，他那和美言词今日犹在我的耳中。”“他的态度十分诚恳，使我深受感动。”与《西安事变反省录》不同的是，张学良进一步回忆到了毛泽东，声称“毛泽东为加强我的信念，曾经写了一件东西，亲自签名于其上，表示抗日合作，绝对服从的诚意”。该稿还回忆了所受章乃器、黄炎培、张季鸾等人的影响：

当年使我心情激动者，章乃器是其中之一个。有一次，我向他劝募“献机”捐款。章说：“你们若是真为了抗日，我愿意连裤子都卖了去买飞机，但是，你们从事内战，杀害自己的同胞，我绝对的一个铜子也不出。”有一次黄炎培经过洛阳，去慰劳绥远的军队，我在欢宴的席间，对黄笑着说：“黄先生，你们上海各界有点不公平。我们西北驻军多年辛苦，你们未曾慰问。”黄立即答曰：“你们是剿匪，打内仗，我们不但不愿意慰问你们，我们是反对这个内战，也就是反对你们，谁来慰问你们哪！”这些言词和那爽直的态度，使我心中甚受刺激。

关于张季鸾，该稿称：“我同共产党在陕北的会谈，张季鸾是知晓的。这是因为一位过去的共产党，在我部中服务的政训处副处长黎天才，曾经告诉我，张季鸾是同情共产党的，他曾到过莫斯科，写过颂扬苏联的文章，共产党看张季鸾和戈公振是一样的人物。所以在当时，在蒋委员长尚未到西安之前，曾同张季鸾详谈过，征求他对于‘停止剿匪，联合抗日’的意见，他十分赞成，认为蒋公到来，我应当破釜沉舟，痛切陈述。”

这些地方，都是张学良此前回忆西安事变时未曾谈到过的。此文经刘乙光送到蒋经国处以后，小蒋只说了一句：“放在这里。”

主动撰写《敬告世人》书

蒋介石父子关心张学良的西安事变回忆，本意在为反共政策服务。1958 年 3 月 10 日，刘乙光告诉张学良，所写西安事变回忆已秘密在高级干部中公布。刘估计，蒋介石前言张学良受训，须先有“布置”，此事可能是“端倪”，要张“应有准备，而无荒疏”。

5 月 17 日，宋美龄突然到张学良的寓所访问，约谈半小时。张称：对总统我非常想念，渴望看一看他。今日看见夫人，我十分快活，但又悲伤。张并表示：“对人生已看透彻，对名禄之心毫无，而罪人受此优渥，十分不安。如仍能于人类与国家有贡献，则不计一切，只不过今日余已为过去之人，不知能贡献什么?”张的这一番话，旨在探询自己恢复自由的可能性。宋美龄告诉他，自己即将去美。对张的试探，宋只表示：“你从来是一爽直之人，你的话，我一定转达。”

张学良继续设法争取自由。8 月 3 日，他在报上读到前东北大学秘书长周鲸文的一份反共谈话，想模仿着写篇东西，请刘乙光向蒋经国处“探听探听高峰的意旨”，并且“想请一个人帮一帮文字上的忙”。8 月 4 日，张学良早晨六点起床，开始动笔。他听说蒋介石要南来，想在蒋到达高雄西子湾时递上去。同月 24 日，张学良听说蒋已北返，决定慢慢写。此时，张已将该文定名为《坦述西安事变痛苦的教训敬告世人》。他在日记中写道：“如此文字允许公布，我则今后为一反共战士矣。”两天后，文章写成，交给刘乙光，刘要他签名以示郑重。

在该文中，张学良称誉蒋介石是“现代对共产主义斗争中唯一的有明见、有经验、英勇果毅、不屈不挠的一位老战士”，声称自己过去“受了欺骗，受了愚弄，受了利用”，已经“彻底觉醒”，因而要“竭尽绵薄，现身说法，对共产主义者实行口诛笔伐”。

在回忆西安事变时，张学良承认自己受到身边共产党人的影响。他说：“在那时，我左右已有共产分子渗透，而我不自知，以为这些人是抗日爱国分子，对于他们喜悦而加以亲信。他们已确实知道我的一切，那自然就是共产党知道了我的一切。他们不断的鼓动我立即抗日；慢慢的提出来剿匪是消灭抗日的武力问题；再进一步提出来，要是真正抗日，必须停止剿匪，联合共产党。另外共产党的外围，‘民盟’和‘救国会’的分子，对我加以鼓励和刺激，使我自动的感觉着：对于报杀父的不共戴天之仇，对于雪东北沦陷，世人诟病我‘不抵抗’的耻辱，对于国家争取自由平等，非联合共产党而抗日不可。这实在是共产党对于我施用攻心战术无比的成功。”张学良还提到杨虎城身边的共产党人——“小家伙们”对杨的影响。关于此，笔者拟另文叙述。

9 月 2 日，刘乙光到台北，呈交张文。蒋经国阅后表示“甚为感动，已呈老先生矣”。当时，张学良正闹眼病，蒋经国要张移住台北治疗。

10 月 17 日，蒋经国召见张学良。这是两人第一次见面。张向蒋经国表示："富贵于我如浮云，唯一想再践故土耳!"其后，经蒋经国斡旋，蒋介石于 11 月 23 日在大溪召见张学良。这次会面，据张学良记载："老先生亲自出来，相见之下，不觉得泪从眼出。敬礼之后，老先生让我进入他的书斋，我说总统你老了！总统也说：你头秃了！老先生的眼圈也湿润了。相对小为沉默。"

蒋问张近来读些什么书，张答以读《论语》及梁启超文，蒋称："好好，看《论语》是好的，梁氏文字很好，希望你好好的读些书，返回大陆，你对于国家还能有重大的贡献。"张学良沉吟之后，问蒋："我可以陈述陈述我的话吗？"蒋答："可以！可以!"张即向蒋检讨："我先前一直存着一个幻想，误认共产党也是爱国分子，希望国共合作了救中国。""我是幼稚愚鲁，我不怨恨任何人，只恨我无识。"张并向蒋表示："我知道我们将来都是会写在历史上的，我自己奋勉，不只是为了自己，同时是为了二位。"接着，张声称自己"现在读书有点费力，很想请教一位有道之士。"蒋要张提出人选，张即提出钱穆、陈大齐、劳干等人。张又问蒋"应该看什么书"，蒋推荐《大学》和王阳明的《传习录》。其后，蒋谈到西安事变，声称"西安之事，对于国家损失太大了"。张在日记中称："我闻之甚为难过，低头不能仰视。"蒋随后表示："我到高雄，我们再谈。"会见结束后蒋并将张送到廊外。

蒋氏父子的先后接见使张学良心头升起希望。据看守张学良的人回忆，当时张"以为要放了，那兴奋的样子，真是手舞足蹈"。1959 年 4 月下旬，张学良眼疾复发，不能读书，卧床不眠，曾经胡乱诌了几首诗：

> 不肖听人唤，聪明空自负，一觉黄粱梦，忏悟向谁诉!
> 空负怨天愿，罪孽罄难书。圣明怜未弃，夕阳照征途。

诗中除明显的悔过语言外，还可以看出，张学良不仅希望蒋氏父子能给予他自由，而且希望出来之后做点事。不过，蒋氏父子并没有满足他。6 月 15 日，蒋介石到高雄西子湾官邸，召见刘乙光，询问张学良的近况和身体情形，却没有实践在大溪时和张见面再谈的诺言。蒋经国则表示，此行太忙，也许不能来看张，答应赠张汽车一辆。7 月 25 日，张学良与宋美龄长谈，宋称：“你的问题，时间还要久啦。须要有忍耐。我人一切都是上帝的安排，愿多作祷告。”

自此，张学良对自由不再抱幻想了。1961 年 6 月 26 日，张学良到刘乙光家，刘告以：“①受训事，目前不可能。②尔后安静生活。”张学良在日记中写下了四个字：“金石之言。”

《忏悔录》风波

张学良平静下来了，但是，1964 年，一件意外的事却引起了他的激动。当年 7 月 1 日，台北出现了一本题为《希望》杂志的创刊号，该刊“特载”栏有一篇《张学良西安事变忏悔录摘要》，内容就是蒋经国定稿的《西安事变反省录》，只不过作了删节。同月 7 日，这篇《忏悔录》又被台北《民族晚报》分段转载。张学良从报上读到之后，立即给蒋介石写信，说明“这个东西可不是我发表的”，“谁发表谁的责任”。蒋介石为此非常生气，结果，《希望》杂志被查禁，创刊号全数收回，黑市由每本台币 10 元涨到 100 元。蒋经国当时已担任“国防部部长”，《希望》杂志是小蒋所掌握的军方政治部办的。

多年以后，张学良对此事的解释是：蒋经国“在一个军事会议上公开给他们看，说我这个人，过去说这些事，是一个很大的教训。有人就偷着把这个信发表了。张并称，他和蒋介石之间“暗中约会（定），我们俩应该守秘密的事”。张学良被软禁之后，他和蒋介石并无多少见面机会，不可能有什么“暗中约定”。倒是西安事变期间，双方有过默契：不发表协议及谈判经过。1936 年 12 月 27 日、28 日，西安《解放日报》及中共方面相继公布了谈判中的六条协议，引起宋子文和宋美龄的强烈不满，批评这一做法“无信义”，两宋并通过宋庆龄转告中共代表，“无论如何不得再宣布他们的谈话内容”。看来，张学良的所谓“暗中约定”指的是西安事变时期达成的相关默契。

回归本真

为了恢复自由，张学良按照蒋氏父子的希望，对西安事变说了相当多的忏悔的话，也作了若干反共表态，但是，张学良还是没有能恢复自由。自此，他就缄口不言了。1975 年，蒋介石去世。1988 年，蒋经国去世。1990 年6 月1 日，以“总统府资政”张群为首的80 位友人在台北圆山饭店为张学良庆祝 90 大寿。此后，张学良基本上恢复了自由。同月 17 日及 8 月 4 日，他两次接受日本广播协会电视台访问，第一次向媒体公开谈论西安事变。1990 年 1 月 25 日，他开始接受美国唐德刚教授的访问。1991 年 12 月 17 日，开始接受美国张之宇、张之丙姐妹的访问。这时，在对西安事变等问题的看法上，张学良才逐渐回归本真。

在 20 世纪 90 年代的访谈中，张学良仍对中共经历的二万五千里艰难长征表示敬佩，自述当年曾和部下讨论：“我们都是带兵的人，谁能够把这个军队带成这个样子了？我们试试!”“他能这样子，你不能小看他。你不能，他这伙人怎么能这样?”张学良肯定，共产党得民心，而国民党不得民心。他说：“大部分（民众）支持它，那厉害。”“为什么共产党剿不完，就是他得民心，我们不得民心。”“把这地方消灭了，那个地方又起来了。”他毫无遮掩地坦率表示：“一般人都不知道我的心理，我简单的说，我可以说我就是共产党。”“我同情他们，不但同情他们，我拥护他们，这是真正我内心……”

西安事变前张学良和蒋介石有过激烈辩论。对此，张学良回忆说：“我跟蒋先生言语冲突就是这个问题。我说你要想剿灭共产党，你剿灭不了他们。”“他们共产党怎么能这样？因为咱们中国的老百姓多数支持他。”又说：“（蒋先生）把民众的力量看得不高，估计得低”，“骂我失败主义”。我说：“我们要考虑，我们自个儿为什么，我们有这么大的力量不能把它消灭了?”“你消灭不了，应联合他。”

关于发动事变的动机，张学良自述说："我主要的敌人是日本人，共产党跟我们争，那还是中国人。"他说："（蒋）认为在中国能够夺取他政权的，只有共产党。我就不同，夺不夺取（政权），共产党也是中国人。"张学良批评蒋不能容忍共产主义，"思想顽固至极"，甚至借端纳的话批评蒋是"骡子"，"很难把他说服"。这些地方，已经完全和幽禁期间诚惶诚恐，口口声声自称"罪人"的张学良完全不同了，可以说，大体上已经恢复了西安事变时期张学良的本真状态。蒋介石关了他几十年，但是，对张学良的思想影响收效甚微。张学良的所谓"忏悔"只是在特殊压力下的一种自我保护，通过"改头换面"，借以"死里求生"。

不过，关于西安事变的解决过程，张学良仍然坚决不说。当张氏姐妹询问有关情况时，张学良表示："要知道西安事变怎样解决的，现在我决不说。""现在都知道了怎么回事，何必还要我说呢？""何必非要出自我之口呢？""出自我的口就是伤人。""我伤害任何人就是损失我自己人格。"对蒋介石的看法，张学良也不愿多说，更不愿深说。某次访谈中，张学良批评蒋，刚说了一句："他这人就是为他自己的。"马上警觉地询问："你没有录音吧？"又一次，张谈到"蒋先生很窄小"，准备举例说明时，赵四小姐插言说："你不要在这讲这种话！"张学良也就立即打住，不再往下说了。

张学良虽自命新潮人物，甚至被张作霖视为"左倾分子"，但是，他的思想中仍然保有中国传统伦理的浓烈成分。西安事变后，他在南京一再表示："如蒋先生命我作什么皆可，他人余不接受。"其所以到了 90 年代还在为"为长者讳"，自然还是传统伦理思想的作用。

孔祥熙所藏西安事变期间未刊电报

——读孔祥熙档案

西安事变期间，孔祥熙任南京国民政府行政院代院长，负责处理有关事务。他藏有大量关于事变的电报和文件，其间颇多外界少见或从未见过的。现从哥伦比亚大学珍本和手稿图书馆所藏缩微胶卷中择其未刊而重要者介绍如下。

一、《张学良致宋美龄电》

（1936年12月12日）

张学良发动事变的当日，曾与杨虎城等19人联名致中国国民党中央执行委员会、国民政府主席林森、各院部会等，提出八项要求；另有张氏以个人名义致孔祥熙电，说明发动事变的苦衷。此外，还有一电致宋美龄，全文云：

蒋夫人赐鉴：

学良对国事主张，当在洞鉴之中。不意介公为奸邪所误，违背全国公意，一意孤行，致全国之人力、财力，尽消耗于对内战争，置国家民族生存于不顾。学良以戴罪之身海外归来，屡尽谏诤，率东北流亡子弟含泪剿共者，原冀以血诚促其觉悟。此次绥东战起，举国振奋，介公以国家最高领袖，当有以慰全国殷殷之望，乃自到西北以来，对于抗日只字不提，而对青年救国运动，反横加摧残。伏思为国家、为民族生存计，不忍以一人而断送整个国家于万劫不复。大义当前，学良不忍以私害公，暂请介公留住西安，妥为保护，促其反省，决不妄加危害。学良平生从不负人，耿耿此心，可质天日。敬请夫人放心，如欲来陕，尤所欢迎。此间一切主张，元巳文电奉闻。挥泪陈词，伫候明教。张学良叩。文。

本电主旨也在于说明发动事变的苦衷，希望得到宋美龄的理解，其中对蒋介石有激烈的批评，但也有某种回护，例如“不意介公为奸邪所误”等句，目的在保留转圜余地。电报特别表示，保证蒋介石的安全，欢迎宋美龄来陕，对促使宋美龄下决心以和平手段解决事变，显然有重要作用。

二、《孔祥熙致樊菘甫电》

(1936 年 12 月 12 日)

樊崧甫为孔祥熙的“及门弟子”，时任南京中央军洛阳前线指挥。西安事变后，樊即调集兵力集中潼关，对西警戒侦察，并电孔祥熙、何应钦报告。同日，孔祥熙复电嘉勉。电云：

急。洛阳樊师长菘甫弟勋鉴：

松密。西安事变，吾弟率旅前进，警护侦察，进行神速，足证爱护委座、爱护国家，至佩至慰。兄已密嘱敬之兄妥为布置，星速应援，请安心应付。洛阳治安，尤盼加意维护为要。兄即晚赴京，并以奉闻。文亥。沪寓。

三、《宋美龄复张学良电》

(1936 年 12 月 13 日)

事变发生时，宋美龄在上海。当夜，她和孔祥熙及蒋介石的澳籍顾问端纳匆匆返回南京。此前，南京国民党中央已决定褫夺张学良本兼各职，交军委会严办，国民政府并下令拿办张学良。13日晨，宋美龄读到张学良来电，力排众议，主张对事变不采取“急遽之步骤”，随即决定派端纳及黄仁霖赴陕，查明情况。同日，宋美龄复电张学良。电云：

西安张副司令汉卿兄勋鉴：

奋密。昨在沪上，惊悉西安兵变，即晚来京，接奉文电，深以为慰。吾兄肝胆照人，素所深佩，与介兄历共艰危，谊同手足。在沪未接电前，已知其必承吾兄维护，当决无他；来京获读尊电，具见爱友之赤诚，极为感慰。惟精诚团结，始足以御侮抗敌；沉着准备，乃足以制胜机先。介兄自“九一八”以来，居处不宁，全在于此。吾兄久共军机，夙所深悉。凡吾兄有所建议，苟利国家，无不乐于采纳。介兄以地位关系，不得不加以慎重，藉避敌人耳目。吾兄贤明，当必深谅此意。我国为民主制，一切救国抗敌主张，当取公意。只要大多数认以为可，介兄个人，当亦从同。昨日之事，吾兄及所部将领，或激于一时之情感，别具苦衷，不妨与介兄开诚协商，彼此相爱既深，当可无话不说。否则别生枝节，引起中外疑惧，不免为仇者所快，亲者所痛，想吾兄亦必计及于此。至如何安慰部曲，消弭事端，极赖荩筹。介兄一切起居，诸祈照拂，容当面谢，并盼随时电示一切为荷。蒋宋美龄叩。元。

张学良的来电是善意的、友好的，宋美龄此电也不得不报以同一态度，除对张发动事变表示谅解外，特别强调张、蒋之间的友谊，希望二人“开诚协商”，“只要大多数认以为可，介兄当亦从同”，已经暗示了接受条件，转变国内外政策的可能。后来宋美龄回忆西安事变时曾说：“余复以长函致张学良，告以彼等此举将使国家前途受严重之打击，余深信其鲁莽灭裂之举动，初无断送国脉、陷害领袖之恶意，应及时自拔，勿贻噬脐之祸。”宋美龄此电同时以书信的形式交端纳带去，所以宋美龄回忆时称为“长函”。将宋美龄的回忆和原电相较，可以发现，两者的口吻、语气有很大的不同。

四、《孔祥熙致张学良电》

（1936 年 12 月 13 日）

张学良 12 日致孔祥熙电是打到南京的，他在上海从电话中得悉张电内容后，曾立即复电张学良，肯定其“爱友爱国”翊动事变事出有因，“或兄痛心于失地之久未收复，及袍泽之环词吁请，爱国之切，必有不得已之苦衷”。他当时最迫切的是要和张学良建立无线电联系，以便谈判。电云：

西安张副司令汉卿勋鉴：

奋密。返上各电，未知得达否？现弟对于国事，尚有种种意见，亟待奉商。尚希指定电台一处，以便随时通讯，而免延误。伫盼电复为荷。弟孔祥熙叩。元秘。印。

五、《孔祥熙致杨虎城电》

（1936 年 12 月 13 日）

事变初起，孔祥熙不明底细，因此，单独致杨虎城一电，企图说服杨，由杨出面说服张学良及诸将领，电云：

西安杨主任虎城兄勋鉴：

一密。汉卿兄及兄等公电均奉悉。当此危疑震撼之秋，舍精诚团结无以救亡抗敌。介公自九・一八以后，居处不宁，全在于此。盖抗敌准备，无时不萦脑际。吾兄与介公久同袍泽，夙共患难，其一言一动早为吾兄所洞悉，亦为国人所共见。此次西安将领主张，与介公意见仅有时间之不同，而衷心策划，初无二致。其所以不愿腾诸口说者，当系地位关系，不得不出诸审慎，借避敌人耳目。吾兄谅必同此见解。汉卿兄及所部将领怵于国难，意或激于情感。惟当此风雨飘摇之际，为共支危局计，不妨开诚协商，以介公之虚怀若谷，当无不尽量容纳。倘托名抗敌救亡，而劫持主帅，自起纠纷，则不惟足招栋折梁摧之祸，亦且反为仇者所快，亲者所痛，是以救亡始者适以速亡，以抗敌倡者转以资敌。不义不智，徒贻中外之讥。诸将领素具爱国赤诚，宁能见不及此。吾兄光明磊落，风义夙敦，务乞转达汉卿兄暨诸将领，动以情感，晓以大义，俾非常事态立予消弭，则功在国家，岂有涯诶。弟今晨莅京，正与中央协商，俾内外主张共趋一致，仍祈吾兄益励初衷，多方疏解。如荷见教，幸随时电示为祷。弟孔祥熙叩。元秘。印。

本电是打给杨虎城的，因此，对西安事变的谴责用词较重，例如“劫持主帅”，“不义不智”云云，但是，孔祥熙提出，“不妨开诚协商”，这倒是为解决事变指出了一条正确的道路。

六、《孔祥熙致邵力子电》

（1936 年 12 月 13 日）

邵力子时任陕西省主席，12 月 12 日曾列名于张学良、杨虎城等人的联名通电中。13 日，孔祥熙致电邵力子，望其代为剖白蒋介石的“胸怀”，并关心其起居。电云：

西安邵主席仲辉兄勋鉴：

奋密。汉卿兄及兄等公电均奉悉。此次之变，殊出意外，闻者成骇。介公自九一八以还，无日不作抗敌准备，在准备未完，自不敢轻言启衅，且以地位关系，一言一动辄为中外所注意，更不得不沉着以将事。我兄追随介公有年，相知素深，当喻乎此。今与汉卿、虎臣诸兄共事一方，相处既久，当能将介公胸怀代为剖白，自不难共见以诚，转移变患，谅在荩筹。介公起居情形，尤望时加爱护，俾释悬念，并盼见复是祷。弟孔祥熙。元秘。印。

孔祥熙在这里又提出了一个原则：“共见以诚”，这是正确的。但是，在政治斗争中，又是很难做到的。

七、《孔祥熙致刘峙电》

(1936年12月13日)

刘峙时任开封行营主任，事变后，即率军西进。13日，孔祥熙致电刘峙，嘱其“就近设法”，营救蒋介石。电云：

开封刘主任经扶兄勋鉴：

斗密。昨据报，西安事变，无任惊骇。顷据黄总团长来电，藉悉我兄已率军西进，迎卫委座，忠义勇为，至深感佩。现在中央对内对外，业已决定整个办法，绝不因一时事变稍〔涉〕张皇。务望我兄就近设法，俾委座得早离险境，是所盼祷，并将现在情形，随时电示为荷。弟孔祥熙。元秘。印。

八、《孔祥熙致张学良电》

(1936年12月13日)

上电之后，孔祥熙又有一电：

西安张副司令汉卿我兄勋鉴：

汉密。文亥沪寓电谅达。弟今晨抵京，始获读吾兄震电，深以为慰。惟查抗日御侮，举国同心，中央同人，初无二致，惟虑倘无充分之准备，徒速国家之灭亡。介公主政中枢，赤忱报国，凡所施设，罔不博采周询。六中全会决议，非至和平绝望时期，决不轻弃和平：非至最后关头，决不轻言决裂，实图存之国策，为整个之主张，然军事方面，则准备整理，积极进行。盖必审慎周详，庶收最后之胜利。衡之民众袍泽，激于愤慨，发为激烈之主张，仅有时间之不同，决非宗旨之异趣。我兄弼主军事，夙赞戎机，对此情形，当所洞悉。弟与我兄，幸托交亲，十有余载，历共患难，谊若弟昆。此次之事，当必因所部之痛切乡邦，环词吁请，激一时之情感，为急切之主张。然介公之于我兄，夙共艰危，久要契好，对于贵部，精诚爱护，亦迈寻常。兄等有何匡时至计，苟属有利国家，当无不可从长计议，遽加兵谏，似越恒情。倘竟引起纠纷，国家前途必致不堪设想，将使仇者快意，亲者痛心，瞻念前途，不寒而慄。尚冀持以审慎，藉挽狂澜，言公言私，同深感幸。另致介公一电，即烦译交。弟孔祥熙叩。寒秘。印。

此电原稿通过端纳带往西安，后又通过电台拍发。从电报内容看，本电起草时间为13日，但实际拍发时间为14日，所以电尾署明为“寒”。长期以来，蒋介石采取“攘外必先安内”方针，对日本侵略，一再忍让妥协，委曲求全，引起国人的强烈不满。西安事变的发生，即基于这一情绪。孔祥熙懂得，要和平解决事变，必须先消弭这一情绪，因此，他在电报中努力为蒋介石对日政策辩解，说明他和群众的要求，“仅有时间之不同，决非宗旨之异趣”。电报对张学良的兵谏有婉转的批评，但同时又表示体谅，要求张持之以冷静，从长计议、匡时救国各种问题。电报末称，“倘竟引起纠纷，国家前途，必致不堪设想”，这是很有见识的观点。后来西安事变之所以能和平解决，正是各派都取同一认识的结果。

九、《孔祥熙致蒋介石电》

（1936年12月13日）

要和平解决事变，只劝张学良是不行的，还必须同时劝说蒋介石，因此，在拍发上电的同时，孔祥熙又请张学良转交蒋介石一电，电文云：

张副司令汉卿我兄勋鉴：汉密。请转介兄赐鉴：

日昨据报，西安兵变，深用悬系，急于晚车回京。今晨抵京，获读汉兄公私两电，始悉详情。查抗敌御侮，国人皆同此心。中枢同人，初无二致。吾兄以一身系天下之安危，言行开国际之视听，自不能不周详审慎而轻有所主张。在诸袍泽，痛乡邦之沦亡，激一时之情感，主张或近操切，当亦由于爱国之热忱，衡之事势，当殊途而同归，并非有何异趣。兄与汉兄，患难相依，久要契好。中枢之措施，汉兄尽所稔知，此次之事，当出迫不得已，别有苦衷。弟意任何主张，苟利国家．皆无不可从长计议。当此大敌当前，倘使别生枝节，既损前方之士气，转授敌人以乘我之机。瞻念前途，实深忧惧，望即洽商汉兄，早弭变乱，以纾国难。弟孔祥熙叩。裹。秘二。印。

本电原稿也通过端纳带往西安。它起草的时间与实际拍发的时间均与上电同。它是给蒋介石看的，但又是请张学良转的，所以必须双方都能接受，两不得罪。因此，它既为蒋介石的对日政策辩解，又为张学良的兵谏说情，结论是双方“殊途而同归，并非有何异趣”。末云：“弟意任何主张，苟利国家，皆无不可从长计议。”虽然与致张学良电词句相近，但由于是打给蒋介石的，因此，其意味也就很不相同了。

十、《孔祥熙致张学良电》

（1936 年 12 月 14 日）

劝了张学良，也劝了蒋介石，还必须提出解决事变的方案来。当时，张学良驻南京办事处的电台已和西安恢复电讯联系，因此，孔祥熙又致张学良电云：

西安张副司令勋鉴：

斗密。昨电及端诺顾问携去电稿计达。细绎兄通电所列八项，其中多条，中央决议早已实行，即有尚待商榷之部分，亦不难开诚商洽，由中央决定。至我兄对于介公个人，昨承电示，保证安全，具见爱友至忱，无任佩慰。惟留陕过久，复杂分子，乘机羼入，必陷兄于易发难收之境。万一危及安全，兄将何以自白？此间及各界人心，均形愤激，愈久则愈难谅解，一旦决裂，则函关以内固糜烂不堪，而国力损失惨重，尤非兄所忍闻。故为兄计，惟有请兄陪伴介公，即日南下，兄等意见即可提出中央，于公于私，莫此为善。至兄个人安全，弟敢以全家身命担保，决无任何问题。万一有为难之处．或先派负责人员二入南来，共谋解决方策，或由留陕诸公中一二人，如雨岩、翼如等先随端顾问返京，以求解决之途径。如此则兄之主张，既可昭示国人，一切误解，亦可早日冰释。此与吾兄一生成败及国家安危，关系至重。夙承厚爱，敢布诚悃，务乞三思而图利之，并盼电复为祷。弟孔祥熙叩。寒。

孔祥熙当时最担心的是蒋介石的安全，也担心发生内战，因此以全家身命为担保，要求张学良立即送蒋介石返回南京。当然，他懂得这不是轻易可以做到的，因此，又提出第二方案，即由陕西方面派代表或允许蒋的随行人员蒋作宾、邵元冲等随端纳返京协商。他当然还不知道，事变当日，邵元冲因企图越墙逃走，被士兵开枪击伤，正好这一天在医院中去世。

十一、《商震致孔祥熙电》

（1936 年 12 月 14 日）

张学良的原警备旅长刘多荃与河南省主席商震关系深切。12 月 13 日，孔祥熙致电商震，建议“选派妥员”，前往西安，通过刘多荃劝说张学良。14 日，商震复电孔祥熙，声称已派刘多荃之弟刘多麟前往。电云：

特急。南京孔院长钧鉴：

元秘电敬悉。△密。汉卿劫持委座，躬冒不韪，乖谬之行，令人发指。弟因此事之重要，昨已与经扶兄细加商讨，首步办法竟与钧座所见相同，并已由弟密派刘多荃之弟刘多麟驰往西安，妥为接洽。情形如何，容再奉达。待复。弟商震叩。寒巳。省机。印。

十二、《孔祥熙致万福麟电》

（1936 年 12 月 14 日）

万福麟为奉系旧人，长期在东北陆军任职。1929 年任黑龙江省主席，

1931 年“九一八”事变后任第 53 军军长，驻防保定。14 日，孔祥熙致电万福麟，劝其利用和张学良的关系进行疏解，电云：

保定万军长寿山兄勋鉴：

养密。报载吾兄对记者谈话，于西安事变表示服从领袖，听命中央，忧国之忱，溢于言表，循诵之余，不胜倾佩。介公赤诚为国，数十年如一日。此次绥中之战，中央抗敌之心，亦足表示于天下。盖御侮图存，中枢同人及介公固已无不人同此心，心同此理。汉卿兄身居中委，对于国家大计如有意见，尽可从容建议中央，何至出以兵谏，徒召纠纷。当此内忧外患交迫之时，讵容更起萧墙之变。吾兄与汉卿兄相处有年，交谊素笃，尚祈责以大义，动以私情，或汉卿兄别有困难，亦尽可开诚相告。倘能因兄一言，翻然悔悟，护送介公，重返国都，则一切误会，悉可涣然冰释，廉、蔺之交复见于今日矣。专电奉达，伫盼惠复。弟孔祥熙。寒秘。印。

十三、《薛岳致孔祥熙电》

（1936 年 12 月 14 日 15 时收）

薛岳时任贵州省主席，他曾于 12 月 14 日以川黔将领及全体官兵名义发表通电，激烈攻击张学良，要求中央“明令讨伐”，“共剪凶顽”。同日，又单独致电孔祥熙，表示“誓以头颅热血拥护中央，救护领袖”，但是，他的这封电报却透露了一个秘密，是“遵令致电诘责”的，电云：

限即刻到。南京行政院代院长孔：

元秘电奉悉。委座一身系国家民族存亡，年来领导群伦，致力安内攘外事业，凡有血气，莫不爱戴！而张学良竟敢称兵劫持，为外寇张目，直欲亡我国家民族，痛恨曷极！岳誓以头颅热血拥护中央，救护领袖，不与张逆共戴一天。除遵令致电诘责外，谨此奉复。职薛岳。寒巳秘。筑。印。

十四、《商震致孔祥熙电》

（1936年12月14日发，15日收）

商震除派刘多麟入陕活动外，又致电孔祥熙，建议调兵遮断西安方面与中共的联系。电云：

南京行政院孔院长钧鉴：

元电奉悉。密。语长心重，无任钦佩。委座既被劫持，院务由公负责，举国上下，誓竭拥戴之诚。张逆丧心病狂，用心莫测。愚见似应一面设法晓以利害，一面调集师旅，遮断叛军、共匪联络之路线，促其恢〔悔〕悟。国事至斯，义无反顾。复陈微悃，敬祈垂察。商震叩。寒。印。

本电当时曾发表过，但“晓以利害”以下至“促其悔悟”一段被删去，当系南京方面不愿暴露其军事策略之故。

十五、《宋子良致孔祥熙电》

（1936年12月14日23时50分发，15日9时30分收）

宋子良时任广东财政特派员兼省财政厅长，事变后他努力稳定财政金融。14日，致电孔祥熙，报告有关情况，并表示，愿去西北探视蒋介石。电云：

南京财政部孔部长庸兄赐鉴：

良密。此间金融，经弟昨日召集银钱业会商，尽力维持法币与毫券比价。今日市面平稳，省行方面终日只售出法币九十万元，港纸经沪方尽量卖出，外汇亦已回跌，堪请释注。西北事变，群情愤慨。此间财政金融，均已布置妥当，前途不致发生恐慌。如须派弟至西北探视介兄，亟愿前往，任何牺牲，在所不惜。岭南消息迟滞，尚乞随时电示一切为祷。弟子良叩。寒。印。

十六、《张学良复孔祥熙电》

（1936年12月15日）

张学良发动兵谏，目的在迫使蒋介石抗日，当然不希望扩大事态，孔祥熙既已多次来电表示和平解决的愿望，因此，张学良复电云：

南京孔院长庸之兄勋鉴：

元秘、文亥汉密。寒晨先后奉到。端纳来，获诵尊函，并聆所述，殷殷筹国，至佩荩怀。介公委员长安全无恙，起居如常，特盼释念。弟等此举，绝纯为实现救国主张，绝无一毫对人私见，尊论救亡须举国一致，极佩卓见。弟等此举，正所以要求一致。至对委座，已再四涕泣陈词，匪惟不蒙采纳，且屡被斥责。弟受委座知遇，绝无负气之理。但委座主张，坚决莫移，已绝对不能否认，故不得已而出此。弟等抗日主张，敢信万分纯洁，决不愿引起内争。如有违反民意，发动内战者，自当独负其责。弟等绝不敢多所顾虑，只图自全，坐视国家民族危亡而不救。沥胆直陈，详由端纳函达。承询通电一节，弟于京沪原设两台，皆可随时应用，并祈赐以维护，俾资便利。又为各方彻底明了真相计，欧亚飞机之京陕航程，请饬即日恢复，此间必负责保护。救国之愿，彼此所同，开诚指示，至所祈祷。弟张学良。删申。印。

孔祥熙在12日致张学良电中曾说：“必须举国一致，方足以救亡图存。”本电中张学良明确表示：“弟等此举，正所以要求一致。”他并特别说明，发动兵谏，并非初心，只是由于蒋介石态度固执，才不得已而有此举。当时，南京的讨伐派们正大肆活动，内战有一触即发之势，对此，张学良严正申明：“弟等抗日主张，敢信万分纯洁，决不愿引起内争，如有违反民意，发动内战者，自当独负其责。”这就给了某些不顾民族大义，企图浑水摸鱼的人以警告。

十七、《孔祥熙致张学良电》

(1936年12月15日)

孔祥熙急于要知道事变的真实情况，建立和张学良的对话渠道，因此于14日电中要求张学良允许蒋作宾、邵元冲先回南京。15日，再电张学良，重申此意。电云：

张副司令汉卿我兄勋鉴：

斗密。寒电诼达。兄为保卫介公，留居西安，至为感慰。惟雨岩、翼如二兄，俱系文职，与军事无关，留陕过久，延误堪虞。且京陕电讯接洽，辗转须时，而真意所在，仍难尽悉。似不妨先送雨岩诸兄回京，俾将尊意宣达此间，则一切问题，当不难迎刃而解。如何？仍候明教。弟孔祥熙叩。咸秘。印。

十八、《孔祥熙致蒋作宾等电》

(1936年12月15日)

事变中，蒋介石的随行人员同时被扣，孔祥熙在与张学良的频繁联系中，不忘致电被扣人员，表示慰问，这是他的细心之点。电文云：

西安张副司令汉卿兄请饬译转蒋雨岩、蒋铭三、邵翼如、陈辞修、陈武鸣、陈雪暄、钱慕尹、朱一鸣、万耀煌、卫煜如诸兄同鉴：斗密。委座留陕，兄等侍从，瞻企贤劳，无任驰系，专电奉候起居。弟孔祥熙叩。咸秘。印。

十九、《刘峙复孔祥熙电》

(1936 年 12 月 15 日)

刘峙属于讨伐派。15 日，他复电孔祥熙，报告军事布置情况。电云：

南京行政院孔院长：

元秘电奉悉。密。西安事变，至为痛心。刻第 25 军尚固守咸阳，职决率大军西进，现先头樊军正进抵华阴，其余各师均赓续输送中。中央大计，仍祈赐示，俾便进行为祷！职刘峙印。寒巳。印。

二十、《樊崧甫致冯玉祥、孔祥熙、何应钦电》

(1936 年 12 月 15 日)

孔祥熙除致电张学良、杨虎城进行疏导劝解外，又力图分化东北军及杨虎城的第十七路军。杨部冯钦哉师驻大荔，事变后奉命接防潼关，但冯拒不奉命，派人与樊崧甫联系，声称“决不盲从作乱”。此外，第六十九师师长杨澄原、第一〇五师师长刘多荃也均派人与樊接洽。15 日，樊崧甫致电孔祥熙等，报告有关情况。电云：

限即到。南京军委会副委员长冯、行政院代院长孔、军政部部长何：

密。(一) 冯军长钦哉派郭副师长景唐、少校参谋徐恩贤来潼，表示不受伪命真意。现商定对匪军及奉军绝对打，对陕军任收容；不为中央后患。(二) 六十九师杨澄原饬派上尉副官刘安平来潼联络，已将进展情形告知。(三) 一〇五师师长刘多荃及第一旅旅长唐君尧派该旅参谋长高志恒来潼，使中央设法调解，免除战事。恐其泄漏军情，暂行留部，转送开封，一面函慰刘、唐。(四) 现以二十八师集中华阴，进占华县。职樊崧甫。删巳。参战印。

本电亦存于国民党“总统府”机要室档案中，台湾所出《革命文献》第94辑曾加以收入，但文字及标点均有误，关键文字“现商定对匪军及奉军绝对打”，脱落“绝对打”三字，故在此重新刊布。

二十一、《张学良复孔祥熙电》

（1936年12月15日21时50分发，1936年12月16日8时30分收）

13日，孔祥熙曾请张学良转致蒋介石一电。15日，张学良复电，已转呈。电文云：

孔部长庸之兄鉴：

汉密。兄上委员长寒、秘二电，业经转呈矣。特复。弟张学良。删酉。印。

二十二、《孔祥熙致张学良电》

（1936年12月15日）

由于通讯堵塞，孔祥熙未能及时收到张学良的复电，因此他着急起来了。15日电张学良云：

急。西安张副司令汉卿兄勋鉴：

斗密。先后奉上各电迄未得复，岂其均未入览，抑吾兄被人劫持，不得自主，无任驰系。自吾兄劫持介公以来，中央同人，愤激万端。然犹以吾兄平日为人，素重信义，不虞其有他故，一再去电劝解，尚冀仍本爱国初衷，送回介公，俾得将尊见提付公议解决，以奠国本，而明心迹。不意时已数日，迄无表示，其将挟介公一人以居奇耶？殊不知国为民主，事决多数，介公现虽为军政之长官，究属中央分子之一，在中央固属爱护介公，而当此外患重重之际，究亦不能置整个民族及国际地位于不顾，将必不能久任吾兄空挟介公一人之质，以贻全民以无穷之祸。此理甚明，宁待赘述。

倘吾兄不此之图，则中央为保持民族生存计，势不得不弃私情而取公义。万一不幸，结果所至，不惟兵连祸结，徒损国家民族之元气，亦恐同归于尽，立招分崩离析之惨祸。在吾兄以救亡抗敌始，岂不以速亡资敌终乎？以吾兄之明智，纵不为国家民族计，独不为自身子孙计乎？现在祸机迫切，间不容发，系铃解铃，惟在吾兄，弟意为今之计，最好吾兄一面严饬所部各队，仍驻原防，听候商决；一面亲送介公至并，弟即邀中央负责同人，前往会商，则任何问题，当不难当面解决。否则，不听忠告，调队备战，一任共党滋大，则中央断无坐致灭亡之理。弟与吾兄，相与有年，情感至厚，为公为私，不得不再进忠言，尚希吾兄熟计而慎图之。如何？仍盼明教为幸！弟孔祥熙叩。成。

此电起草时间为15日，但实际拍发时间为16日。由于电讯不通，孔祥熙不能及时与张学良对话、交流，因此产生了种种疑惑，如怀疑张学良被人劫持，不能自主，又怀疑张学良“将挟介公以居奇”等，因此，情绪不免激动起来。电报中，孔祥熙表示：“必不能久任吾兄空挟介公一人之质”，“中央为保持民族生存计，势不得不弃私情而取公义”，这就是说，南京国民政府准备不考虑蒋介石的个人安全而采取自认为正确的行动了。事实上，这也确是南京讨伐派们的主张。然而，孔祥熙毕竟懂得，那样做的结果必然是“兵连祸结，徒损国家民族之元气”，“立招分崩离析之惨祸”。因此，他又冷静下来，提出了一项新的解决方案：张学良将蒋介石送到太原，孔祥熙亲率中央负责同人前往协商。这一方案后来虽因情况变化并未实施，但是却表现了孔祥熙为和平解决西安事变而作出的新的努力。

二十三、《钱宗泽致张群电》

（1936年12月15日）

14日，端纳到达西安，见到蒋介石，并偕蒋迁居高桂滋公馆。15日，端纳自西安飞洛，以长途电话向宋美龄报告：蒋介石在饮食起居上受到优礼；张、蒋开始谈话；张学良盼望宋美龄及孔祥熙入陕。下面的电报系钱宗泽据端纳在洛阳所述向外交部部长张群的报告：

部长张钧鉴：

卫密。极机密。本日端纳顾问由西安回洛，据云：委员长住张学良之旁楼甚安。张要求接受主张，委员长初甚反抗，以后云，无论如何，须回南京方能办。但对方认无保障，有请求孔部长赴西安之意。总之，内幕情形，似有转机。谨密陈。职钱宗泽叩。删酉。

二十四、《孔祥熙致张伯苓电》

(1936年12月16日)

为了对张学良进行疏导，拯救蒋介石，孔祥熙几乎利用了一切可以利用的关系，下列电报即是一例。

重庆中央银行，乾密，即刻译送南渝中学张校长伯苓兄道鉴：

西安事变，举世震骇。国家命脉所系至巨。吾兄与汉卿相知甚久，此时一言九鼎，当有旋转之效。可否即请尊驾迳飞西安，力为劝导，抑先飞京，面商进行之处，敬乞迅赐电复，无任祷荷！弟孔祥熙叩。铣秘。京。印。

二十五、《张学良复冯玉祥电》

(1936年12月16日)

事变当日，张学良、杨虎城曾联名致电冯玉祥、李烈钧，说明发动原因，请冯、李“或远赐教言或躬亲来陕”。次日，张、杨又联名电冯，再次请其命驾来陕，共决大计。同日，冯玉祥复电张学良，要求张学良先放蒋介石回南京，冯本人可以约同知交多人，留居陕西作为担保。本电是对冯电的答复，电云：

南京冯副委员长焕公赐鉴：

元电敬悉。辱承爱护，感洽肌髓。介公力图自强，诚人所共知，亦良所深信。惟国事日非，不容自讳。统一仅坐形式，外交不妄〔忘〕妥协。出兵援绥，尤未能倾注全力。在国家未至存亡关头，尚可从容处理，而今则河山半壁，几尽沦亡，国势之危，已如累卵。若犹讳疾忌医，始终隐忍，则民族立国精神沦丧殆尽，何以为国？何以为人？良等以为国难至斯，事事须求彻底，空谈团结，决不能搔着痒处。我公素抱抗日决心，为海内青年志士所共仰，一切言行，尤异凡庸，还乞进一步开诚赐教，俾救国之策得早施行。总之，良等此举，对事而非对人，介公果能积极实行抗日，则良等束身归罪，亦为〔所〕乐为。纯洁无私，可质天日。他人或有不知，而坚决抗日如公者，应能见谅。至先送介公回京一节，抗日主张及行动未能实现以前，势难遵办。我公关怀良等困难，并愿为之担保，具佩隆情。惟良等苦闷，惟在抗日未能及早实施，致国本日危，复兴无望，此外私人方面，固无困难可言。担保一层，尤无必要，盖良固不惮以七尺之躯，换得主张之实现也。公爱良至厚，良望于公者亦至殷。痛切陈词，敬希鉴察。张学良叩。谏午。印。

冯玉祥当时任军事委员会副委员长，在南京国民政府的要员中，冯是坚决主张抗日的。但是，在12月13日复张学良电中，冯玉祥却说了一些言不由衷的话，如歌颂蒋介石“力图自强”，“政治军事逐渐进步”，“国事已真正统一，外交已真正不屈”云云。本电中，张学良反驳了冯的这些说法，强调指出，“国事日非，不容自讳”，要求冯能“进一步开诚赐教”。电中，张学良坚决拒绝了先送蒋介石回京的要求，对冯表示愿到陕作为担保一事，张学良表示全无必要。“不惮以七尺之躯，换得主张之实现”等语，充分表现了张学良为国家、民族利益不惜牺牲个人的崇高爱国主义精神。

二十六、《陈仪致孔祥熙电》

(1936年12月16日)

陈仪时任福建省主席，他坚决主张以军事力量进攻西安，并切断中共与西安方面的联系。电云：

急。南京财政部孔副院长：

成秘。京电奉悉。奋密。委座安适，至慰。此时最要者：(一) 须以极速极大的军事力量克服西安，并截断赤匪与逆军联络路线，庶可救出委座。倘迁延时日，正式赤匪一入西安，张逆必被摒没落，则危险极矣。(二) 指挥必须统一，步伐必须整齐。以上两项，业已电陈何部长，当荷同意也。陈仪。铣巳。印。

二十七、《孔祥熙致阎锡山电》

(1936年12月16日)

事变发生后，张学良曾致电阎锡山，请其响应，阎当即召开高级幕僚及重要将领会议。13日，阎锡山复电张学良等，提出四个问题：第一，兄等将何以善其后？第二，兄等此举，增加抗战力量乎，减少抗战力量乎？第三，移内战为对外战争乎，抑移对外战争为内战乎？第四，兄等能保不演成国内极端残杀乎？阎并通过其驻南京代表赵丕廉（芷青）将该电出示孔祥熙。16日，孔祥熙复电阎锡山，肯定他所提出的四个问题，告以端纳赴陕情况，要求阎电商张学良，先行护送蒋介石至太原。电云：

太原阎主任百公勋鉴：

一密。昨上寒电，谅邀尊览。芷青兄出示复汉卿、电城寒电，语意沉痛，指示国家利害，至扼切要。所质四个问题，尤深钦佩，汉卿等见之，当亦有所感动。昨派端纳飞陕，顷据其由洛电称，介公在彼安全，并谓汉卿自称，此次举动，激于一时情感。颇露〔自〕悔孟浪之意，似此情形，我公如能出任斡旋，或易寻出解决途径。弟意请我公电商汉卿，先将介公护送至太原，弟当邀同中央负责人前往，一切问题，即在太原开会讨论，由公负责保证。鄙见如是，可否？敬候酌夺。我公经验甚深，此外尚有较好解决途径，并望统筹见示为感。致汉卿电，倘有需弟联名之处，即请系衔拍发。弟孔祥熙叩。删秘。印。

二十八、《程天放致南京外交部电》

（366号，1936年12月16日、17日5时15分收）

程天放时任驻德大使，此电报告德国对事变的反映及汪精卫的活动。电云：

关于院长事，迭电均奉悉。此次消息传播后，德舆论均责备张学良而表同情于中央政府，深以中国正在统一进步之中而发生意外为遗憾。各大报尤多著论颂扬院长功绩。前数日虽屡载院长噩耗，经使馆一再辟谣，知系某方恶意宣传，已不置信。侨民对此极愤慨，均告以静候中央解决。惟因事出非常，放对一切交际应酬，均暂托故谢绝。又放奉汪主席电召，定十八日赴义，馆务由谭参事处理，谨闻。旅费容后报。程天放。

二十九、《孔祥熙致张学良电》

（1936年12月17日）

南京方面通过端纳得知蒋介石的确切情况后，态度转趋强硬。16日，南京国民党中央政治委员会决议，任命何应钦为“讨逆军”总司令，讨伐张学良。同日，南京空军轰炸渭南等地，向张学良施加军事压力。17日，国民党中央常务委员会召开会议，委员们纷纷发言，“语殊激昂”，决议贯彻讨伐方针。会后，孔祥熙再电张学良：

西安张副司令汉卿我兄勋鉴：

汉密。昨据端纳自洛阳电话报告在陕访晤情形，兹得接诵删申电，俱悉一切。陕变起后，全国各地公私法团、全军袍泽，无不愤慨。昨日全国报界宣言，尤足表示各地舆情。尊论要求一致云云，可谓适得其反。且欧美各国舆论，无不一致斥责。英文《泰晤士报》，想兄处当经阅悉。日前苏俄舆论，亦称陕变以反日运动为投机，实际为敌作伥。可见无论中外，对兄此举皆持反对。至言抗日，则陕变适足以摇动绥边前线之军心。统帅既被劫持，而徒空言抗战，天下宁有此理！兄等任何意见，中央采纳与否，必先集议讨论，然后始可决定。介公个人并非中央全体。最好兄能伴同介公回京，或至太原，共同计议。且自事变发生以来，弟因与兄素日交好，相知最深，以为此事动机，或出于一时冲动，稍假时日，兄必幡然憬悟。不意函电信使，至再至三，而反有集中军队，准备攻豫情事，几至令人无词以对。盖劫持领袖愈久，吾兄所负责任愈重，且激起民愤愈深。兄纵不为本身计，宁独不为国家民族计，不为子孙计耶？国家民族之存亡，系于兄之一念。悬崖勒马，及此不迟。谊若弟昆，再进忠告，专复布意，愿闻明教。弟孔祥熙叩。洽秘。印。

事变初起，孔祥熙给张学良的电报，口气都比较婉转，本电则不同，“劫持领袖愈久，吾兄所负责任愈重”，“悬崖勒马，及此不迟”等，都是以前电报中不曾出现过的。

三十、《孔祥熙致张学良电》

(1936年12月17日)

孔祥熙虽然态度转趋强硬，但仍然尽力争取和平解决，其方法之一是动员东北军的故旧及张学良的亲人出面劝说。15日，孔祥熙邀前吉林省省长王树翰（维宙）由北平来南京，与前东北军将领王树常（庭午）联名致电张学良，表示愿入陕晤商。同时又致王电于凤至夫人，请其率子女由英国电西安，劝张学良送蒋介石回南京。17 日，孔祥熙为二王入陕事致电张学良。电云：

张副司令汉卿我兄勋鉴：

斗密。顷晤廷五、维宙两兄，谓日前拟相约来陕，曾电兄请示行止，迄未奉复。未审该电已达览否？如何？盼即电示。弟孔祥熙叩。秘。印。

三十一、《宋子良致孔祥熙电》

（1936 年 12 月 17 日 9 时 25 分发，同日 16 时 10 分收）

蒋介石的安全牵系着宋氏家族每一个人的心，远在广东的宋子良听说南京方面将派宋子文去陕西，表示“如必须派人前往，无宁弟去”。电云：

急。南京财政部孔部长庸兄赐鉴：

良密。西北分子复杂，汉卿为人利用包围，跋扈横行，决非情感所能激动。闻中央将派大哥前往调解。此间中央地方军政当局佥谓不可，弟意亦然。大哥负国家经济重任，去而再被挟持，则事态更形严重，应付更感困难，必致影响整个国策。如必须派人前往，无宁弟去，此间财政已布置妥善，金融有季高兄负责，无虑其他。如何？乞电示为盼。弟子良叩。铣。印。

三十二、《孔祥熙复宋子良电》

（1936 年 12 月 17 日）

南京方面认为，派人入陕是个重大问题，因此，意见歧异，顾虑重重。孔祥熙收到宋子良的电报后，旋即复电，肯定他的意见，但表示须待自陕释回的蒋鼎文（福州绥靖公署主任，随蒋介石赴陕被拘）报告后再定。电云：

急。广州宋厅长子良弟勋鉴：

良密。铣电悉。弟见甚是。现蒋聘三君今抵洛，明晨到京报告，俟得确息续闻。熙。铣秘。印。

三十三、《中行秘书处致孔祥熙电》

（1936年12月17日11时30分发，同日14时30分收）

孔祥熙于1933年出任中央银行总裁。该行总行设于上海。它是一个金融机关，但同时也收集情报。下面的电文向孔祥熙报告了端纳赴陕情况及四川刘湘的态度与措施，即是证明。

急。南京谭处长转呈部长钧鉴：

乾密。顷据洛处铣电称：寒电计达。端纳昨晚电，据云：委座与张比邻而居。委座表示张等要求应提请政府核办，故张来见委座，更无可言。张谈，举动系部下意思，现仅就前次要求，提出重要者四条，并请部座或宋部长赴陕，再行恢复委座自由等语。又据渝行铣电称：昨公安局何局长召集中、中、交三行会议，谓奉刘主席电谕，渝市金融，应请三行切实维持，银币暂勿他运，拨款万勿紧缩，以安人心而维金融等语。渝市表面现尚安谧，惟人心不免惶恐。铜元因奸商居奇囤积，价格稍涨。日侨大部分离渝。职等镇静服务，一切相机应付，祈释注等语。又据蓉行铣电称：本日刘督办召集各军将领会议，一致拥护中央对内对外政策，并设法营救委座，态度极为鲜明。省政府并决定竭力维持法币。又本日省府出示，维持金融，并召集各机关首长及商会宣布省府切实维持法币宗旨，讨论安定市面金融办法：（一）令军警取缔投机操纵；（二）由中央、中国、农民三行尽量供应角票及辅币；（三）又以川洋价涨，影响法币信用，令领钞各行暂停购买硬洋，共维市面等语。又据郑行铣电称：郑陕间明码电报，今日已通，惟电话尚未通，传闻委座甚安全，端纳顾问前日已返京复命矣，各等语。谨电转陈。中行秘书处叩。铣。

金融稳定、市场稳定于经济稳定、社会稳定至关重要。事变发生后，孔祥熙、张学良等都曾密切注意这一问题，并采取了相应的措施，本电所述四川情况反映出刘湘在这一问题上作出的努力。

三十四、《有田致天津领事密电》

（293号，1936年12月17日）

事变期间，孔祥熙担心日本如加紧侵华，将使张、杨兵谏之举，获得国内外同情，并促成中共与张、杨的联络；又担心日本扰乱中国金融，造成物价波动。因此，他极为注意日本方面的动态，本电即为其收集的情报之一，电云：

中国为防止西安事变勃发后所引起的法币制度及汇兑的动摇，刻正努力是维。因该件对日亦有最大密切之关系，睹市场之推移如何，我方应采之方策，现正慎重交涉中。尚希在华日本银行，除必要政策以外，积极助长中国经济之发展，切勿使之恶化，而加以严密的指导是幸（该件已与财政部协商）。

有田，时任日本外相。12月16日，日本首相、海相、外相、陆相等会议，决定对西安事变，"暂时静观形势"。同日，外、陆、海各局长会议认为"此时对华经济机构，决有积极援助合作之必要"。本电即发于会后。

三十五、《孔祥熙致阎锡山电》

（1936年12月18日）

阎锡山接受孔祥熙的调停委托后，决定先行派赵戴文（次陇）、徐永昌（次宸）二人赴陕。18日，孔祥熙电阎锡山云：

阎主任百公勋鉴：

一密。子青兄转示各电，均悉。弟咸电请公电劝汉卿陪同介公飞晋，一切问题，在太原开会集议。次陇、次宸两兄飞陕，弟意最好能由两兄在陕约同汉卿等伴同介公同回太原，尊意想亦谓然。即请转知两兄，并电商汉卿照办为荷。余情已嘱子范代陈矣。弟孔祥熙叩。巧。

三十六、《驻日大使馆致南京外交部电》

（719 号，1936 年 12 月 18 日发，19 日 3 时收）

事变期间，日本政府决定继续支持南京政府。18 日，有田根据驻华大使川越茂的电报向内阁作了报告。同日，驻日大使馆电告南京外交部云：

有田本日在阁议报告，除提及英、德，谈要点外，云：根据川越电，略谓：张学良势孤，除陕甘外，均一致拥护中央。张学良起事原因，仍在促院长抗日，未被采纳。又谓，我国对日本静观态度咸表好感云云。东日载国民党政权有安定性，应承应（此字疑衍——笔者）认，国府在政治、经济上有统制力。初时有主张对华重新检讨，另树政策者，至是已渐消灭之。有田对英、德访，印象似尚良好。此间各报对我政府处置事变迅速稳妥，均表好意。敬陈。驻日大使馆。

三十七、《朱鹤翔致南京外交部电》

（172 号，1936 年 12 月 18 日发，19 日 17 时收）

朱鹤翔时为驻比利时公使，他向南京外交部报告了日方宣传及当地部分华侨的反应。电云：

连日日方宣传中国统一假面具完全揭穿，西安事变足以说明日德协定之必要，打破英美迷信云云。已随时设法驳斥。此间侨民及学生，以绥事正在进展，张学良突有此叛国之举，予敌人以机会，均极愤懑，纷请代电中央，迅予戡乱并营救院长出险，以息谣诼而定人心。除将连日部电情形宣示，加以安慰外，特奉闻。朱鹤翔。

三十八、《张学良致孔祥熙电》

（1936年12月19日5时5分发，同日18时40分收）

孔祥熙利用东北军的故旧对张学良做工作，张学良也借此对故旧说明发动事变原因，争取同情和支持。18日，张学良致电孔祥熙，复述致王树翰、莫德惠（柳忱）电大意。该电至19日才发出。电云：

南京财政部孔部长庸之兄勋鉴：

篠秘电悉。斗密。庭午、维宙两兄来陕，至所企盼。其来电迄未收见。弟前致维宙、柳忱一电，未审得达否？该电大意，略谓文日之举，纯为积极实现抗日救国主张，如中央确能改变政策，积极领导抗日，行动实现后，用我则愿作先锋，罪我亦愿束身归罪，否则，救亡无方，空言商洽，非弟本意云云。恐前电有失，请兄再将此意转达庭午、维宙两兄为盼。再，兄之“寒”“寒秘三”“咸秘二”三电均奉悉，倍承关注，尤深铭感。日内子文、墨三两兄即将来陕，似无庸再由雨岩、翼如两兄传达意旨矣。并闻。弟张学良叩。巧亥。机。印。

张学良希望孔祥熙将此电大意转告王树常与王树翰，“救亡无方，空言商洽，非弟本意云云”，实际上是说给孔祥熙等人听的，意思是要南京政府拿出实际行动来。

三十九、《阎锡山致李鸿文电》

（1936年12月19日）

18日，山西省驻南京代表李鸿文致电阎锡山。次日，阎锡山复电云：

李子范兄鉴：

巧酉电悉。我对营救介公出险，应尽力设法，公义私情，均当如是。其他说法，绝对不可有，亦绝对不可谈，恐有害于事之成也。山。效申。机。

此电值得特别注意。电中，阎锡山表示了尽力营救蒋介石的决心，同时，坚决反对“其他说法”。这“其他说法”的内容，大有可研究、玩味之处。

四十、《孔祥熙致冯钦哉电》

(1936年12月19日)

冯钦哉17日致电孔祥熙，声称杨虎城派代表许海仙来，据云：此次事变，除杨一人外，十七路军各官长事前概未与闻。又称，杨虎城“拥护委座”，“绝对负责保护”。冯并要求孔祥熙“速筹善策，营救委座及虎城”。冯电给了孔祥熙以幻想，19日，孔电冯，命其与杨设法营救蒋介石。电云：

急。大荔冯军长钦哉兄勋鉴：

啸密。葆戌电奉悉。陕变发生，举世震骇，吾兄力持正义，至佩忠忱。十七路各官长事前概未与闻此变，尤见爱国人同此心。虎城兄素重义气，且夙爱戴介公，当事变初起，弟即意其或为环境所迫，决无其他。今承电示，果如所料。吾兄与虎城兄相知最深，仍希就近设法，俾获介公一同出险为祷！现在匪氛待靖，中央已任命兄为渭北剿匪司令，并以贵军给养，此后或有问题，已托于院长将月饷携致。嗣后公私方面如有需弟协助之处，即盼电知。弟孔祥熙叩。效秘。印。

四十一、《孔令侃致孔祥熙电》

(1936年12月19日)

樊崧甫一面积极主张向西安施加军事压力，一面向孔祥熙要官，并通过在财政部工作的弟弟樊光（震初）要钱。但他又不直接找孔祥熙而是向孔令侃提出。19日，孔令侃致电孔祥熙云：

南京孔代院长钧鉴：

部密。（一）据樊光报告，谓本来中央命令，派徐庭瑶为潼关前敌总指挥，崧甫当呈商指挥之困难情形，现已委徐为总指挥，樊副之。惟因此次时事紧张，当初委座批该军部经常费为七千余元，军需署缩减为三千余元，致一切均感困难。希钧座设法补助若干，以便指挥。（二）副总裁云：今晨公债市场已到上星期之市价，外汇并无卖出一文。人心尚佳，静待时局转好。特谨闻。侃叩。皓。

此电电尾有字迹云："奉批，先汇一万元。原电送国库司归卷。"当系承办人字迹。

四十二、《樊光致孔令侃电》

（1936年12月19日）

孔祥熙批准先汇一万元，樊光立即致电孔令侃报告。电云：

上海公馆孔令侃兄鉴：

度密。尊致部座电奉悉。关于樊部军费，已奉谕先汇一万元，以供临时支应。嗣后当每月酌予补助，请转知震初，即电告崧甫，并勖以努力奋斗。给养补助方面，部座自可协助维护。弟光叩。效。

四十三、《张学良致孔祥熙电》

（1936年12月19日发，20日收）

何应钦就任"讨逆军"总司令后，立即开始行动。17日，中央军第二十八、第三十六、第五十七师进入潼关，空军轰炸三原、富平。面对讨伐派们的汹汹气焰，张学良毫不示弱，19日电孔祥熙云：

孔院长庸之兄勋鉴：

咸、洽两电均敬悉，沁密。前电拍发稍迟，致劳切念，复承拳拳故旧，再三见教，至感。铭三兄到京，想已悉此间真况。中央同人果爱国家、爱介公，自当推人来陕商洽。抗日实现以外，别无所求，更无金钱与地盘思想。区区志愿，蕴之已久，决非一时冲动。中央对弟主张如无办法，势难送介公返京。弟之部队，初未前进，而中央军进入潼关，占据华阴一带，反诬此间准备攻豫，抑何颠倒事实之甚耶？如中央必欲造成内战，弟等亦惟有起而自卫，谁负其责，自有公论也。特复。弟张学良。效戌。

空言无益，一个实际行动比一百句漂亮话有力得多。“中央同人果爱国家、爱介公，自当推人来陕商洽。”张学良的这一要求是合理的，也是无法拒绝的。电中，张学良再次声明，行动出于抗日，并无其他目的，同时，威武不屈地表示：“中央如必欲造成内战，弟等亦惟有起而自卫，谁负其责，自有公论也。”充分表现出对正义和力量和信心。

四十四、《张学良致蒋鼎文电》

（1936年12月19日发，同日22时40分收）

为了制止南京讨伐派的军事行动，17日，张学良通过蒋百里与蒋介石商定，派蒋鼎文携带蒋介石致何应钦的亲笔信返回南京。张学良对蒋鼎文的东返寄予深切希望，他知道，南京的讨伐派们不会善罢甘休，因此，致电蒋鼎文，请其勿因“众口呶呶遂不尽言”。电云：

蒋主任铭三兄勋鉴：

巧亥电敬悉。斗密。此间要求，惟在抗日，委座已表示容纳。此种情形，兄已彻底明瞭，请兄返京，确是诚心诚意，力谋解决此事。若大家能仰体委座之意，为国家着想，使抗日实现，则国际地位立时提高，委座得享千秋万世之令名，岂不善哉！文日之举，纯为爱国家，爱介公，绝无金钱欲望，但求国家不亡，绝不顾任何牺牲。此情兄已尽知，想到京以后，应不至因众口呶呶遂不尽言。总之，抗日主张如不能实现，难送委座返京。南京同人如能平一时之忿气，为整个事体打算，则一切一切，〔不〕难办〔到〕。否则，不顾大局，必欲用武力以对内，须知弟等发动此种惊人大事，岂能视同儿戏！一条生命，早已置诸度外。为自卫计，为保存抗日力量计，绝不惮起与周旋。谁造内乱，谁误国家，自有天下后世之公论也。弟部并未前进，而中央军已闯入潼关。是中央早已敌视此间，不惜国家与民命。中央既已不惜，弟等虽惜，亦复何用！国家安危系于一念。请兄转达南京党政诸公，共审虑之！如尚欲求解决，仍请子文、墨三两兄即来此间，极为欢迎。否则只好各行其事，咎不在我矣！弟张学良。皓至。

本电透露了一个重要讯息："此间要求，惟在抗日，委座已表示容纳。"电中，张学良特别说了一段话："弟等发动此种惊人大事，岂能视同儿戏！一条生命，早已置诸度外。为自卫计，为保存抗日力量计，绝不惮起与周旋。"这是说给南京的讨伐派们听的，字字铿锵有力，掷地有声，充分表现了张学良的魄力和大无畏精神。此前，宋美龄曾通过端纳转告张学良，孔祥熙因系行政院代院长，不能离职赴陕，建议以宋子文或顾祝同代，因此，电末，张学良对二人表示欢迎。

四十五、《阎锡山致赵丕廉电》

(1936年12月19日收)

孔祥熙一直希望张学良能将蒋介石送至太原，因此对阎锡山的斡旋寄予希望，决定付以全权处理之任，并决定派黄绍竑赴晋面商。阎锡山本已决定派赵戴文、徐永昌赴陕，得知黄绍竑即将来晋的消息后，命赵、戴暂缓成行。19日，阎锡山致电赵丕廉，以有关情况，电云：

赵芷青兄：

密。次陇、次宸本定今晨飞陕，因中央派黄季宽兄来晋，已令稍待，与季宽兄面谈，藉知京中近情，俾资到陕后之应付。并嘱汉卿之代表先行返陕，与汉卿切实说明，必须次陇、次宸能与介公单独谈话，方可前往，以免徒劳往返。山。号〔皓〕。

四十六、《阎锡山致孔祥熙电》

（1936年12月19日）

孔祥熙请出了王树翰、莫德惠、王树常，三人准备在赴陕之前，先行飞晋。19日，阎锡山复电孔祥熙，对三人表示欢迎。电云：

南京孔院长庸之兄勋鉴：

巧、巧秘两电诵悉。△密。维宙、柳忱、庭功〔午〕三兄莅晋，极所欢迎。次陇、次宸本拟今日飞陕，因季宽来晋，拟俟晤谈后再行。知注并闻。弟阎锡山。皓午二。机。印。

四十七、《阎锡山致赵丕廉电》

（1936年12月19日）

阎锡山在即将派人赴陕斡旋之际，突然接到了“中央将领”的来电，反对派人，这使阎顿生疑虑，致电赵丕廉云：

芷青兄鉴：

纬密。皓午及元二电均悉。次陇、次宸本日未赴西安，业于皓电告知。汉卿代表到晋，窥其言词之间，颇有悔祸之意，但尚不能认为确有转危为安之方。惟中央将领有电我反对派员赴长安者。我认今日介公之安危即国家之安危，转危为安，非救出介公不可。救介公非攻下长安所能做到。今日营救介公，并非无隙可乘，而难处在无担当此责任之人，恐难一直进行，不生障碍，希密商庸之兄为盼。再乘（?）元首而言新主，为有效解决之方，历史上此例很多，但今则不然。党国初建，介公统驭，非名分问题，乃人的问题也。山。皓酉。

阎锡山曾是1930年中原大战时反蒋的主帅，而且也认为历史上另立“新主”的例子很多，但又认为，当时必须营救蒋介石，“今日介公之安危即国家之安危”，“救介公非攻下长安所能做到”，因此，力主和平解决，指示赵丕廉与孔祥熙密商。

四十八、《何应钦代电》

（1936年2月19日）

18日下午4时，蒋鼎文回到南京。19日，孔祥熙、何应钦、宋美龄等会议，作出两项决定。同日，何应钦将会议结果电告“讨逆军”东路集团军总司令刘峙及各将领。电云：

急。南京孔代院长钧鉴：

顷致前方刘总司令及各将领一电文曰：皓日下午一时半，孔院长祥熙、居院长正、孙院长科、叶秘书长楚伧、朱委员子文、王委员宠惠、蒋夫人宋美龄、何部长应钦等，在孔院长私邸，会谈营救委座之最后办法。决定如左：（一）准宋委员子文用私人资格名义赴西安营救委座。（二）准许至十二月养日止，暂行停止轰炸。但张、杨所属各部，在此期间不得向南移动。各该逆部如仍向西安、渭南前进，我空军即向行动部队轰炸。以上二项，为最后之容忍。但我军之集中侦察与攻击准备，仍须积极进行，不得延误，希即转饬遵照等语，特此奉闻。何应钦叩。皓未、镇二。印。

本电表明，南京领导人终于在营救蒋介石问题上取得了部分共识。但是，值得注意的是，何应钦在电报后半部拖了个尾巴，据此，南京空军随时可对张学良、杨虎城的军队进行轰炸。

四十九、《宋美龄致张学良电》

(1936 年 12 月 19 日)

南京方面决定派宋子文赴陕经历了一个曲折过程。19 日，宋美龄电告端纳，宋子文决定入陕，但其后就“阻力横生”。于是，宋美龄又去电取消前讯。其后，宋子文力争以“私人资格”前往，才作出决定。其间，宋美龄有电致张学良云：

限即刻到。西安张副司令汉卿兄勋鉴：

汉密。子文兄于本午乘容克机飞陕，到希赐洽。蒋宋美龄叩。效。

五十、《孔令侃致孔祥熙电》

(1936 年 12 月 19 日 19 时 15 分发，同日 21 时 30 分收)

大概是何应钦代电的后半部引起了关注，杜月笙从吴铁城处得知消息后，即向孔令侃进言，孔令侃随即致电孔祥熙。电云：

孙代院长钧鉴：

令密。顷由杜月笙面告：吴铁城得南京确息，谓政府忽又有准备轰炸西安及逆军之决议。若为安定日人心理之宣传，则可任其播扬，否则营救委座之企望必将全功尽弃等语。谨转呈。侃叩。效。

五十一、《张学良致张群电》

(1936 年 12 月 20 日 1 时 35 分发，同日 9 时 30 分收)

15 日，张群致电张学良，为解决事变斡旋。20 日，张学良复电云：

南京外交部张部长岳军兄勋鉴：

删电承示各节，至感关怀。弟之恒率，兄应早知，文电既已揭橥八项主张，则八项以外，自无余事，口是心非，弟不为也。进一步言之，目的惟在积极抗日，八项主张，不过发动抗日必备之条件，果能立时发动全国抗日，则一切自不成问题。弟既发动此举，一切牺牲尚何所惜。非至抗日主张实现，殊难送委座南归。闻中枢诸公多为私人意气之争，危词耸听，有意内战，此匪特与弟主张背道而驰，且置国运及介公于不顾，甚非所敢闻也。掬诚奉复，并请将此意酌向中枢诸公说明为盼。弟张学良。皓亥。机。

本电起草于12月19日。张群可能怀疑张学良有其他目的，所以张学良在本电中明确声明："目的惟在积极抗日。"当时，南京讨伐派们意气激昂，摆出一副关心蒋介石和国家民族命运的架势，本电尖锐地指出，这些人"危词耸听，有意内战"，是真正"置国运及介公于不顾"的人。

五十二、《宋美龄致宋子良电》

(1936年12月20日)

宋子良曾经要求代替宋子文赴陕，本电中，宋美龄告以蒋鼎文回京后所述情况，并告以宋子文已飞陕。

广州宋厅长子良弟鉴：

良密。巧电悉。介兄被困，迭派端纳、黄仁霖二君前往探视。日昨铭三总指挥回京，得悉介兄安适如常，略以为慰。昨日大哥飞洛，今晨八时飞陕，俟得详情，再为转告。粤省财政重要，吾弟暂时不必北来，尤望安心处理为盼。美龄。号。

五十三、《孔祥熙致白崇禧电》

（1936 年 12 月 20 日）

事变初起，广西驻西安代表刘仲容曾致电李宗仁、白崇禧，劝其响应。电称："此间兵谏事，想已见诸张、杨两公通电。今后实际救国大计，正待共商，尤盼副座（指白崇禧——笔者）能乘机来此，共商一切。盼复。仲容。诞。文。印。"此电为南京当局截获。20 日，孔祥熙致电白崇禧，邀请他来南京"协商大计"，反映出南京当局对广西方面的戒心。电云：

桂林白委员健生兄勋鉴：

统密。陕变突生，中央决议，军事由焕章兄及军事委员会常委负责主持。现在中央同人盼兄早临，协商大计。桂省军务有德邻兄负责，想兄可以分身北来。即盼早日命驾，共图匡济。如行期已定，仍希先复，俾便欢迎为祷。弟孔祥熙叩。号秘。印。

五十四、《何应钦致阎锡山电》

（1936 年 12 月 20 日）

赵丕廉接到阎锡山 19 日电后，出示何应钦，何即于 20 日复电阎锡山，声称"此间将领并无反对尊处派员赴长安者"。电中，何应钦并告以黄绍竑赴晋及飞机发生故障等情况，声称赵戴文、徐永昌"先赴西安一行亦佳"。电云：

特急。太原阎主任百川兄勋鉴：

密。芷青兄出示皓酉电敬悉。此间将领并无反对尊处派员赴长安者。季宽兄赴晋，未携有何种具体方案，乃持孙、孔、居、叶、冯、李、朱、程、唐及弟联名函，请兄全权负责调处，因飞机在汴发生故障，改乘专车赴晋，明日未必能达。为应付事机起见，次陇、次宸两兄如能先赴西安一行亦佳。如何？请兄卓裁。弟应钦。智申。秘。

五十五、《居正等致阎锡山电》

(1936年12月20日)

孔祥熙委托阎锡山出面斡旋一事得到居正、孙科等人的同意。19日，黄绍竑携带居正等公函飞太原，因飞机故障中途改乘火车，所携公函改由孔祥熙以电报拍出：

特急。太原阎主任百川先生勋鉴：

奋密。屡在敬之兄处得读尊电，于中央执行纪律之严整，介公迅速脱险之计划，兼筹并顾，至佩荩谋。弟等固兢兢守中央之立场，不敢稍离，而于营救介公脱险之心寤寐未释。环顾国中，能深识此事之症结，熟权公私之两宜者，莫如先生。乞即向汉卿恺切劝导，即日送介公到太原，并敢以弟等一切为先生全权处理之担保。兹特请季宽兄晋竭面陈。不尽缕叙，并候随时指示。弟居正、孙科、孔祥熙、戴肯贤、张继、王宠惠、何应钦、叶楚伧（下缺。应为冯玉祥、李烈钧、朱培德、程潜、唐生智——笔者）。

五十六、《孔祥熙致阎锡山电》

(1936年12月20日)

孔祥熙接到阎锡山19日电后，即向何应钦查询，何否认其事。20日，孔祥熙致电阎锡山，进一步询问有关情况。电中，孔祥熙并告以赣黄绍竑行程改变等情况。电云：

特急。太愿阎主任百川先生勋鉴：

一密。芷青兄出示兄皓电敬悉。询敬之兄，据云，此间将领并无反对尊处派员赴长安之事，并已有电致兄，想邀鉴及。至该电是否有人具名，请兄查明电告，俾便查究为幸！季宽兄本拟乘机直飞太原，因机至汴发生故障，改乘专车赴晋，明日恐未必能到。同人所致兄函，现以电拍去，想已达览。中央同人现以全权托兄，请即负责进行，弟等愿为后盾。如有见教之处，仍祈随时电示为荷。弟孔祥熙叩。哿秘。印。

五十七、《阎锡山致何应钦、孔祥熙电》

(1936年12月20日)

李金洲受张学良、杨虎城派遣与阎锡山商谈后返回西安。19日，张、杨致电阎锡山，再次陈述除抗日外，绝无他图以及决不造成内战等意。20日，阎锡山将张、杨电文转告何应钦与孔祥熙。电云：

南京何部长敬之兄、孔院长庸之兄：

○密。顷接汉卿、虎臣皓申电：李君金洲返，具述尊意及经过情形，敬悉。洞察愚情，指示周挚，感佩何可言喻。良等愿再为公告者，不〔除〕抗日之外，绝无他图；为抗日而受任何牺牲，在所不惜。予决不造成内战。兹事体大，动关安危，惟望我公不弃，切实指教。李君定明日返并。并闻。特先电闻。弟山。号午。机。印。

五十八、《孔祥熙致徐永昌电》

(1936年12月21日1时20分发)

阎锡山派赵戴文、徐永昌赴陕。21日，孔祥熙致电徐永昌，加以鼓励。电云：

太原徐督办次宸兄勋鉴：

奋密。介公留陕未归，全国至为觖望。现在百公设法斡旋，请兄与次陇先生同赴西安接洽。以兄与汉卿多年袍泽，相知甚深，此次不辞辛劳，前往一行，当可面晤介公，商承一切，并对汉卿婉加劝解，令其感动，幡然悔悟。如获随同介公先赴太原，复与百公详加商讨，自可得圆满之解决，此行于国家安危关系綦切，举国上下，属望甚殷。特电驰候，并祝成功。弟孔祥熙叩。号秘。印。

五十九、《孔祥熙致宋子良电》

（1936年12月21日）

宋子文于20日上午飞抵西安，会见张学良、蒋介石，并通过郭增恺了解到周恩来和中共方面的态度。21日，宋回南京报告："介公在陕，确属安全，汉卿态度，尚可理解，前途颇有开展之望。"当日，孔祥熙致电宋子良云：

广州宋特派员勋鉴：

良密。马电悉。文弟四时回京，汉卿已有悔悟意，前途颇可乐观。知注特复。兄箇秘。印。

六十、《宋美龄致张学良电》

（1936年12月21日）

宋子文归来，宋美龄进一步获悉蒋介石与西安方面的情况，致电张学良云：

张副司令汉卿先生勋鉴：

子文兄本午后四时安抵京，知注特闻。蒋宋美龄。箇。

六十一、《张天枢致孔祥熙电》

（1936 年 12 月 21 日）

为了利用冯钦哉，分化张学良与杨虎城、东北军与第十七路之间的关系，孔祥熙特派与冯有旧的张天枢赴陕。18 日，张天枢抵达潼关，即与樊崧甫联系。21 日，张以“知”为化名致电孔祥熙，报告军事进展及在西安内部策反情况。电云：

财政部总座钧鉴：

（一）顷晤樊军长，云：我军已进占华州。昨渭南有奉军二团，被我炸散，死伤千余。（二）西安城内奉军，只刘多荃一师，余为杨之警卫一二旅暨孙蔚如部。刘为商启予从小养大者，已派刘之胞弟到西安运用反正。（三）顷已与钦哉通电话，悉奉军一营昨日渡河，为冯军击退，并定明日派汽车来潼，迎知赴同。（四）崧甫云：某等乘毅公留陕，将图攫得军队，业在前方已有相当准备，并谓以后电呈部座，不可对外宣布，以防阴谋派之注意。谨闻。知（张天枢）叩。效。

本电有两点值得特别注意，一是刘多麟至西安对刘多荃进行策反，二是樊崧甫所述“某等”乘蒋介石西安被拘之机，“将图攫得军队，业在前方已有相当准备”等语，反映了南京政府内部，确有“阴谋派”存在。电中所称“毅公”，当代指蒋介石。

六十二、《黄涛转刘文岛致孔祥熙电》

（1936 年 12 月 21 日 15 时收）

1935 年 11 月，汪精卫在国民党四届六中全会上被刺。次年 2 月，赴欧洲治伤，事变发生，他正在意大利。20 日，驻意大利大使刘文岛致电孔祥熙，报告汪精卫的态度。该电由上海黄涛转，电云：

南京部长孔钧鉴：

度密。顷接刘大使一电，文曰：密。汪意谓委座未出前，只能兵围，不能开火。恳坚持。齐亚诺亦电劝张。岛。号。等语，谨转陈。黄涛叩。马。

齐亚诺，意大利外交部部长，曾任驻中国代办，与张学良相识，事变后致电张称："汝系吾友，兹若与共产党联盟，即成吾敌。中国苟无蒋介石将军，即不见重于人。"云云。

六十三、《樊崧甫致孔祥熙电》

（1936年12月21日20时30分发，22日13时10分收）

樊崧甫除要官、要钱外，又为儿子走后门。电云：

行政院代院长孔：

皓秘电奉悉。松密。钧鉴〔座〕托于院长携带军饷接济冯钦哉部，均遵命转告。小儿元彰，蒙推爱提携，感极。遵即饬其诣府聆训。此间奉令停止三日进展，惟华县驻军，号晨突围图窜，当将全部包围缴械，华县已占领。樊崧甫。号。参秘。印。

六十四、《孔令侃致孔祥熙电》

（1936年12月21日22时发，同日23时收）

杜月笙虽然不当权，但积极为营救蒋介石出谋划策，下列电文即反映出这种情况：

南京孔部长钧鉴：

度密。顷由杜月笙来电报告，谓据吴铁城由何部长处得来消息，大约委座可无生命之虞。彼以为中央一方面不遗余力威胁叛逆，一方面妥为张学良设法，使张于释放委座后对其安全问题无所顾虑，是为当前要题。上海市场平稳如常，特闻。侃。马戌。

六十五、《汪精卫致孔祥熙电》

（1936年12月22日）

事变发生时，汪精卫正在欧洲。22日，他复电孔祥熙，肯定救蒋“双管齐下办法”。电云：

孔副院长庸之兄勋鉴：

智电敬悉。介兄蒙难，诸兄忧劳倍加，弟在远道，惟有愧愤。急临之以兵，以夺其气；居间调停，谋自由之恢复。双管齐下，办法至□（此处当缺一字——笔者）。弟今日启程。汪精卫。养。

六十六、《孔祥熙致阎锡山电》

（1936年12月22日）

阎锡山派赵戴文、徐永昌赴陕，需要飞机。孔祥熙与何应钦商量，何答以无机可派，孔祥熙不得不要求西安方面派机。22日，孔祥熙电阎锡山云：

急。太原阎主任百公勋鉴：

迫密。芷青兄函告：汉卿飞机未到晋，次陇、次宸两兄需机飞陕。当询敬之兄，据云：此间无机可派。现已迳电西安，商派一机飞晋备用，特此电达。弟孔祥熙叩。养秘。印。

六十七、《宋子良致孔祥熙电》

（1936年12月22日14时2分发，同日22时4分收）

广东长期是反蒋基地，因此，宋子良极为重视当地实力派余汉谋、黄慕松的态度，专门做了工作。22日，电告孔祥熙云：

特急。南京财政部孔部长庸兄钧鉴：

良密。西安事变之后，此间各界，对于委座安全深为关切。晨晤余、黄两公商及，以为国家纲纪，固应整饬；委座安全切宜顾及。深愿中央通权应付，于可能范围内求解决途径。已由两公会电吾兄表示各界竭望营救委座之意。特电奉闻。弟子良叩。养。

六十八、《蒋鼎文致孔祥熙、何应钦电》

（1936年12月22日20时收）

22日，宋子文、宋美龄、蒋鼎文飞西安。同日，蒋鼎文致电孔祥熙、何应钦，要求将双方警戒线后移。电云：

南京孔部长译转何部长：

梯密。夫人暨宋部长等已于五时安抵此间，即将部长手书停战条件交张、杨两位，转告前线知照。惟此间同人尚望双方警戒线均稍向后移，免无知士兵误会冲突，中央方面最好能将主力撤至华阴附近，华县仍归中央军前线。乞尊裁转令遵办。鼎文。养。印。

六十九、《张天枢致孔祥熙电》

（1936年12月22日22时发，23日8时收）

张天枢到潼关后，迅速设计了一套在西安内部制造矛盾利用杨捕张的计划，貌似聪明，实则颟顸，完全不了解杨的性格与为人。电云：

财政部总座钧鉴：

旗密。（一）安张、杨平日互相猜忌，杨向为取巧、尚诈、重利害、无定谋之人，如能商于钦哉，运用得宜，似可使其内部发生变化。知意先派人到西安，表示服从杨虎城，说明中央对杨尚能原谅其苦衷，然后派委员向杨商议，以整个十七路军生死存亡关系，请杨设法拘捕张，欢送沙公回京，再通电全国，表明此次事变，十七路军完全为被挟持，同时密与中央军联络，解决东北军。（二）密派妥人分赴西安附近各县，散布东北军将不利于十七路之流言。（三）由钧座密嘱留京东北要员，密电汉卿，劝其捕杨释沙，以保全东北军而作回头之计。因杨在西安特设有无线电台，将〔接〕收各方往来密电，各种密本均能译。（四）杨先误钦哉之言，暗得劝张之电，闻不利之谣，或能嘱其部下，断然捕张释沙。详细办法，火车中已有函陈，惟以事关重大，未便轻率，尚祈遵裁示遵。如蒙俯准，祈电汇款若干，以资相机运用。款交中国旅行社高茂卿即妥。恐函迟缓，谨再电陈。知叩。效。

本电所称“沙公”，当亦代指蒋介石。

七十、《孔祥熙致蒋鼎文电》

（1936年12月23日）

宋子文、宋美龄等抵达西安，孔祥熙认为张学良释放蒋介石的时机已到，致电蒋鼎文，要求张学良履行诺言。电云：

蒋主任铭三兄勋鉴：

梯密。晨电奉悉。关于军事方面，已由敬之兄电复，想达。日前汉兄曾言，子文弟如能赴陕，当即能偕同介公回京，想现已至实现时机。介公回京之后，不仅汉兄保卫介公之苦心可大白于天下，而彼等主张自亦不难商讨，容纳实施。否则，介公留陕，国人皆认其已失自由，即有容纳彼等主张之切实表示，亦认为出自胁迫，中央多数主张决不容接受，即希转告为盼！弟孔祥熙叩。漾亥。

七十一、《李世军致秦德纯电》

（1936年12月23日）

当宋子文、宋美龄抵达西安，双方正进行谈判之际，北平冀察政务委员会委员长宋哲元和山东省主席韩复榘突然联名发出电报，提出三项原则：①如何维持国家命脉；②如何避免人民涂炭；③如何保护领袖安全。宋、韩建议“由中央召集在职人员，在野名流，妥商办法，合谋万全无遗之策”。当时，孔祥熙急于解救蒋介石，召开这样一个会议，将使解救一事推延并复杂化，因此，他命李世军致电北平市长秦德纯，要求秦与宋哲元商量，重新考虑所提建议。电云：

万急。北平秦市长绍文兄勋鉴：

密。此间今日下午接宋公与韩主席自济南发出联衔漾电后，中央负责诸公咸认为在此时期，中央表面上虽声张讨伐，而实际则仍积极求政治途径之解决，在双管齐下政策下。庶可以断绝张、杨与共党之联合，而救介公之安全，亦以求事变之和平妥善解决也。中央诸公面嘱世军，以此意转陈宋公，情词之间颇呈忧色，并谓共匪已派代表周恩来等三人与张、杨切实合作，而彼等尤以抗日号召，似此情形，如不采取军事与政治兼顾解决之方式，则不但无以救领袖，而对内对外，均无以应付，此至危难之关头，中央诸公认为漾电发出，将使爱护营救介公之至意，或受延长支离之影响、良以今日之事，危急万状，在侧面尽可谋政治解决之途径．而表面上应仍一致拥护中央既定之方式，庶能迅速解决。此当前之大难也。特嘱转陈委座，对于漾电后段之主张，详审考虑，并盼见示云云，究应如何说明，祈钧示为祷。弟李世军叩漾亥。

西安事变初起，南京国民党内部出现讨伐与政治解决两派，经过辩论，逐渐形成了所谓“双管齐下”政策，即表面上“声张讨伐”，而实际上“积极求政治途径之解决”。由于周恩来、罗瑞卿、许建国等人已于12月17日抵达西安，与张学良、杨虎城达成协议，红军加入由东北军、第十七路军成立的抗日联军临时西北军事委员会。这更使孔祥熙确认，必须采取“军事与政治兼顾解决之方式”。此电对了解南京政府在事变期间的对策有重要意义。

七十二、《黄绍竑致孔祥熙电》

（1936年12月23日）

阎锡山索以圆滑谨慎著称，决定派徐永昌、赵戴文前往陕西调解，但不久又改变主意，决定派傅作义前往。当时，张学良、杨虎城、周恩来已经达成一致意见，准备在与宋子文淡判时提出，要求“改组南京政府，排逐亲日派，加入抗日分子”，张、杨并致电阎锡山，征询意见，但阎不知如何回答，通过黄绍竑向孔祥熙请示。电云：

孔副院长钧鉴：

养电奉悉。密，（一）百川对营救事愿负责进行，现改派傅宜生前往，以抗日将领之立场，说词较为有力。傅今到并，明可飞往。（二）昨电百川，以子文、铭三到陕，谈改组政府问题，询百川意见。百川极感答复困难，不审子文兄等在京有无谈及在陕商谈情形如何，颇为悬系。（三）近接桂方来电，态度仍冷静沉默，尚无恶化。（四）鄂主席职务，竑自维实难肩任，恳早日明令发表准辞职。竑叩。敬午。印。

七十三、《张天枢致孔祥熙电》

（1936年12月24日0时4分收）

张天枢一面力图分化张杨，一面积极收集西安方面的情报。24日，电孔祥熙献策云：

急。南京财政部总座钧鉴：

旗密。（一）确悉张、杨一方在西安与子文、铭三诸公谈判条件，一方严令部队漏夜集中。共军亦积极向西安推进，就事实观察。其谈判是否诚意，抑或为缓兵之计，大有可虑。（二）西安共党分子近日愈集愈多，万一张、杨被其包围，且夜长梦多，愈酝酿，愈棘手。顷与当局密议，请钧座速与何部长密商，用快刀斩乱麻之策略，一方积极进攻，以隔离张、杨部队与西安之联络，一方派员与其谈判条件，同时用空军至西安城内，稍作示威，方不至受其夸计耳。前一二日，杨尚有慌乱气象，自宋到陕，反又坚决。近日沙公每日易地而居，甚可虑也。（三）昨杨电钦，说明其军事计划，今早又电约钦哉，择地晤面，详谈一切，钦均未复。（四）顷钦哉对知坚决表示，此次事变，如能照我们计划和平解决，固为国家人民之福，万一决裂启战，第七军与杨部作战，情势均感困难。若攻击张部，我军可有绝大效力。拟祈钧座向何部长确切密示。总之，钦哉决意不与张、杨公〔共〕事，敬请钧座早为之谋。谨闻。知叩。漾。印。

七十四、《许世英致南京外交部电》

（733号，1936年12月24日）

许世英时任驻日大使。事变发生后，日本方面产生了重新检讨对华政策的要求，一部分人主张改变方针，改用柔软手段，诱使中国政府防共排俄。24日，许世英致电南京外交部，就中日关系有所建议。电云：

密。日内阁因对华交涉，现可暂事静观，枢院不致穷究，年内可以安渡〔度〕。其中央各方对华根本方针，因此时若加激动，恐陷中国于大混乱，在日亦不利，确实放弃武力政策，即关东军亦决无大举。华北方面，少数浪人仅藉冀东财力活动，图造成自治，更难有效。其分别向冀、察、晋、鲁进行局部防共协定，同属投机性质，非中央固定计划。至内阁本身，因责任，对庶政一新、增税、电力等案极端不满，议会开议后一月十日至未定日之旬日间（本句疑有错误——笔者），必遭强烈攻击，对华任何问题，同时仍为论难之焦点。军部不甘屈服，裂痕颇深，势必力争。但继任人选，近卫以养望而成西园寺第二自命，必不轻试。宇垣本以寺内为台柱，寺内因久原真崎事已为少壮军人所不满，宇垣本身亦与少壮派有旧隙，然其活动甚力。此时我方要务，在能巩固中枢，使对中国有对象可与款洽。如能设法使日本各方深知中国对调整确有诚意，失败系因日深切诛求无厌，军人在绥，又处处侵略之故，庶几正其视听，俾将来可为我国有益之展开。英。

本电末尾批示云："所见甚是，应照此进行。"

七十五、《孔祥熙复阎锡山电》

（1936年12月24日）

傅作义1933年参加长城抗战，1936年又在绥远抗击日伪军，深得人心。阎锡山派傅作义前往陕西调解，孔祥熙自然同意，复电阎锡山云：

急。太原主任百公赐鉴：

密。季宽兄等抵晋，此间一切情形想已面达。顷由敬之兄转示季宽兄来电，亦已祗悉，敬之已有复电。现中央切盼陕事早获适当解决，既已托付我公，仍祈大力斡旋，继续进行为祷。宜生兄如能同行，极所赞佩。进行情形如何，并盼随时电示为感。弟叩。敬。京寓。

七十六、《孔祥熙致傅作义电》

（1936年12月24日）

除致电阎锡山外，孔祥熙又致电傅作义，加以鼓励。电云：

傅主席宜生兄勋鉴：

密。陕变起后，迭接尊电，极佩荩筹。闻兄将偕次陇、次宸、季宽诸兄赴陕，想以吾兄赤诚，导以大义，责以私情，汉卿等必将有所憬悟。现在国事危急，存亡系于介公一身。能早日回京，大局庶可安定，否则，国家前途实不忍言，汉卿诸人宁能幸免？兄等启行有期，仍盼先电；续有所闻，尤盼示知。弟孔祥熙叩。敬。京寓。

七十七、《孔祥熙致韩复榘、宋哲元电》

（1936年12月24日）

宋哲元、韩复榘的联名通电给了孔祥熙以极大烦恼，除命李世军通过秦德纯做工作外，孔祥熙又直接致电韩、宋二人，电云：

济南韩主席向方兄、北平宋委员长明轩兄勋鉴：

自密。顷读兄及明轩兄漾电，仁言利溥，语重心长，承示三大原则，中央亦早具此心，我辈为爱护国家、爱护人民、爱护领袖，自应本此原则，一致努力。尊见谓各地方长官有何意见，皆应陈请中央，统筹公决，尤为破的之论。汉卿计不出此，西安事变所以为举国所惊痛也。现欲维持国家命脉，避免人民涂炭，非健强政府之力量不可；健强政府之力量，非先整饬国家之纪纲不可；整饬国家之纪纲，尤非先恢复领袖之自由不可。介公为全国公认之领袖，介公一日不出，则纪纲一日不振，人心亦即一日不安。所谓召集会议一节，更将群龙无首，力量分散。兄等现殷殷以领袖安全为念，即祈迅为共同设法，劝促汉卿，早将介公护送回京。对于党国大计，尽可从长计议，或提前召集国民代表大会，或先开救国会议，不第汉卿主张可以提付讨论，请求公决，即任何方面，亦可各抒所见，供备采择，然后始可集中意志，集中力量，在介公领导之下，整齐步骤，共赴国难。救亡图存，庶乎有豸。否则西安情势恶劣，分子复杂，设因夜长梦多，再生变化，即汉卿本人安全亦未必自保，又何能必保介公之安全乎？至于讨伐明令，原为明是非，别顺逆，平军民之公愤，示胁从以坦途，而军队调遣，尤在促汉卿之觉悟，防共匪之猖獗，使政治之途径顺利进行，和平之解决早日实现，其维持国家命脉，避免人民涂炭之苦心，与兄等并无二致。兄等公忠体国，主持正义，漾电所述，自当候由中央讨论公决。因系知交，特先奉布腹心。尤有进者，汉卿既以联俄容共为标榜。(下缺)

本电中，孔祥熙和盘托出了他解决事变的方案：通过政治途径，和平解决，颁布讨伐令，调遣军队等，都不过是一种辅助手段；当前急务是，劝说张学良，护送蒋介石回南京，然后才能考虑召集国民代表大会、临时救国会议等问题。

七十八、《李世军致秦德纯电》

(1936年12月24日)

孔祥熙发出上电的同时，又打电话给李世军，要求李通过秦德纯，转商宋哲元，重新发表谈话，说明“漾电”（23日电）和中央既定政策的关系，实际上要求宋撤回原电中立即召开国是会议的主张。电云：

万急。北平秦市长绍文兄勋鉴：

密。漾亥电甫发出，孔部长在电话语弟云：宋、韩两公漾电，谋国深厚，用意至嘉，虽有人认为于目前局势及两公原意不无相左之处，但在伊个人，认为并不受若何不良影响，不过电已发出，甚盼委座能立即郑重发表谈话，说明漾电系完全本中央应付事变之既定政策，阐明反共救国以及迅速恢复介公安全之至意，以故目前急要之事，为介公早日回京主持大计，至于主张召集在职、在野名流共议大计，系在介公回京后应有此集思广益之举。如能发表如此谈话，一则抑制张、杨之气焰，一则免为日本所藉口，发生种种外交之压迫。良以张、杨放弃甘肃，与共匪合作，已成事实。此刻唯有在中央一致政策之下，始能应付一切危困之环境云云。孔公殷殷嘱咐，谨以陈闻，祈转呈委座为祷。弟李世军叩。敬子。

孔祥熙当时有三怕，一怕张、杨与共产党合作；二怕日本外交上的压迫；三怕地方实力派独出主张，与“中央”不合作。他和李世军的电话谈话惟妙惟肖地透露了这种心理状态。

七十九、《桂永清致孔祥熙电》

（1936年12月25日收）

中央军校教导总队队长桂永清是讨伐派中的积极分子，还在12月17日，他即率队由华县向赤水西岸进攻。25日，他又致电孔祥熙，陈述“军事进展”和谈判的关系。电云：

南京财政部长孔钧鉴：

衣密。并转呈夫人钧鉴：箇电敬悉，感奋莫名。张逆狡狯密谋，我以诚求彼以诈，借和为酿成其奸心，想非至其实力相当消灭时，恐不易就范。逆军到处劫掠，人民怨恨，我军士气旺盛，乐受欢迎。该张逆不敢危害领袖，军事进展正所以利谈判也。现奉令停进在赤水，准备进攻中。桂永清谨呈。印。

八十、《孔祥熙复桂永清电》

（1936年12月25日）

孔祥熙并无指挥军队权力，接到桂永清电报后，即告以宋美龄已偕宋子文飞陕并说了几句空泛的鼓励话。电云：

华县桂总队长鉴：

衣密。电悉。夫人于养晨偕宋委员飞陕，省视委座。吾兄率师靖乱，为奏肤功，诵电极深欣慰，务盼督励忠勇，迅扫逆氛，早迎委座回京，以慰四海苍生之望。孔祥熙。有秘。印。

八十一、《孔祥熙致赵戴文电》

（1936 年 12 月 26 日）

宋子文、宋美龄到达西安后，形势急转直下。12 月 24 日，蒋介石答复张学良：①下令东路军退出潼关以东，中央军撤离西北；②委托孔祥熙、宋子文为行政院正副院长，责成孔、宋与张学良商组府名单，命何应钦出洋；③释放爱国七领袖；④联红容共；⑤召开国民大会；⑥联俄联英美。同日，蒋介石又当面答复周恩来："停止剿共，联红抗日，统一中国。"25 日，张学良伴送蒋介石等飞洛阳，次日，抵南京。同日，孔祥熙致电赵戴文，告以此项消息。电云：

赵主席次陇先生勋鉴：

密。宥电奉悉。委座今午由洛抵京，汉卿亦偕来。此间一切，自可在委座指导之下迎刃而解。知注复闻。弟孔祥熙叩。宥亥。秘。印。

八十二、《驻日大使馆致南京外交部电》

（744 号，1936 年 12 月 28 日 2 时 50 分发，同日 18 时 55 分收）

西安事变和平解决，日本政府急于了解谈判内情及南京政府的今后方针，"有无容共备战"，"是否继续剿共"，等等。27 日，驻日使馆电云：

五九二号电敬悉。院长安旋，日本除极少数方面或不无嫉忌之意外，均为挚诚，普编〔遍〕为东亚大局及我政府巩固、秩序安宁、表示真挚庆慰之情绪，尤以金融之安足，更为惊佩。今后看法，仍重在有无妥协条件，妥协内容有无容共备战。一如七二四号电有田所云及，是否继续剿共。至对中央，不论是否改组，均信其仍必巩固，而不脱院长之领导。大使馆。

西安事变的历史意义在于，迫使蒋介石和南京国民政府转变政策，促成第二次国共合作，从而出现了全民抗日救亡的热潮。从本电可以看出，这正是日本侵略者所最害怕的。

八十三、《戈定远致孔祥熙电》

（1937 年 1 月 12 日 14 时 30 分收）

蒋介石回南京后，态度大变。1936 年 12 月 31 日，审判张学良。次年 1 月 4 日，决定将张“交军事委员会严加管束”。5 日，行政院通过“陕甘军事善后方案”，任命顾祝同为西安行营主任，杨虎城与甘肃省主席于学忠撤职留任。同时，以五个集团军的兵力进逼西安。1 月 7 日，宋哲元致电杨虎城、于学忠，声称“在今日而言救国，只有精诚团结一途”，劝二人“遵照中央命令办理善后”。8 日，杨虎城复电宋哲元，说明态度与立场。12 日，冀察政务委员会秘书长戈定远将杨电转报孔祥熙。

南京财政部孔部长钧鉴：

力密。宋委员长致杨虎城阳电，曾经电陈在案，顷接杨复电文曰：“宋委员长明轩兄勋鉴：阳电敬悉，承注至感。此间唯一主张，始终在积极抗日，汉公前此之不辞卤莽而留委座于陕者在抗日，继之不避罪刑而送委座入都者亦在抗日。委座在陕，确曾容纳积极抗日主张，事关国信，不容虚构。中央所订陕甘军事之善后办法，远非委座在陕容纳抗日主张之本意，具有陷委座于不信不义之嫌，以言抗日，实不啻南辕北辙。弟与汉公，因主张相同而结合，今汉公被扣，军队西迫，弟如放弃主张，即仅就道义论断，人将谓弟为何如人！兄等热肠照人，想必不欲竟有友如此。国家艰危至此，精诚团结的如尊论。特我诚往，人以兵来，人我相形，使兄等处弟地位，能不痛心！兄长城抗战，增光国家，弟心印向往，追尘恨晚，务望以声应气求之义，作提携策应之图。东望燕云，实深翘企。弟杨虎城。庚戌。”等语。敬以奉闻，祈将最近中央对陕甘办法略示一二为祷。戈定远叩。文。印。

张学良离陕后，杨虎城力担重任。1月5日，他会同东北军、十七路军将领通电，抗议南京政府扣押张学良并兵压西安，从戈定远所报杨电中也可以看出他的这一态度与立场。电报中，杨虎城明确表示，陕甘军事善后办法与蒋介石所承诺的抗日主张不合，“有陷委座于不信不义之嫌”。由于宋哲元是1933年长城抗战的将领之一，因此，杨希望宋能够“提携策应”，支持西安方面的正当要求。

八十四、《韩复榘致孔祥熙、何应钦电》

（1937年1月14日11时10分收，同日15时30分收）

于学忠既是甘肃省主席，又是第五十一军军长。他积极支持“兵谏”；张学良离陕时，命于负责指挥东北军。1月11日，他致电韩复榘，宣布恢复张学良自由，中央军撤出潼关等三项要求，希望韩支持。14日，韩复榘将于电转报孔祥熙与何应钦，电云：

分送南京孔部长庸之兄、何部长敬之兄勋鉴：

自密。顷接兰州于主席孝侯真电，文曰：“西安事变，实有不得已之苦衷，所提主张，意在停止内战，一致对外，并非走入偏锋；外传赤化之说，尤与事实不符，其为故意捏造，不言而喻。自张副司令恭送蒋委员长返京后，已现和平商讨之景象。方期集思广益，共定国是，孰料张副司令留京未返，潼关东撤之中央军转而增兵西进，甚至陕甘驻军亦严令限期调动。袍泽闻之，愤慨异常。老子有言：民不畏死，奈何以死惧之！东北军亡省破家，现所存者只此生命，若并此生命而不许其存在，则死有何惧！中央如欲息事宁人，则下列三事实有提前解决之必要：（一）即日恢复张副司令之自由，可促其返陕；（二）潼关、华县一带之中央军即日东撤；（三）陕甘驻军照现在位置，暂时不动。至其他问题，或关国家大计，或难即时解决，不妨邀集各方从长计议，求一全国公正之办法。现在中央军明言和平，而暗调大军压迫，似此办法，无异抱薪救火，薪不尽，火不灭，迁延日久，更恐无以善其后。此间共同主张，对政治途径不拒绝，对武力压迫不屈服，内部团结坚实，所有一切，已有相当布置。惟目击国势阽危，实不愿再见阋墙之争，吾兄爱护国家，爱护东北袍泽，倍逾寻常，尚乞鼎力斡旋，指示周行，无任盼感。再兰垣上月文晚稍有军事，次日即复原状，现已安谧如恒”等语，弟未便置复，特电以闻。弟韩复榘叩。寒。印。

八十五、《广西各界抗日救国会霰电》

(1937年1月17日)

李宗仁、白崇禧和蒋介石有矛盾，主张抗日，和张学良等早有联系。1月16日，李、白二人与刘湘联名通电，要求制止中央军入陕，消弭内乱，团结对外。17日，广西各界抗日救国会再次通电，要求“采取政治方法”解决善后问题，同时要求蒋介石立即领导全国军民，发动民族抗战。电云：

南京中央党部、国民政府、各省市党部、各省市政府、各民众团体、各报馆公鉴：

连日报载，中央大军续向西安压迫，西北军民亦严阵以待，战云密布，大有一触即发之势。消息传来，不胜忧惧。窃前次西安事变，举世震惊，卒赖我委座及西北诸将领咸以国家为重，互相谅解、化险为夷。乃旬日以来，中央对于西安抗战之主张，未能见诸实行，竟复派大兵入陕，重相煎迫，万一激成变乱，人将谓中央勇于对内，怯于对外，而亡国灭种之惨祸亦不旋踵而至矣！心所谓危，不敢缄默，用特电恳中央，迅行制止入陕部队，采取政治解决方法，以弭内战而培国力，并恳委座立即领导全国军民，发动民族抗战。尤盼全国同胞一致主张，以挽危机。党国幸甚！临电惶悚，无任盼祷！广西各界抗日救国联合会。霰。印。

八十六、《杨虎城致孔祥熙电》

（1937年1月22日0时5分发，同日8时40分收）

根据周恩来的建议，杨虎城、于学忠于16日（铣日）发表通电，表示接受南京政府的“革职留任处分”，要求准许张学良回陕。同日，鲍文樾、李志刚、米春霖等携带杨虎城的方案飞南京商谈，要求以张学良为陕甘绥靖主任，杨虎城为副；陕甘地区由东北军、第十七路军、红军分驻。17日，孔祥熙复电杨虎城，对杨“遵令奉职”，表示“至深佩慰”。19日，孔祥熙再电杨虎城，认为米春霖等所提要求“似有拟使陕甘特殊化模样。势难完全采纳”。22日，杨虎城复电孔祥熙声明并无“使陕甘特殊化之意”，同时反驳南京广播中的“诬蔑”。严正声明：“在抗日联合阵线下联共则有之。”电云：

南京孔部长庸之兄勋鉴：

奋密。皓电奉悉，承注，无任感激。此间前由米代表等携呈之解决方案，纯就事实着想，用供中央采择，弟爱戴领袖终始不渝，如委座俯察此间之实际困难情形，凡有训示，弟必竭诚遵办，努力运用，只求事实上于国家有利，弟个人得失，在所不计。近日京中广播，语多诬蔑。弟始终忠于本党，在抗日联合阵线下联共则有之，但绝非容共，绝非赤化，弟无论何时，绝不抛弃本党之立场也。肝胆之言，想荷洞察，仍乞随时指示，藉资遵循，实深感祷。弟杨虎城叩。马戌。印。

八十七、《樊崧甫致孔祥熙电》

（1937年1月23日发，24日9时收）

在国民党将领中，樊崧甫是坚决的主战派，他曾多次向孔祥熙建议，采取军事行动。1月19日，孔祥熙致电樊崧甫，询问“张、杨、于三人部队及共军是否团结一致，政治方式能否解决，或非用兵力不可”？23 日，樊电复孔祥熙，促孔“用兵”。电云：

特急。南京财政部孔部长庸之兄：

皓京秘电奉悉。秘密。张、杨、于三部原系同床异梦，近以统驭关系，猜忌颇深，兼之赤匪参入，益呈纷乱状态。闻现在张、杨各部，分将西安重要辎重移置蒲城、凤翔，可想见各自为谋之意态矣。拟请迅速用兵，促其分化，一面仍可用政治手腕应付，军事、政治同时进展，或较易结束。谨复。樊崧甫。号午。秘。印。

八十八、《孔祥熙致蒋介石电》

(1937 年 2 月 4 日)

张学良离陕后，面对蒋介石的军事压力，西安内部出现了和战两派，以王以哲为代表的东北军老一代将领支持中共的和平方针，主张通过谈判营救张学良，以应德田、孙铭九为代表的少壮派主张为营救张学良，不惜对中央军作战。1 月 31 日，杨虎城、于学忠、王以哲、何柱国、周恩来等参加会议，决定促进和谈成功。2 月 2 日，应德田、孙铭九等集会，认为王以哲、何柱国等准备投靠南京政府，决定派人捕杀。同日，王以哲被害。4 日，孔祥熙致电蒋介石云：

杭州蒋院长钧鉴：

勋密。据报，西安叛部内变，孙铭九等竟戕害王以哲等四人。回忆去冬驾留陕时，京中同志激于义愤，当时有一部分主张胁以军威，用机轰炸，弟等因知叛部分子复杂，诚恐惹起变动，铤而走险，危及我兄安全，关系党国前途太钜，坚主对彼等责以大义，晓以利害，动以感情，俾能早日和平解决。复幸天佑中国，吾兄安然脱险，证以西安现状，回思往事，至今栗栗。陕局善后，想正统筹。窃以为叛部内容复杂，处理稍一不慎，恐致枝节横生，更难收拾，幸祈垂察。弟。孔。豪。京秘。印。

孔祥熙此电，目的在于献策并表功，但他清晰地道出了事变初起时南京政府内部的分歧，是一份很有价值的历史文献。

八十九、《樊崧甫致孔祥熙电》

(1937年2月9日)

少壮派的鲁莽行动造成了东北军的分裂。2月3日，扼守东线的刘多荃师自动撤退，中央军进驻渭南。刘多荃并召集会议，宣布接受南京方案，全军东开。8日，中央军进入西安，杨虎城及十七路军撤到三原。9日，樊崧甫致电孔祥熙云：

孔部长庸公：

崧密。本军先头部队昨已到达西安，后继部队正在陆续推进，顾主任佳日过此西上，主持行营。本部拟于明后日前往。逆部除城内尚留一小部外，主力已向三原、富平、高陵一带撤退。杨本人尚在新城，现军势已操我手，谅顽强者必能俯首就范，建设西北计划即可按步实施矣。知注谨闻。樊崧甫叩。佳午。印。